ローマ帝国の誕生

宮嵜麻子

講談社現代新書

2737

はじめに

強大で繁栄したローマ帝国

紀元前一四六年春、ローマは長年の宿敵であったアフリカ北岸の都市国家カルタゴとの三年間の戦いに最終的に勝利しようとしていた。ローマの将軍スキピオが、都市への総攻撃を命じる。路上で、また家屋内で必死の抗戦を試みるカルタゴ人を打ち倒しながらローマ兵はジリジリと、多くの住民が立てこもった丘に向かって前進する。やがてあちこちで家屋が引き倒されて火がかけられた。街は燃え上がり、逃げ遅れたすべての者は命を落とす。瓦礫と人間が——死者も生者も——大きな穴に埋め込まれ、その上を軍馬が駆け抜ける。そのような阿鼻叫喚《あびきょうかん》が六日間続いた後、ついに五万人のカルタゴ住民が投降した。歴史家アッピアノスはその凄惨なありさまを詳らかに描いたうえで、次のように続けている。

スキピオは、建国から数えて七〇〇年の長きにわたって繁栄し、かくも多くの土地、島々、そして海を支配し、最強の帝国の例に漏れず兵力と艦隊、軍象そして富に満ち、しかしそれらどの帝国よりも忍耐と高貴な精神を備えた（すべての艦隊と兵力を奪われても三年間の戦いと飢饉を耐えたのだから）この都市を占領し、ついにそれを完全に破壊した。

（アッピアノス「イベリア戦記」第一三一節）

古代ローマ帝国の形成を伝える古代の史料には、多くのこうした苛烈な戦いと征服の描写が見られる。

現代でも、テレビや映画などで古代ローマを取り扱う作品では、しばしば立派な鎧兜に身を固め、規律正しく前進する軍勢が現れる。そしてこのローマ軍の先進的戦法に惨めに打ち破られる、柔弱な敵や蛮族の姿が続く。そのうえで、地中海を中心としたヨーロッパ、アフリカ、アジアの諸地域をまるで野火のようにローマの勢力が広がっていく図が示される。

あるいは、目を見張るような豪華な都市ローマのありさまと、奢侈《しゃし》に耽り、堕落に溺れるローマ人の暮らしぶりが描かれる。その背後には、頭《こうべ》を垂れる哀れな属州の民や奴隷たちの姿がある。そしてローマ市のコロッセオに代表される円形闘技場での剣闘士の血みどろの戦いと、それを楽しむ残忍な観客の姿もよく描かれる。

どうやら古代ローマというと、昔も今も、強大な軍事力と先進的な技術を駆使して周辺を征服し、支配した国というイメージがまず想起されるようだ。さらにはこうして得た富と権力をほしいままに、被支配者を搾取・使役しながら繁栄と安逸を享受していた人びと、という認識がその先に見え隠れしている。

古代ローマ帝国は、そのような国として描かれてきた。

古今東西まれに見る巨大な版図を広げた帝国。

その国の民であった人びとが、人類史上類を見ない幸福と繁栄を経験した帝国――他者を踏みつけにすることによって。しばしば、ローマ帝国にはそういった枕詞がついているようだ。

それほど強大で、繁栄した国が、いったいなぜ滅びてしまったのか。この問いは長い間、人びとをとらえて放さなかった。特に、自身をローマ文明の継承者と見なそうとしていた一五世紀頃以降のヨーロッパの人びとにとっては、この問いは単なる知的好奇心ではすまない切実なものであったろう。そして、近代化イコール欧米化と言っても過言ではないこの一五〇年ほどの歴史のなかで、日本でもまたいくばくか同じ問題意識に立って、ローマ帝国衰亡の要因が問われてきたように思える。

その一方で、ローマ帝国誕生の歴史を扱う書物は意外なくらいに少ない。

いや、じつは少ないというわけではないのだ。日本だけを見ても、ローマ帝国成立期を扱ったり、ローマ帝国の初期の特質を究明しつづけ、多大な成果を挙げた研究者は少なからずいる。なかでも二〇世紀後半以降については弓削達氏、長谷川博隆氏と吉村忠典氏という三人の偉大なローマ史家の名を挙げたい。彼らは欧米の最新の研究を精力的に紹介するのと並んで、きわめて精緻な史料の分析と、時代の要請に応えた大胆なローマ帝国論を提示してきた。一九八〇年代に大学生であった私のローマ帝国観の根の部分は、この三人の研究成果を必死に追いかけて、どうにかこうにか形成されてきたものである。

とはいえ、専門研究者はともかく広く専門外の読者にローマ帝国形成の歴史に焦点を当てた書物が近年あまり見られないことはたしかである。思いつくままに新書・文庫を列挙してみると、長谷川博隆『シーザー――古代ローマの英雄』が一九六七年（一九九四年に文庫『カエサル』として出版されている）、弓削達の新書『地中海世界――ギリシアとローマ』は一九七三年（二〇二〇年に文庫として刊行された）、そして吉村忠典の新書『古代ローマ帝国――その支配の実像』が一九九七年である。むろん、専門研究書はある。しかし、専門外の読者にローマ帝国が生まれて成長した過程を伝えるという意味では、やはり新書や文庫の持つ意義は大きい。だが、ローマ帝国形成期を主題とする新書・文庫は一番新しいものでも、二〇年以上前に出版されたものなのだ。

未曾有の変化の時代

では、ここらで二〇年ぶりに新書を書いてみようか。

というのが、私が本書に取り組み始めた際の一つの動機であることは否定しない。だが、もちろん動機はそれだけではない。私には今まさに私たちの眼前に広がっている世界の状況が、古代ローマ帝国形成期の地中海世界と相通ずるように見えるのだ。今というタイミングで、ローマ帝国誕生について、専門外の読者を想定した書物を出せないかと考えた最大の理由は、この時代を生きている私たちが現代とどう向き合うことが可能なのか、本書がその手がかりとなればと思ったからである。

現代とはどのような時代なのか、それを一言で言い表すことはとても難しい。その手前で、私たちの多くが共有しているであろう感覚をまず挙げるなら、それは「不安」であったり、「先ゆきの見えなさ」といったものになりそうな気がする。あるいは人によっては、「恐怖」や、「絶望」だろうか。少しは「期待」や「希望」も混じっているのかもしれない。

むろん、いつの時代にも人は不安や混乱や恐怖と無縁ではないだろう。しかし今を生きる私たちが抱く不安感、閉塞感は、おそらく未曾有の変化の時代が迫っていることを、あるいはもうそのただなかに自分がいるかもしれないことを、私たちが感じとっているからではあるまいか。

一時の国際協調の気運のなかで、一九世紀以来の国民国家体制はやがて解消されるという楽観的な見方があった。しかし戦いや環境問題、経済問題に世界が揺れている今、逆に人びとは国家の枠組みにより強くしがみつきはじめている。その一方で、一九世紀や二〇世紀の世界に戻ることは決してないことも私たちは知っている。各地で紛争や戦争が激化するかたわら、一つの帝国的な国が衰亡し、今後は別の帝国が台頭するかもしれない。あるいは、これまで私たちが経験してきたいかなるものとも違う体制に世界は変容していくのかもしれない。そのなかで私たちはいったい何に頼ることができるのだろうか。

私たちが役立つものと信じて後生大事にしてきたさまざまな知識や技術、また価値観は通用しなくなりつつある。新しいかたちでの人やモノ、カネ、情報の往来が日常的なものとなり、想像の世界にしかなかった技術が、私たちの暮らしや価値観を根底から変えようとしている。

そんな変化を私たちの誰が本気で望んでいるだろうか。多くの者は、なじみのある生活や社会のあり方にこのままどっぷりと浸って、目も耳も塞いでいたいと思っているのではあるまいか。むろん新しい未知の世界と向き合わざるをえないことを、私たちは頭の片隅では理解している。けれどもどうやって向き合えばよいというのだろう。どうすればこの時代を生き延びることができ、自身の平和な暮らしを守ることができるのか、その問いに答える道筋すら見出せないほどに、私たちの時代の変化は多方面にわたり、そして徹底的なもののように思える。

小さな単位と「世界」

おそらくローマ帝国形成期を生きた人びとも、同様の問いを抱えていた。地中海各地で、自分たちの共同体や国で、自分たちの文化を持ち暮らしていた人びとが、否応なくローマの支配下に置かれていく。カルタゴのように、かつては地中海世界の一大勢力であった国でさえローマの圧倒的で先進的な軍事力に屈し、七〇〇年の繁栄を見た都市は完全に破壊されてしまうのだ。頼るべき国も社会も、そこにはもはやない。

一方、支配者となったローマ人側にも変化が押し寄せる。それまでとは大きく異なる国となり、人びとの暮らしは激しく変化する。戦いにつぐ戦い。見たこともない人びと、見たこともないモノで溢れかえる街。他方、帝国の支配者となったはずが、かえって窮乏していく暮らし。都市ローマでは食糧不足で憤った住民が暴動をくりかえすようになる。明日のパンすらないのに、聞いたこともない国のことなど、自分にどう関係するというのか。

第二次世界大戦とその後の世界を生きた弓削、長谷川、吉村らは、彼らの世界観を専門外の読者に向けて、ローマ帝国論として提示した。研究者としては、私は彼らに到底およびもつかない。しかしローマ帝国形成期を研究する者として、私は私で変化の時代としてローマ帝国形成期の世界のありようを、新書というかたちで描く試みに取り組んでみようと考えている。

二〇〇〇年以上前の地中海世界がそのまま現代にあてはまるわけではない。当時は国民国家など存在しないし、人権といった概念もない。現代に比べると技術や生産性には大きな限界があり、人は神々の意思に従って生きていた。だがそうした違いは違いとして、人びとが突然に大きな暴力にさらされたり、あるいはかつて知らなかった大きな変化に向き合わざるをえなくなって、対処の仕方がわからない怖れと混乱と、またおそらくは期待に突き動かされていたという意味では、相通じるものがあるのではないか。

とりわけ、大きな変化の波に洗われるなかで、地域や文化圏、国、といった小さな単位にしがみつきながらも、人びとがどうしても「世界」というものに目を向けなければならなかったという点で、ローマ帝国形成期の人びとと現代の私たちとの間には共通するものがあると思われる。むろん、彼らの「世界」は今の私たちが認識する世界とは異なっており、おおよそ地中海沿岸一帯に限定される。しかし彼らにとっては、地中海世界全域を覆う帝国とは、自分たちの従前の生活圏、文化圏をはるかに越えた、とうてい実体を想像することもできない範囲であっただろう。そこに自分が否応なく包摂される時、人びとはなに考え、どうやってそのような想像を絶する状態に対処しようとしたのだろうか。

帝国を生み出したローマ人自身にしてからが、自分たちの状況を明確に把握などできていなかったであろう。前八世紀頃にイタリアの一都市国家として生まれたこの国は、五〇〇年以上の間、都市国家のままでありつづけた。その間《かん》、統治形態も社会構造も経済活動も人間観も基本的に都市国家に適合したものであった。私たちが「帝国」と呼んでいる国家の特性は、それ以前のローマとは大きく異なっていたわけである。そのローマが「ローマ帝国」と呼ばれる国に姿を変えるなかで、彼らの前にはモデルとなるべき道筋などあったわけではないのだ。

ローマ帝国を生きた人びと

少し立ち止まって考えてみよう。

冒頭で触れたように、軍律に従って邁進したローマ軍ではあろうが、果たして最初から、地中海世界を平らげて帝国を形成しようという目的意識が、彼らの念頭にあったのであろうか。もう一つ。たしかに地中海からその周辺まで帝国の領土を押し広げる過程では、その強力な軍事力が大きな意味を持った。だが、征服後、帝国統治を持続させることは、軍事力だけではとうていかなわない。ローマ人はどうやって、長期にわたる大帝国を持続させたのだろうか。

征服された人びとはどうだろう。彼らはテレビで描かれるような蛮族や贅沢で惰弱な人びとばかりではない。広大な地中海世界には、じつに多種多様な人びとが生きていたし、ローマに統合される前は彼らの多くは固有の文化、生活様式を持ち、固有の共同体や国を持っていた。そのなかで、人びとは日々の暮らしを自分たちにできるかたちで営んでいたのだ。

地中海世界は一つの世界ではなく、あまたの小さな世界が散らばっていた。その世界に属する人びとの一部が、進出してきたローマ人と激しく戦ったことはたしかである。それは、彼らがなんらかの理想や理念のために敢然と立ち上がったということなのだろうか。それともなにか別の目的のために？　また、戦いすんで生き残り、ローマ帝国の住民となった後、こうした人びとはなにを思い、どのように生きつづけていったのであろうか。彼らはなにを失ったのだろうか。そしてなにを得たのだろうか。

彼らの「世界」はどうなったのだろうか。

支配者となったローマ人はなにを得たのだろうか。ほんとうに富と奢侈と多数の奴隷に囲まれ、属州の差し出すモノを享受し、満ち足りていたのだろうか。都市国家的社会を生きていた彼らが、巨大な帝国の支配者となった時、失ったものはなかったのだろうか。

つまり、ローマ帝国誕生の歴史を、支配者であれ被支配者であれ、そこで生きていた人間の思いや暮らしに考えを馳せながら描こうというのが、本書のめざすところである。

本書の論点と構成

本書で論じられる内容の軸は二本となる。まず、ローマと他の国家、共同体との間の関わり方のなかで帝国が形成される過程を見る。具体的には外交や戦争といった場面において、ローマ人と他者の双方がどのような利害、思惑、決意、迷いといったものを経て決定を下し、行動したのかを見ていきたい。ローマ帝国はそのような人間の願いや葛藤の果てに生まれてきたに相違ないからである。

これと並んで、もう一つの重要な軸がある。すでに述べたとおり、帝国となっていったこの国の内部でも大きな変化が生じたはずである。ローマは長い間都市国家でありつづけ、統治機構も、社会構造も、経済活動も、そして人間観や社会観も都市国家としての規模と特質に適合したものだった。しかし異なる性質の国家となりゆくなかで、それらもまた変質せざるをえない。その変質とはどのようなものだったのだろうか。

あわせて、それは従来のローマ市民社会の変化には終わらないという点も視野に入れねばならない。さまざまな人びとと地域を統治するための政治に、いかなる変化が生じたのだろうか。具体的には、都市国家ローマの本質であった共和政が機能不全を来す過程を見ていくことになる。そしてその地平の向こうに、帝政という新しい国のあり方が見えてくることは言うまでもない。

以上の二つの軸に沿って、ローマの海外支配が開始される前三世紀末頃から本論を始めたい。しかしその前に、まずは準備となる作業が必要であろう。帝国化以前のローマとはどのような国だったのだろうか。その点を明らかにするために第一章では、初期のローマについてごく簡単に整理しておきたい。この準備があってはじめて、本書の主題である変化の実相が明確に私たちの前に迫ってくるからである。

第二章以下では、いよいよローマがしだいに帝国化していく過程を追う。第二章から第六章までは主にローマ帝国形成期の諸変化と、そこで生きる人びとを、第七章と第八章ではローマ国内の矛盾と混乱を描くことになる。そしてこうした混乱の先に現れる新しい国のあり方、皇帝が統治するローマ帝国について第九章で見通しを立てるところまでが、本書で語られることになる。

ローマ帝国と属州支配

最後に、ローマ帝国という概念の枠組みを設定しておきたい。ここまで「ローマ帝国」

という語を何度も使ったが、さてここであらためて考えると「帝国」とはどんな国家を指すのだろうか。都市国家が帝国になったとは、それはなにがどのように変わったことを意味するのだろうか。

これはたいへんに難しい問いである。人類の歴史のなかで帝国と呼ばれる国家はいくつもあり、それらはどれも同じ類型で説明できない。論じる者の立場もさまざまである。このため帝国論はあまた存在している。それを本書で詳しく取りあげることはできないが、ローマに関してのみ述べると、大雑把に言ってローマ帝国には二つの把握の仕方がある。

たとえば「ローマ帝国」という日本語は、ローマ帝国の子孫とも言えるヨーロッパ諸国家において、「ローマン・エンパイヤー Roman empire」という英語で表現される語の訳であるが、これら欧米諸語の語源（ローマ人の言語であるラテン語）は「インペリウム・ローマーヌム imperium Romanum」である。後半のローマーヌムは「ローマの」という意味で、前半のインペリウムはローマ軍の命令権を意味する。二つ合わせてインペリウム・ローマーヌムとは「ローマの軍命令権の及ぶ範囲」という意味となる。それは具体的には、ローマが海外に持った直接支配地――これを属州と呼ぶ――の範囲であった。属州の多くは前三世紀中葉以降、対外戦争の結果ローマが獲得した海外の空間であり、そこに生きる人びとをローマ人は自分たちより劣格な法制度的立場を与えて支配した。

ローマ帝国とはローマと属州の総体である、というこの把握はたいへんすっきりしている。ローマ帝国が法的・制度的な支配＝被支配の関係によって成り立っていることが一目瞭然だからである。

だが、この把握ではローマ帝国の現実を理解できないと主張する研究者もいる。先に挙げた三人のなかでは吉村忠典がその立場の代表的研究者であった。彼によると、ローマ人は軍事力や法制度だけでなく、人間関係や社会関係を通しても自身の意思を他者に受け入れさせるというかたちで支配を確立したという。こうした支配の内実は、もちろん非常に多様であるし曖昧模糊として摑みにくい。が、それだけにローマがいかにして他の諸国・諸共同体を従えたのか、リアルに私たちに教えてくれる。

たとえばこの把握によれば、前二世紀中葉にはまだ大国であり、自前の王を戴いていたエジプト王国も、人によってはローマ帝国の一部と見なすことも可能であろう。なにしろ国家主権などという概念がない世界なのだ。エジプト王がローマに唯々《いい》諾々《だくだく》と従っていれば、ローマからすればそれは「我が帝国の一部」とも言えるわけだ。こうした概念を用いてローマ帝国形成の過程を描き出している研究者が現在では多数いる。それが歴史学研究に豊かな成果をもたらす方法であることには、疑いがない。

しかし本書では、インペリウム・ローマーヌムとしてのローマ帝国を扱うこととしたい。

なぜならもう一つの把握の仕方を選ぶと、あまりにも帝国の輪郭が判然とせず、新書という限られた媒体では全体像を描くことが不可能になってしまうからである。しかしもっと積極的な理由を述べると、都市国家であったローマが従来とは異なる原理を備えた国家へと変貌していったその転換点は、属州支配の確立にあったと私は考えているからである。したがって、本書ではローマ帝国の誕生の過程を、属州の設置と属州統治のための制度や方法、理念が確立していくなかで、人びとがどう生きていたのかを描いていくことにしたい。ただ、属州以外を含む「曖昧模糊」な方の帝国についてもまったく言及しないわけにはいかないので、これは第六章で概観しておきたい。

さて、ずいぶんと「はじめに」が長くなってしまった。このあたりで本題に入っていこう。まずは第一章、帝国化以前の都市国家ローマの姿を確認するところから出発しよう。すでに述べたとおり、この部分がしっかり頭に入っていると、帝国形成以降の変化の意味が鮮明に見えてくるので、いささか教科書のような内容であるが、我慢していただきたい。

付記
一　本文中の史料訳文のうち、既訳を利用した場合は翻訳者名を記載した。翻訳者の記載がない場合は、著者による訳出である。

二　古代の地名や人名などは、基本的にラテン語を用いた。ただし日本語としてすでになじみが深く、かつラテン語を用いる必要性が薄いものについてはその限りではない。たとえば「シキリア島」は「シチリア島」と表記した。

三　ラテン語の長母音は大半を省略した。たとえば「プーブリウス・コルネリウス・スキーピオ・アエミリアーヌス」は「プブリウス・コルネリウス・スキピオ・アエミリアヌス」と表記している。

目次

はじめに　3
強大で繁栄したローマ帝国／未曾有の変化の時代／小さな単位と「世界」／ローマ帝国を生きた人びと／本書の論点と構成／ローマ帝国と属州支配

第一章　都市国家ローマ　27
1　ローマの誕生
牝狼と双子――ローマ建国伝承／神聖な空間としての都市――最初期のローマ／古い囲壁の痕跡／王の追放
2　ローマ共和政の現実
権限や権威を独占する貴族／身分闘争へ／護民官と平民会／共和政の仕組み／理念と現実／貴顕貴族
3　共和政ローマの自由と権威
ローマ市民にとっての「自由」と「平等」／パトロネジ／SPQR

第二章　ローマ帝国の胎動　55
1　ローマのイタリア支配

国土の大幅な拡張／支配の方法――ムニキピウム、コロニア、ソキィ／大カト、キケロ――地方出身市民の困難／解放奴隷出身の市民たち／一蓮托生

2　地中海世界の東と西

流動的なヘレニズム世界――地中海東部／先住民とフェニキア人、ギリシア人、カルタゴ人――地中海西部／イタリアの保護者としてのローマ

3　第一次ポエニ戦争

シチリアをめぐる争い／市民の寄付で艦隊を建造／和平の条件／地中海西部の制海権を獲得

4　海外支配のはじまり

属州の多大な負担／プロウィンキアの意味／命令権保持者も軍もいない／変わらない体制

第三章　産声を上げるローマ帝国――93

1　第二次ポエニ戦争とイベリア半島

ハンニバル戦争／「ハンニバルのアルプス越え」／「カンナエの戦い」の衝撃／大スキピオ／イベリア半島の奪取／第二次ポエニ戦争の終結

2　イベリア先住民とローマ人

イベリア半島の多様性／先住民の大規模蜂起／居住地「イタリカ」／くりかえさ

れる蜂起
3　ヒスパニア両属州の設置
前一九七年以前と以後／国家制度のなかのイベリア半島／恒常的な支配と受け止めていたか

第四章　「ローマ人の友」　125
1　執政官大カトの行動
先住民居住地への攻撃／政治的声望のため／恫喝、詐術、掠奪／「先住民を奴隷状態に」
2　「ローマ人の友」
グラックスの「条約」／元老院への請願／「友」としての属州民／苛酷な搾取の強化
3　半島南部の諸都市と先住民
現地女性とローマ人の子――新しい居住地カルテイア／ラテン権の付与／ローマ人のための居住地＝コルドゥバ／先住民との共生／フェニキア系都市／自治と文化的アイデンティティ／整えられていった体制

第五章　二つの大戦争　159
1　ルシタニア戦争

ルシタニア人／総督ガルバの詐術／ポルトガルの英雄ウィリアトゥス／暗殺

2　ケルトイベリア戦争
執政官たちの戦い／ローマの迷走／小スキピオの包囲作戦――ヌマンティアの最後

3　ローマ人の属州支配の実像
生活を脅かされた先住民グループ――ルシタニア戦争／セゲダの囲壁建設の理由――ケルトイベリア戦争／変わる「ローマ人の友」／デディティオ――無条件降伏／ローマの正義への挑戦／支配者としてのローマ人／富、名声の源泉としての属州／自分たちの暮らし方を続けようとした人びと

第六章　ローマ帝国の誕生

1　マケドニア戦争
ヘレニズム世界の表舞台へ／マケドニアの没落

2　「ギリシアの自由」
アイトリア同盟とシリア王国／「信義に身をゆだね」／シリア王への恫喝／「救い主である神々よ」／ローマの自信と自負

3　紀元前一四六年
前二世紀中葉の三つの戦争／属州マケドニアの設置／コリントの破滅／カルタ

ゴの申し開きと謝罪／属州アフリカの設置

4 ローマの新しい支配

前一六八年時点の地中海／「滅ぼさざるべからず」／属州での経験／ローマの「国益」／新しい支配の原則／新しい属州

第七章 ローマ帝国に生きる

1 変質する社会

都市国家ローマの社会構造／複雑化する社会／帝国住民の要請と元老院／騎士層の台頭／突出した政治家と元老院

2 市民社会の動揺

経済格差の拡大／中小農民の没落／装備を自弁できない歩兵――市民軍団制をめぐる問題／募兵忌避の動き

3 属州とイタリア

属州の先住民エリート／ローマ文化への接近／属州エリートと元老院議員／属州と政治／イタリア同盟都市のエリート層／ローマ市民権を求める声

4 「父祖の諸慣習」

小スキピオの風紀取り締まり／市民団への警鐘

第八章 「内乱の一世紀」——263

1 グラックス兄弟の改革

一般市民の救済／公有地の分配——ティベリウスの改革案／ティベリウスの殺害／穀物の配給——ガイウスの改革／騎士の経済活動の保証／「専制独裁者の排除」／ティベリウスとガイウスの違い／門閥派と民衆派／穀物供給法に関する元老院の意思／政治的手法の違い

2 軍命令権保持者と元老院

軍命令権を保持しつづける政治家／ローマへの攻撃——スッラ、マリウス、キンナの権力闘争／スッラによる元老院統治体制強化／ポンペイウスの異例の命令権／権力を希求する人びと

3 内乱と帝国

政敵と戦うために欠かせない属州／同盟市戦争——イタリア／国家形態の変質と元老院統治の弱体化／強大な権力の行使——諸外国・諸地域／単独の権力者の出現へ

第九章 ローマ皇帝の出現——303

1 カエサルの政権

第一次三頭政治／カエサルとポンペイウスの内戦／カエサルの改革／軍事独裁

者の死

2 「内乱の一世紀」の終結
第二次三頭政治／オクタウィアヌスとアントニウスの闘争――閉じられた神殿の扉／アウグストゥスという添え名

3 元首の時代
つぎつぎと認められた権限／共和政の再建？／「権力の束」／元老院と並立した帝国統治機構

4 帝国と帝政
ローマ帝国がローマ皇帝をもたらした／都市ローマの改変／属州とローマ市民権／属州なくして帝国は成り立たない

終わりに ―― 341
イベリア先住民たちにとっての「世界」／立ち去らない外来者／属州民の「したたかさ」／ローマ帝国の民として生きる

参考文献 ―― 352

ローマ史略年表 ―― 357

あとがき ―― 360

第一章　都市国家ローマ

1　ローマの誕生

牝狼と双子――ローマ建国伝承

　みなさんは、図1の青銅像をきっとどこかで御覧になったことがあるだろう。高等学校の世界史教科書などでも取りあげられているこの有名な像は、現在はローマ市の中心部にあるカピトリーノ美術館に収蔵・展示されているので、「カピトリーノの牝狼」と呼ばれている。「牝狼」の名のとおり、狼の腹には豊かな乳房が並んでいる。だが奇妙なことに、その下では二人の赤子が狼の乳を飲もうとしている。不思議な光景であるが、これは古代ローマ人の建国伝承に基づいている。

　伝承によると、狼の乳で育った二人はロムルス、レムスという名の双子だった。彼らはイタリア中部のアルバ・ロンガという国の王女と軍神マルスの間に生まれたが、ゆえあって生まれ落ちた直後に森に捨てられた。牝狼の乳を飲んで生きながらえた二人が、長じてイタリア中部を流れるティベリス河のほとり、パラティヌスの丘の上に新しい国を建設し、兄のロムルスが王となった。その国はロムルスの名をとって、ローマと呼ばれることになった。それは西暦に換算すると、紀元前七五三年のことである。

以上のストーリーからすぐにわかるとおり、現代の私たちはローマ建国にまつわるこうした伝承をそのまま信じることはできない。この伝承を書き残しているのは、紀元前一世紀の歴史家ディオニシオスやリウィウス、あるいは紀元一世紀頃のプルタルコスといったローマ人やギリシア人なのだが、じつは彼ら自身もこの物語については疑いの言葉を残している。だが古い時期に記された文字情報は残存していないので、確かなことはわからないのだ。したがって、歴史家はしばしば、ローマ建国に関しては「伝承ではこのように述べられている」といった説明ですませてしまう。

前七五三年という建国年も、当然信憑性はない。ただ考古学調査の結果、前八世紀頃にティベリス河左岸のいくつかの丘の上に集落があったことは確認できている。要するに伝承が伝えるローマ建国の経緯のなかで信ずるに足るのは、前八世紀頃に現在のローマ市の

図1　「カピトリーノの牝狼」
作者・制作年代不詳。カピトリーノ美術館所蔵（写真提供：アフロ）

中心部あたりに都市の原型が建設されたのであろうということだけなのだ。巨大なローマ帝国の出発点としては、なんとも頼りない情報ではある。

とはいえ、建国にまつわる伝承はローマという国の最初期の姿について、いくつかの手がかりを私たちに与えてくれる。

神聖な空間としての都市——最初期のローマ

まず、伝承が伝える最初期のローマはたいへん小さな国だったということだ。ロムルスはパラティヌスの丘の上を壁で囲んだと伝えられる。壁の内側が、新しく建設された国の構成員が住むための都市となった。パラティヌスの丘は現在もローマ市の中心部に横たわっているが、さして大きな丘ではない。図2のほぼ四辺形の囲み部分がおおよそのパラティヌスの丘の広がりで、一辺はだいたい四〇〇メートル前後である。伝承に従えば、この広がりが、ローマという国の最初の住民が住んだ都市であったということになる。

もちろん、都市だけで国が成り立つことはできない。最初期から都市の周辺にはいくばくかの土地が広がっていたと伝えられている。その部分までを含んで、一つの国であるわけだ。

しかし、ローマという国の本質は、あくまでも都市部分であった。もう少し伝承を追っ

図2　都市ローマ中心部（Google Earthよりダウンロードのうえ、加工）

てみよう。ロムルスは一対の牡牛と牝牛に青銅の犂《すき》をつけ自分で駆りながら、都市を建設する予定地の周辺を畝《うね》で囲んだという。ただし、ところどころで犂の刃をはずした。このような儀式を経てできたラインを、ローマ人はラテン語でポメリウムと呼んだ。ポメリウムに沿って囲壁が設けられた。犂の刃をはずした（したがって畝ができなかった）箇所が、囲壁の門となった。ポメリウムは精霊に満たされており、人間は越えてはならなかった。伝承によると、ロムルスはポメリウムを軽んじて跳び越えてみせた弟のレムスをその場で殺害したという。狼の乳を飲んでともに生き延びた弟の命よりも、ポメリウムの聖性の方が重要だったのだ。なぜなら、誰も越えられないポメリウムに囲まれているからこそ、都市内部は神聖な空間としてすべての災いから免れるからだ。

この伝承自体は、作り話であろう。しかし、後世のローマでもポメリウムとそれに沿って設けられた囲壁を損壊した者は処刑されたし、その根拠として紀元六世紀編纂のローマ法学説集『学説彙纂（ディゲスタ）』でさえ、ロムルス、レムスの伝承が引き合いに出されている。ポメリウムに囲まれた神聖な都市空間は、後世のローマでも国内の他の空間とは厳然と区別されていたのだ。都市内に墓地を造ることは禁じられた。また、都市内ではあらゆる暴力は許されず、武器を携行することさえ認められなかった。むろん、軍も入ることができない。それは現実の軍事力だけではなく、軍命令権にも及ぶ。ローマの将軍たちは都市ローマに入る前には軍命令権を返上しなくてはならなかった。

都市内の中心にあたる丘の上（カピトリウムという）には都市の守護神の神殿が建立され、守護神がその高みから都市全体を見渡していた。都市に固有の祭りや行事がいくつもあり、住民はそれに従って日々を暮らしていた。カピトリウムの真下に広がる中央広場《フォルム》にはさまざまな公共建造物があり、住民の公私両面の生活を支えた。後世には、都市の外の人口の方が圧倒的に多くなり、都市外にも政治的、行政的区分がきちんとつくられる。それでもこの国の中心は常に都市内であったのだ。

古代人にとって、神々や精霊の世界がいかに重要であり、彼らの日常や社会にとって不可欠なものであったのか、私たち現代人にはなかなか想像しがたい。

たとえばローマ人は、宣戦布告も条約締結も神託を必要とし、さまざまな儀式と手続きを踏んで神々の承認を得なければそのような国家行為を行うことは許されなかった。実際に宗教上の手続きが不備だったために、公職に当選しても就任が認められなかった者さえいる。日常生活においても、毎日の暮らしから結婚、出産、葬祭といったさまざまなライフイベントにいたるまで、彼らはじつに多様な神々や精霊に加護を求めた。人生も、社会も、国もみな宗教や呪術と切り離されることはなかったのだ。

そのようなローマ人にとって、精霊によって護られ、神々の特別の恩寵を受けた都市こそが国の本質であり、周囲の土地はそれに付随するものに過ぎなかったのだ。

古い囲壁の痕跡

考古学の知見からは、前八世紀頃にはパラティヌス以外の近隣の丘の上にも集落があったことがわかっている。この地域一帯に勢力を持つ、ラテン人と呼ばれる人びとの一部がこれら集住地の住人であった。こうしたラテン人の集住地の連合体が、おそらく都市ローマの起源であろう。実際、ローマ市の中心部に位置するいくつもの丘を囲い込む囲壁の一部が、現在も部分的に残っている。

図3を見ていただきたい。ティベリス河左岸を大きく、星形に都市を囲む壁は、高さが三〜五メートルほどもある堅固なものだ。だがこの囲壁は、紀元三世紀頃に建造されたも

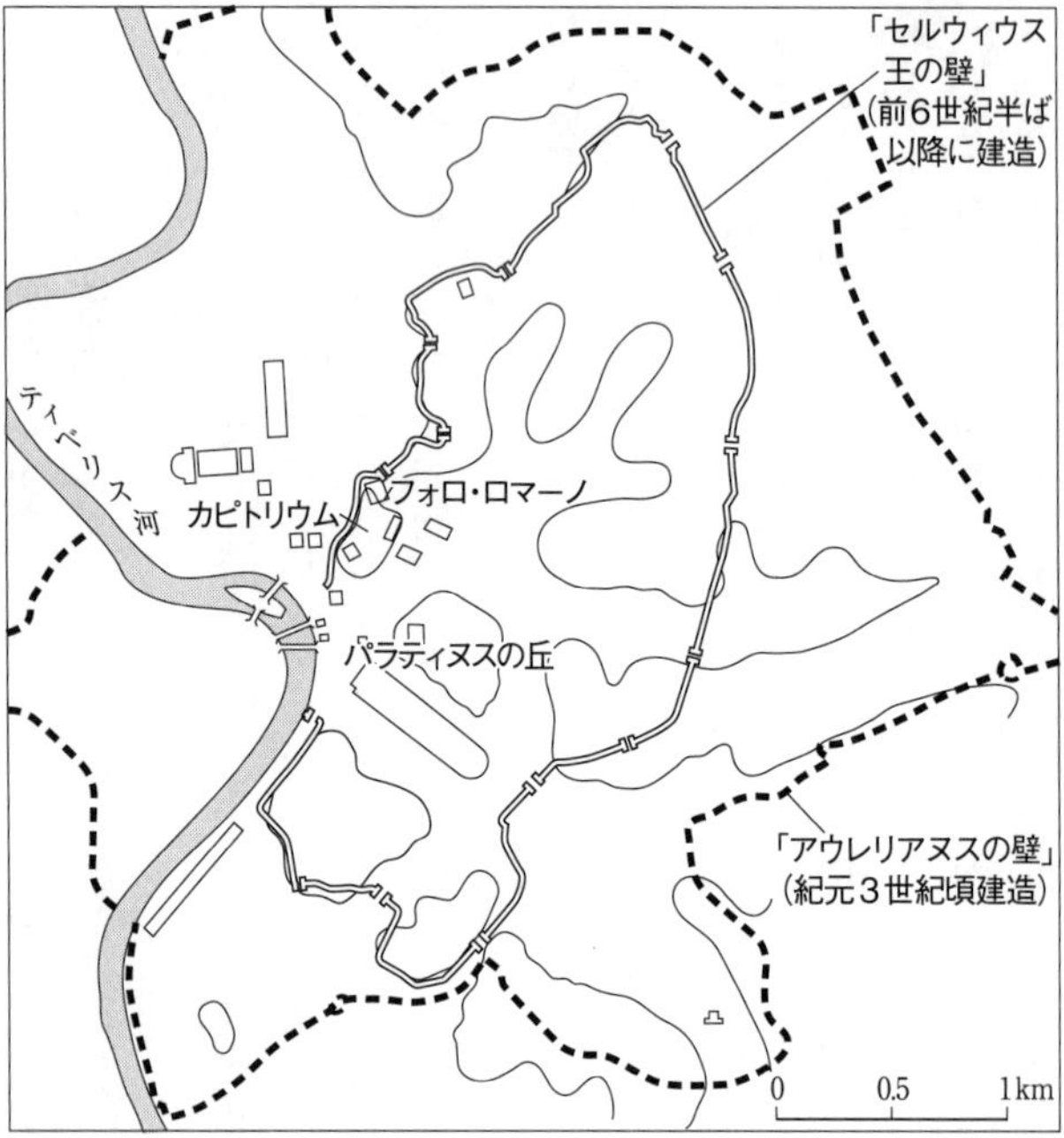

図3　都市ローマ

(竹中康雄・上村健二・宮城徳也・久保田忠利訳「法廷・政治弁論1」『キケロー選集』1、岩波書店、2001をもとに作成)

のだ。その内側に、南北に細長い空間を囲んだもっと古い囲壁の痕跡がある。この古い方の囲壁は、前六世紀半ばから前四世紀頃に建造されたと考えられている。つまり、伝承が伝える前八世紀という建国の年代に比較的近い時期に遡ることができるわけだ。この囲壁が囲む空間は、パラティヌスの丘よりはずいぶん大きい。だがそれでも、南北に約五キロメートル、東西に約二キロメートル程度の広がりしかない。最初期の都市ローマはこの程度の大きさだったのであろう。そしてその周辺のいくばくかの土地を含めた広がりが、ローマという国であった。

このように、一つの都市を核として、周辺の土地を含んだかたちで成り立っている国を、私たちは「都市国家」と呼ぶ。そしてその国家構成員を「市民」と呼ぶ。ローマは都市国家として生まれ、限られた空間に生きるわずかな数のローマ市民が、この国の構成員であった。私たちは、古代ローマというとすぐにローマ帝国を想起するが、この国は決して最初から帝国であったわけではないのだ。

ではいったい、いつ頃からローマは帝国と呼べる国に変わったのだろうか。また、それはいったいどのような経緯によったのだろうか。この問いについて、本書ではこの先じっくりと取り組んでいくことになる。しかしその前に、伝承が示す最初期のもう一つの特徴について触れておく必要がある。

王の追放

それは、最初期のローマは王が治める国であったという点だ。最初の王ロムルス以後、七人の王が続いたと伝えられている。しかも最後の三代は、ローマ人ではなくティベリス河の向こうからやってきた、ラテン人とは異なる文化を持つ人びと、エトルリア人だった。だが、ローマ人は後に王を追放して、新しい政治体制を築いた。前五〇九年のことだという。

それ以来、ローマ人は自分たちの国の社会・政治体制をラテン語でRes publica《レス・プブリカ》と呼んだ。すぐおわかりだろう。英語のRepublic（共和国）の語源である。あるいはアメリカ合衆国のthe Republican Party（共和党）を思い浮かべる方もおられよう。これらの語は、君主がおらず、すべての国民が主権を備えて平等に国政参加するという政体・体制や理念を現代では意味する。そうした意味の祖型は、前六世紀以降のローマの社会・政治体制にあるのだ。

ラテン語でresとは「もの、こと」の意である。そしてpublicaという形容詞は「共通の」という意味であり、またそれはpopulus《ポプルス》（市民の総体としての市民団）という語とも同じ根を持っている。Res publicaとは全市民に共通したことがらや利害であり、また全市民によって担われた社会をも意味した。ローマ人のレス・プブリカを、日本語では一般に共和政と訳する。あるいは、前後関係によってはもっと端的に、「国家」と訳することもある。

前六世紀末以降のローマは、共和政の国家であった。この国には王のような君主はおらず、すべての市民は自由であり、互いに平等であるべきであった。社会も国政も、このような市民によって支えられ運営されていくことが、あるべき国の姿だと考えられていたのだ。そしてまさにこの共和政期に、ローマはイタリア全域を支配下に置き、ついで海外支配にも乗り出して、帝国を形成した。

2　ローマ共和政の現実

権限や権威を独占する貴族

だが、実際には共和政ローマでは最初からすべての市民が平等だったわけでも、全員が国政に携わったわけでもない。

ローマ市民のなかには王政期以来の一握りの貴族がいた。彼らは、ラテン語でパトリキ patricii と呼ばれる。彼ら貴族は、前六世紀段階では血統によって閉ざされた集団となっていた。ラテン語でプレブス plebs と呼ばれる平民は貴族に引き上げられることはなく、また平民と貴族の間の結婚は許されなかったので、双方の血が混ざることはなかった。貴族は王政期にも王につぐ、またはおそらく王とあまり変わらないほどの権力と権威を持っていた。王を追放した後の貴族は、国政を牽引する機関である元老院の議席と、また政治実務を担当する政務官ポストを独占した。

この二つについては後で詳しく説明するが、あらかじめ重要な点にのみ触れておこう。政務官の権限は行政のみならず、軍事、司法、宗教行為にまで広く及んだ。特に最上級の二つの正規職、執政官《コンスル》と法務官《プラエトル》は絶大な権限を持ち、戦地では軍命令権を備える将軍となった。元老院は三〇〇人の終身の議員によって構成され、欠員は上級政務官職経験者から補充された。元老院は国政に関する助言を行ったが、その助言が実際には政務官を従わせる重みを持っていた。こうした権限や権威を貴族は独占していたわけだ。他方、平民は政治決定機関である民会には出席できたが、民会も貴族が議決を左右する影響力を持っていた。

平民と貴族との経済格差も大きかった。平民の大多数は中規模・小規模の農民であった。しかしなかには富裕な人びとへの債務返済ができずに、奴隷身分に落ちる者もいた（これを債務奴隷という）。

このように、王政廃止直後の平民の政治的・経済的・社会的地位は低かった。しかし、この段階からのち、数十年にわたってローマが相次ぐ戦争に苦しんだことが、彼らの立場を変えていく原動力になった。

身分闘争へ

追放された王の一族や彼らを支援する他のエトルリア勢力、またローマ人と同じラテン人の他の共同体、他の諸部族、さらにはアルプスの向こうからやってきたケルト人と、この時期のローマはよくもまあこうも続くものだと思われるほどに、つぎつぎと強敵に見舞われている。それも後の時代とは違い、たびたび危機的な戦況に追い込まれた。前三八七年には、ケルト人の一派セノネス族に都市を破壊され掠奪されてもなす術もなく、金を払って彼らに立ち去ってもらうしかなかった。つまり、最初の一〇〇年ちょっとの間の共和政ローマは、常に国として、社会としての存立が危ぶまれる状況に置かれていた。

ローマは全市民が国家を支える共和政であるゆえに、軍もすべての市民から成り立っている市民軍団制をとっていた。この時期は、全市民が生き残りを賭けて必死に外敵と戦っていたのである。

ローマ軍では、貴族は騎兵であり、平民は主に歩兵だった。騎兵が機動性と破壊力で時に威力を発揮しても、戦術上主力となるのは歩兵である。こうして国防の要として命がけで戦っていた平民側から、経済的重圧の軽減、貴族と同等の社会的地位と政治的権利を求める声が高まっていった。貴族はそれを抑圧しようとする。ここから始まる両者の抗争を、身分闘争と呼ぶ。

護民官と平民会

身分闘争について本書で詳しく述べることはとてもできない。ここでは、身分闘争中の主な変化のみを取りあげておこう。

前四九四年（この年代が正しいとすると、王政廃止のたった一五年後）、差別的な扱いに激昂した平民が、ローマから退去して新たな国を造ろうとまでする動きを見せた。貴族は譲歩し、平民の利益を代表する政務官職として、護民官が設置された。また平民のみが参加できる新たな民会として、護民官が主宰する平民会が設立された。平民は、国政において自らの意思を表明することができるようになったのだ。なお、護民官は身体の不可侵性および拒否権の保持という、他の政務官にはない特性を備えている。それは身分闘争のなかで、平民を貴族から保護するために設置されたという、この職の由来がもたらしたものだと言われる。

前三六七年、リキニウス＝セクスティウス法が、執政官職に必ず平民が一名就任することを定めた。ローマの正規の政務官はどの職も複数定員の同僚制で、しかも任期が一部の職を除いて一年しかない。つまり毎年、選挙で翌年の政務官が選出されるわけだ。これは権力が特定の個人に集中することを（つまり王政のような状態になることを）回避する工夫である。最上級職の執政官は、毎年定員二名が選挙された。リキニウス＝セクスティウス法によって、そのうちの一名が必ず平民でなければならないと定められた。毎年必ず平民のなかから少なくとも一名がローマで最高の権力を手に入れるわけである。

この後、他の政務官ポストもしだいに平民に開かれていった。

リキニウス＝セクスティウス法はまた、公有地の占有面積を規制した。当時、富裕な貴族が公有地を大々的に、それも事実上私有地として独占していた。リキニウス＝セクスティウス法は一人あたりの公有地占有を五〇〇ユゲラ（約一二五ヘクタール）までに制限した。経済面での貴族の優越を抑制しようとしたのである。

前二八七年、ホルテンシウス法が平民会議決には貴族も従わねばならないことを定めた。これ以降は、平民会は市民全体を縛る立法機関として機能することになった。貴族からすれば、自分たちが出席できない平民会で決定された法に、従わねばならないのだ。

このホルテンシウス法よりも前の段階で、身分闘争は決着がつき、貴族平民間の格差は解消されていた、と、一般に説明される。おそらくリキニウス＝セクスティウス法以降、政務官には多くの平民が就くようになっており、また彼らのイニシアティブによって平民会以外の民会でも平民の意思が貴族の意思を凌ぐようになっていた。そうした状態の総仕上げが、ホルテンシウス法だったということだ。

こうして長い身分闘争の後に、ローマでは貴族と平民の間の政治的、社会的格差が解消された。もっとも経済的格差解消の方は、どうやらさほど大きな進展はなかったようである。平民の大部分は、経済力のない中小農民のままであった。しかし、身分闘争期に少なくとも債務奴隷は禁止された。市民はみな自由で平等であり、その市民全員によって社会や政治が支えられるという、先に述べたレス・プブリカのあり方に、この段階でようやくローマは近づいたと言えよう。

共和政の仕組み

このように、レス・プブリカの体制が確立するまでには、長い時間がかかった。王政が廃止されてから、じつに一五〇年ほどもたった前四世紀後半頃に、やっと貴族と平民の格差は解消されたのだ。建国伝承が伝える都市国家ローマ誕生の年代から数えると、四〇〇年以上の歳月が過ぎていたことになる。

そうやって長い時間と努力が生み出したローマの共和政とはどのような仕組みで動いていたのか、ここであらためて概観しておこう。

ローマ共和政の国政は、民会、政務官、元老院という三つの機関によって担われていた。ごく図式的にこの三機関の機能を説明しよう。民会は国政に関する重要事項の決定を下し

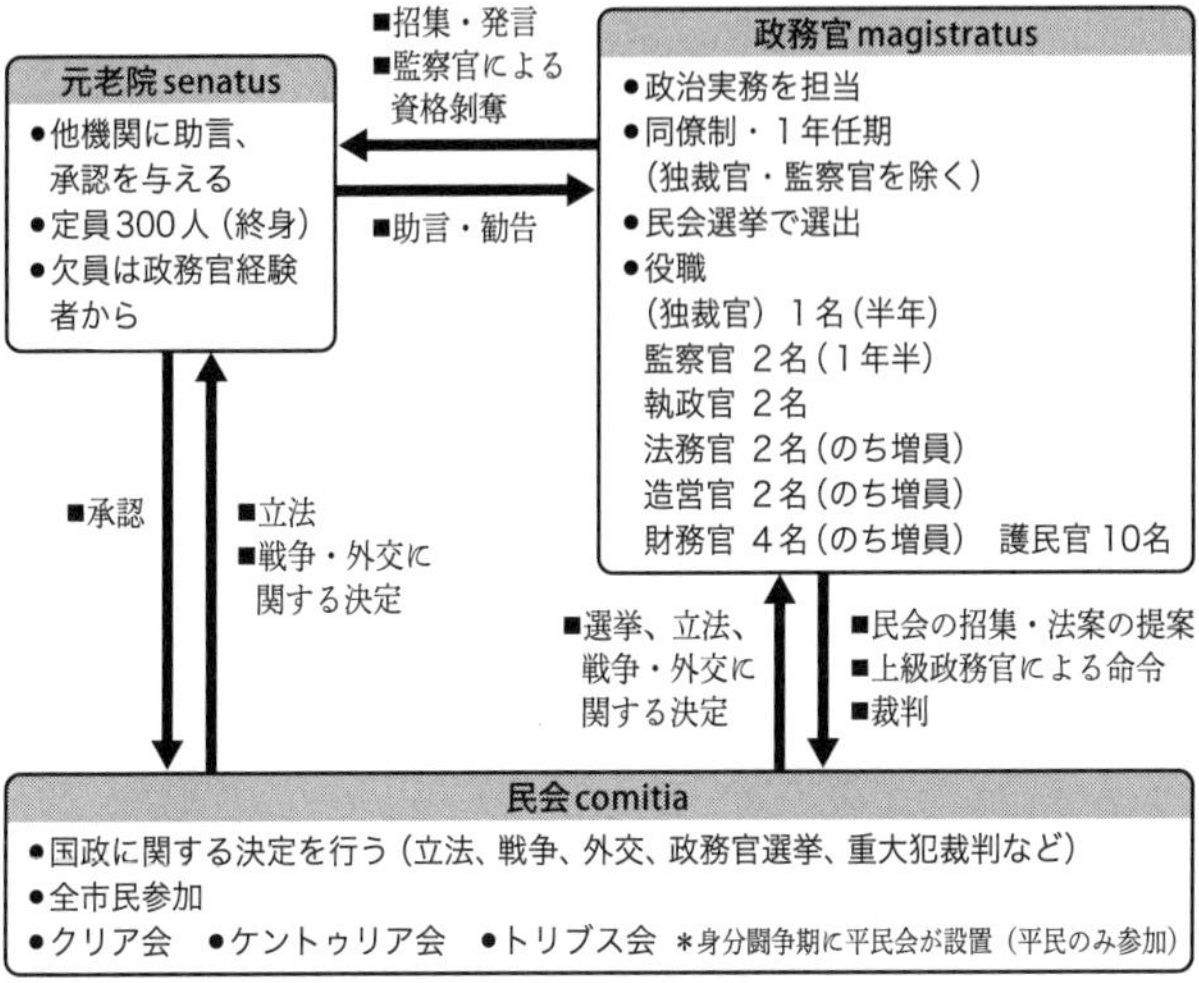

図4　共和政の政治機関

（立法、条約締結、開戦・終戦の決定、政務官選挙、重大犯罪の裁判など）、政務官が国政の実務を担当する。そして、元老院が政務官に対して助言を与えた。民会と政務官は取り扱う事項や実務内容に応じて各種あり、それぞれに固有の権限や条件が備わっている。また三つの機関は他の機関の機能を相互に補完しつつ掣肘する権限も備えていた。そのすべてを詳述する紙幅は残念ながらないので、図4にまとめるに留めたい。

　こうしてみると、ローマ共和政は機能・権限の面でじつにうまく均衡が取れた仕組みを備えていたと言えそうである。三つの機関がそれぞれの役割を果たしつつ、どれか一つの機関が権力を独占しないように、さまざまな制限が課されていたのである。しかも、国政に決定を下せる民会には、平民会以外は全市民が参加できる。民会が国政の要となることで、全市民が国を支える共和政が成り立っていたように見える。

理念と現実

ところが、現実には必ずしもそうはいかなかった。これはなにもローマに限ったことではないが、政治の場では、一般に実務を遂行する機関に実権が集中しがちであることは、言うまでもあるまい。しかも、ローマでは上級政務官には、行政のみならず軍事、司法における権限も与えられていた。政務官ポストは少なく、一つのポストの定員もさして多くはない。前二世紀頃からポストも定員が増えていくが、それでも共和政末期でも政務官職は六〇人足らずである。この担当者、特に上級ポストの執政官、法務官が、大きな政治権力を持ったのである。

毎年、翌年の政務官が民会において選挙で選ばれる。選挙には、理屈としては市民であれば誰でも立候補できた。ならば、政務官に権力が集中しても、すべての市民がその権力を握る可能性があったと言える。しかしここでも、理屈と現実の間にはズレがあった。

選挙には、経済力や社会的声望が大きく影響を及ぼしがちである。これまたローマに限ったことではあるまい。身分闘争が終結しても、経済格差の解消にはいたらなかったことは前に述べた。市民のなかには一部の富裕な家門が相変わらずあり、そうした家門の人びとが、選挙で独占的に当選者を出すようになった。つまり、一部の富裕層が政務官職をほぼ独占したわけである。

これに加えてもう一点、ローマ共和政には制度からは見えにくい現実があった。元老院の性格である。元老院は政務官に助言を与える機関だ。「助言」であって「命令」ではないから、政務官は理屈のうえでは従わなくてもよい。ところが、この時期の元老院の助言は現実には「命令」の重みを持っており、政務官がそれに逆らうことはあまりなかったようなのである。

その理由は元老院のメンバーの顔ぶれにあった。元老院は三〇〇人の終身議員で構成されていて、欠員は上級の政務官職を経験した者から補充されると説明した。つまり、執政官や法務官を経験した者が、やがて元老院入りすることが普通だった。するとどうなるだろうか。政務官は特定の富裕な家門によってほぼ独占されている。その経験者が元老院入りするのであるから、つまりは元老院議席も同じ特定家門でほぼ独占されてしまうわけだ。また、現職政務官からすれば、元老院には自分の家門の、より年長で政治実務経歴が長い人びとがひしめいていることになる。自分の祖父や伯父、父のような人びとの「助言」に逆らうことは、政務官には難しかったであろう。

民会はどうか。そもそも民会に集まった一般市民は、政務官になれることもまずなかったため、政治実務の経験も知識もない。彼らが決定を下すといっても、彼らが政務官の提案や元老院の意向に逆らってまで自分たちの意思を貫くようなことは、共和政末期までは滅多に起こらなかった。

貴顕貴族

ここまで見てきたように、共和政の国政を現実に牽引する元老院と、政治実務を担当して権力を行使できる政務官は特定の家門によってほぼ独占されていた。これに対して、すべての市民が参加する民会は、なるほど決定は下せるが、その決定は政務官と元老院によって左右されがちであった。こうして見ると、結局のところローマ共和政とは、一部の富裕で権力を独占する家門によって担われていた政治体制であると言ってよい。このような政治のあり方を一般に寡頭政（寡《すく》ない頭数《あたまかず》が執る政治）と呼ぶ。

こうした人びとの家門が、何世代にもわたって経済力と政治権力を独占すると、やがてこうした家門は周囲から特別の存在と見なされるようになった。ローマ人はこのような人びとを、しばしばノビレス nobiles と呼んだ。これはもともと、「広く知られている」といった意味だが、ここから「有名な」「声望がある」、さらに「貴顕の人びと」といった意味にも転じる。このように、幾世代も声望を備えつづけた貴顕の士の家門もまた、貴族と呼んで差し支えないだろう。

歴史家は、旧来のパトリキと区別して、身分闘争後に権力を握った貴族をノビレスというラテン語で呼んだり、貴顕貴族という日本語を用いて表現したりする。身分闘争後のローマ社会もまた、貴族社会であったことには変わりないのだ。旧来のパトリキ家門の多くは富裕であったので、彼らと平民のなかの富裕層が融合するかたちで貴顕貴族が形成されたわけである。たとえば、みなさんがよくご存じのユリウス・カエサル（ジュリアス・シーザー）は前一世紀の人であるが、彼の家門は由緒正しいパトリキである。また、「はじめに」冒頭で紹介したスキピオもパトリキである。一方、「グラックスの改革」で有名なグラックス兄弟は平民家系であるし、前三世紀から前一世紀にかけて非常に多くの執政官を出したカエキリウス・メテルス家も平民である。

このように、身分闘争後のローマ社会では、パトリキかプレプスかという違いよりも、貴顕貴族かそれ以外の一般市民かという違いの方が大きな意味を持つようになった。そして貴顕貴族は一般の市民に対して、経済的、政治的、社会的に圧倒的に優位な立場に立つようになったのである。

3　共和政ローマの自由と権威

ローマ市民にとっての「自由」と「平等」

ここまで読まれると、一般のローマ市民はさぞかし貴族社会や寡頭政治体制に反感を抱いたことだろうと思われた方もおられるのではなかろうか。

ローマ市民はわざわざ王政を打倒して、共和政を打ち立てた。そして、全市民が平等に社会や国政を運営する国のあり方が選ばれたはずであった。だが身分闘争後ですら、現実の社会はそのような理想からはほど遠いように見える。同じ市民でありながら貴顕貴族に大きな特権を握られ、寡頭政からはじき出された一般市民は、やがて自分たちの権利を求めて立ち上がったのではないか。ちょうどフランス革命のパリ市民のように……。すべての人間は法のもとでは平等であるべきという考え方が広く定着している現代の私たちは、ローマ共和政の姿を目の当たりにするとそのようにも思ってしまいそうだ。

ところが、身分闘争終結後のローマ社会ではそのような動きは見られない。前二世紀半ば頃以降には、たしかに一般市民が元老院や政務官の意向に反する民会決議を出したり、さらには暴動を起こしたりするような事態が目立ってくる。しかし、身分闘争後二〇〇年近くの間は、元老院を基盤とした貴顕貴族による寡頭政が、さしたる抵抗もなしに営々と続けられたのである。それも、権力者が暴力や脅しで反感を抑えこんだというのなら、まだ理解しやすいが、そういうわけでもない。一般市民が、貴族社会や寡頭政に不満を持った痕跡そのものがあまり見えないのだ。

なぜローマ市民は、共和政の名のもとで貴族社会を受容したのだろうか？

まず忘れてはならないのは、当時は主権とか基本的人権といった概念はなかったということである。これはローマ人に限ったことではない。一人一人の人間が等価値であり、同じ権利を有するといった考え方が西洋世界で定着するのは、一八世紀頃以降のことであろう。私たち現代人は、過去を振り返ってみる時に、この点をつい忘れてしまいそうになる。だから、ローマ人が市民はみな自由で平等だという理念を持っていた、と説明されると、それは一人一人の市民が社会のなかで同じ地位にあり、同じ権利や義務を持っていたということだと考えてしまいがちである。しかしローマ人は、自由や平等という状態をそのようには考えなかった。彼らにとっては、一人一人の市民が持っている能力や立場に応じた権力や権威を備えている状態が「自由」であり、「平等」であった。

たとえば、一般市民より大きな経済力を持ち、それゆえに政務官に当選して国政の実務を担当する者は、それだけ多くの貢献を国や社会に与えていると、ローマ人は見なす。それだから、そうでない者よりも大きな権力を持つべきなのは自明であった（ちなみに、政務官職は無給である。つまり、政務官を務めるということは一種の奉仕活動とも言える）。また、市民軍団制をとるローマでは、兵の装備はすべて自弁であった。これは、経済力が大きい者ほど、兵士としてもより大きな貢献ができるという考えに結びつく。

他方、富裕市民は公共の利益と呼べそうなものへの貢献を行った。たとえば大型公共営造に私費を投じたり、一般市民が参加する祭りや娯楽を主催したり、食糧不足の場合に私費で買った穀物を人びとに施与したり、というように。ギリシア世界の民主政期アテーナイでは、こうした行為は富裕者の義務として制度化されていた。しかし、共和政ローマではついに制度化されることはなかった。だから、公共の利益に貢献をしなかったからといって罰を受けることはない。しかし通念としては、富裕市民は当然公共の利益に貢献するものと見なされていたので、こういった行為を行わない富裕者は顰蹙を買った。

革命前や一九世紀のフランスやイギリスにおいて、「ノブレス・オブリージュ＝貴顕の士は義務を負う」と考えられたように、旧来の身分制が意味をなくしたローマ社会でも、貴顕貴族がさまざまな局面で、市民に共通の利益（レス・プブリカ）のために尽くすことが自明視された。その反面、彼らが国政に関してより大きな決定権を持つことも自明だったのだ。

決定権だけが問題なのではない。社会のなかで相対的に高い位置にあると見なされる者には、他の者は従うべきであった。それは権威という言葉で説明される。たとえば若年者は年長者の権威に、知識や経験の浅い者はより大きな知見を持つ者の権威に、政務官、民会は元老院の権威に従うべきと考えられた。このような価値観を持つローマ人は、元老院が他の二機関に優越し、貴族がその他の市民よりも大きな政治権力を持っていたことを、不正であるとか、欺瞞であるという風には考えなかった。むしろ、より権威ある者に自分たちの国や社会を託すことが、一般市民の「自由」と考えられていた。

パトロネジ

こうした価値観はまた、ローマ社会に独特の慣行を生み出す素地となったと考えられる。ローマでは社会のなかでより有力な者が、相対的に弱い立場の者を庇護する関係が見られる。どのような者が有力であり、どのような庇護が施されたのかは、一概には言えない。

とはいえ、おそらくもっとも一般に見られたのは、経済的な保護であったろう。たとえば豊かな者が貧しい者に金銭を与えたり、食糧を施したり、というように。ローマ人は、保護する側をパトロヌス patronus（英語のパトロンの語源）と呼び、保護される側をクリエンス cliens（同じくクライアントの語源）と呼んだ。そして、そういう関係をクリエンテラ clientela

と呼んだ。だが現代の歴史家は、この関係を英語でパトロネジと呼ぶことが多い。本書でも、パトロネジという語を用いることにしよう。通常、パトロネジは特定の二者の間に結ばれ、しかもそれは世代を超えて引き継がれたようである。

たとえば、ローマ人の残した書簡や文学作品などを繙くと、一般の市民と彼らがパトロンに対して毎朝行った「ご挨拶 salutatio《サルタティオ》」の例がよく見られる。これは文字通りの挨拶で、クリエンス側が夜明けとともにパトロン側の屋敷（ローマ市の一般住民がアパート住まいであるのに対して、パトロンともあろう者は通常、立派なお屋敷に住んでいる）の玄関前に群がってパトロンに挨拶し、その日一日、神のご加護がパトロンにあることを願う。するとパトロンの方は彼らに、その日必要なほどの量のパンやオリーブ油、小銭などを配ったり、場合によっては個別に会って相談に乗ったりするのだ。パトロネジ関係のなかでパトロヌスとして、多くの一般市民を保護することができた者の多くは貴族だったと考えられる。クリエンスとして貴族からさまざまな恩恵を受けていた一般市民からすれば、自分のパトロヌスが権力を握ることはむしろ望ましいことであったろう。

SPQR

社会や国への貢献の度合い、権威の大小、経験や知識の差違に応じて、一般市民は、有力者に自分たちの暮らしと意思を委託した。こうした人間関係と社会通念に支えられて、一握りの有力者が政務官と、とりわけ元老院を独占し、国政を動かしていた。

　この状態を非常によく伝えるものとしてＳＰＱＲという表現がある。ローマ人はこの語を用いて、自分たちの国を表現した。これは「Senatus《セナトゥス》 Populusque《ポプルスクェ》 Romanus《ローマーヌス》ローマの元老院と市民団」という言葉を短縮したものである。元老院の構成員も市民であることにはかわりない。しかし、ローマ人からすれば、自分たちの国は元老院が市民を事実上統治するかたちで成り立っていたことは自明だったのであろう。元老院は明らかに、ローマ市民の集合体から突出した存在だった。

　こうした都市国家ローマの特質は、帝国形成の過程を見ていく際に、きわめて重大な意味を持つ。次章以降の内容で重要な意味を持つ対外戦争や外交関係も、そして国土を広げ、海外に支配を拡大していくという方針も方法も、基本的に元老院の決定によるものであったからだ。それはつまり、元老院に代々議員を送り出した貴顕貴族が、ローマ帝国形成を牽引したことを意味する。他方、元老院と貴顕貴族の意思に従って他国と戦ったのは、市民軍団制を支えるすべての市民たちであった。

　そのように考えると、ローマ帝国の形成は、まさに都市国家ローマの社会と政治が備えていた特質によって推し進められていったということがわかる。

しかし、帝国形成が進むなかで、その原動力となった都市国家的社会の特質はしだいに失われていくという皮肉な結果となる。こうした変化は具体的にはどのように進行していくのか、なぜこうした変化が起こったのか、そして元老院に牽引されたローマの支配域拡大は、ローマ人以外の人びとにどう作用したのか。それらの問いには、次章以降で少しずつ向き合っていくことにしよう。

第二章　ローマ帝国の胎動

前章では、都市国家ローマの姿を概観した。しかし、じつはこの国はかなり早い時期から、周辺の都市国家や共同体と戦ってそのいくつかを併合し、支配領域を拡大しはじめていた。そして、前三世紀半ば頃までにはイタリアのほぼ全土がローマの支配下に入ったのである。

つまり早い時期から、ローマという国はいくつもの都市と周辺の広大な土地によって構成されていたのだ。さらに、前三世紀後半になると、ローマはイタリアの外、つまり海外にも支配域を広げはじめる。それでもこの段階のローマを、ローマ帝国とは呼べないと、私は考えている。それはなぜなのか。

本章ではまず、ローマによるイタリア支配確立の経緯を述べたうえで、それと連動する国内の状況を描きたい。ついで前三世紀後半の地中海世界の様相を俯瞰する。さらに、地中海世界へのローマ進出の第一歩である第一次ポエニ戦争の経緯と結果を取りあげよう。そのうえで、なぜこの時期のローマが帝国とは呼べないのか説明したい。

1　ローマのイタリア支配

図5　「ホラティウス兄弟の誓い」
リウィウスによると、ローマとアルバ・ロンガは双方の三つ子同士による決闘に戦争の勝敗を委ねた。ローマ側のホラティウス兄弟が勝ち、戦争はローマの勝利と決まった。この物語をフランス革命直前の不穏な時期に描いたダヴィドは、なにをこの主題に託そうとしたのだろうか
ダヴィド J-L.（1784/5）。ルーヴル美術館所蔵（写真提供：アフロ）

国土の大幅な拡張

ローマの対外支配拡大は王政期から始まっていたと、史料では伝えられている。たとえば、一八世紀から一九世紀にかけて活躍したフランスの画家ダヴィドの作「ホラティウス兄弟の誓い」という有名な絵画をご存じの方も多いだろう（図5）。

この絵は、ローマが前七世紀に同じラテン人の都市国家アルバ・ロンガと戦った際のエピソードを題材としている。

前章で紹介したように、ローマ建国伝承では最初の王ロムルスはアルバ・ロンガの王女の子

となっている。しかし、前一世紀末に『ローマ建国以来の歴史』を著したリウィウスによると、ローマは三代目の王の治世にそのアルバ・ロンガと戦って勝ち、都市を破壊して住民をローマ市に移住させたという。

王政期におけるこのような戦争と征服の歴史のなかには、物語の域を出ないものも多い。アルバ・ロンガについても、その存在自体を疑う研究者もいる。しかし早い時期からローマが近隣地域と戦い、支配域を広げていたことはたしかなようである。これも前章で述べたが、共和政の最初期は対外戦争でいくども危機に陥った。しかし、やがて近隣の諸地域や諸国を征服するようになる。前四世紀末頃までには、ローマの周辺地域はほぼ全面的に、ローマの支配を受けるようになった。

なかでも、ローマ人と同じラテン人の勢力圏であるラティウム地方がローマの支配下に入ったことで、ローマは大きく成長した。ローマはもともと、ラティウムの他のラテン人諸都市国家と同盟関係にあった。これをラテン同盟と呼ぶ。しかし同盟内の他の都市国家は、強大となったローマに対して警戒を募らせた。前四世紀半ば、ローマを除くラテン同盟は南に隣接する地域のカンパニア人と手を組んで、ローマとの間に戦争を起こした（ラテン同盟戦争）。この戦争にローマは勝利した。前三三八年にはラティウム地方の大部分とカンパニアの一部がローマに併合され、ローマの国土は大幅に拡張した（図6）。

イタリアの他の地域も、前三世紀半ば頃までにローマの支配下に置かれた。ここで気をつけねばならない点がある。当時はイタリアという統一された国家はなかった（イタリアが統一国家となったのは一九世紀のことである）。イタリアに生きる人びとは、どうやら非常に緩やかに自分たちは同じ世界に生きる人間（イタリキ Italicii）という意識を持っていたようだが、しかし実際には各地方の文化にはかなりの違いがあった。そしてなによりもイタリア各地にローマと同じような都市国家や、国家的な政治形態を持たない部族の共同体が散らばっており、政治的にはバラバラの状態であった

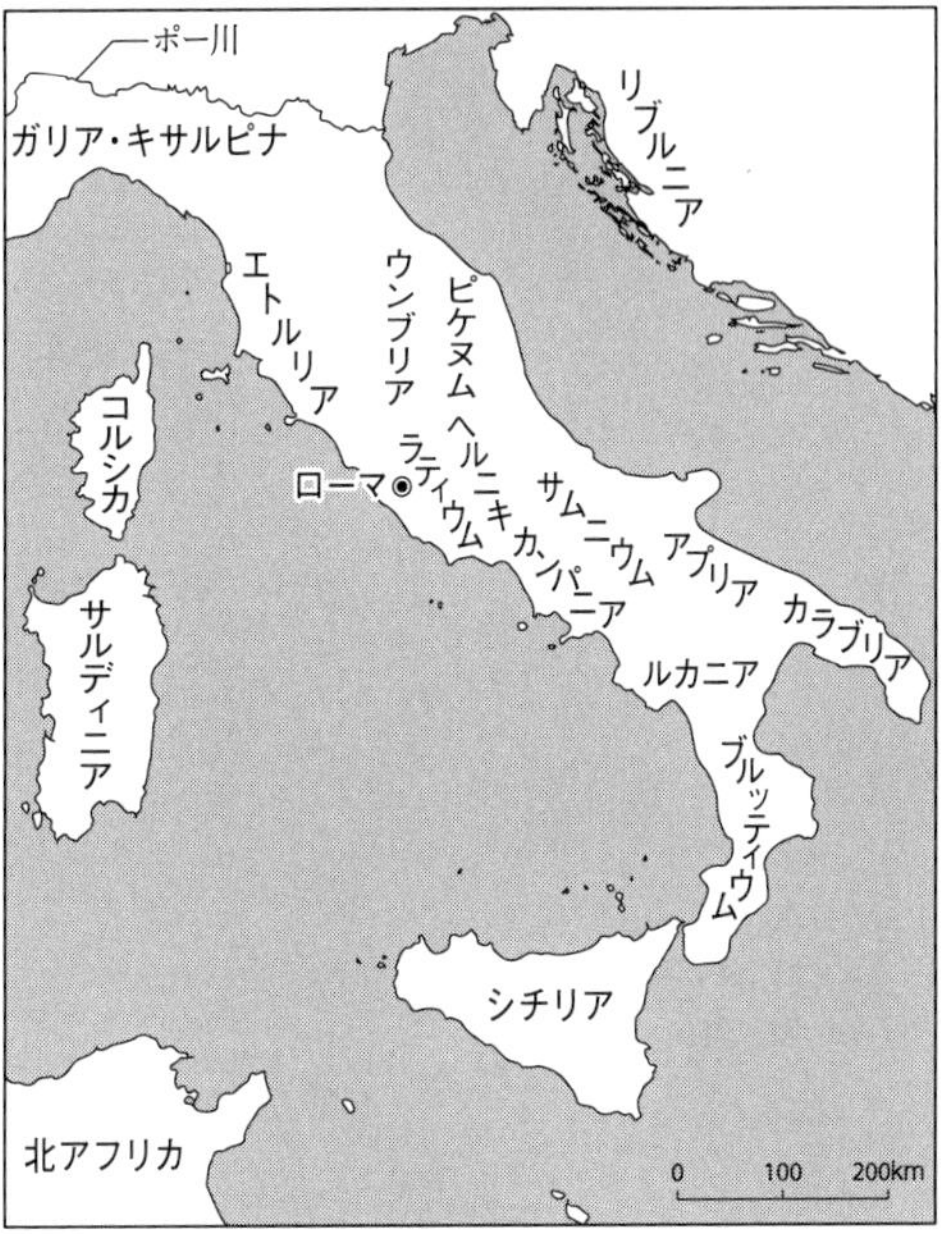

図6　古代イタリアの諸地域

（砂田徹『共和政ローマの内乱とイタリア統合——退役兵植民への地方都市の対応』北海道大学出版会、2018をもとに作成）

のだ。それら一つ一つの自立した都市国家や共同体のなかで、半島中・南部のサムニウム人や最南部の都市国家タラス（現タラント）などは、ローマと戦って敗れた。また、ローマの勢力を目の当たりにして、自らローマに恭順した国々もあった。

支配の方法――ムニキピウム、コロニア、ソキィ

さて、ここで注意しなくてはならないのは、「支配下に入った」「支配下に置いた」とは具体的にどのような事態を指すのか、という点である。このことは、ローマという国のあり方を考えるにあたって非常に重要なので、少し詳しく述べておきたい。

先に挙げたラティウムの場合、ローマと戦って敗れた後に、いくつかの都市では市民がそれまでの都市国家市民としての権利を奪われた。しかしそのかわりに、彼らにはローマ市民としての権利（ローマ市民権）が与えられたのである（この立場の都市をラテン語でムニキピウムmunicipiumと呼ぶ）。これと異なり、戦後にローマ市民の一部が移住した都市もある（ラテン語でコロニアcoloniaと呼ぶ）。どちらの場合であっても、そこはローマ人が住む土地となったわけである。したがって、支配下に入ったといっても、その都市の住民はもともとのローマ人に従属している立場になったのではなく、むしろローマ人社会に統合されたと言った方がよい。

他方、イタリアの他の部分ではムニキピウムやコロニアは当初あまり作られなかった。そのかわり、そうした地域の都市国家や共同体は、ローマに敗れたり恭順した後でも、それまでと同じ、自立した国や共同体でありつづけたのである。ローマは、一つ一つの国と個別に条約を締結して同盟関係に入った。同盟関係であるから、条約の内容以外に、勝手になにかを強制したり、富を収奪したりすることは、理屈のうえではできなかった(このようなローマの同盟者たちをラテン語でソキィsociiと呼ぶ)。

もちろん条約はローマにとって有利な内容となっていたし、現実には同盟諸国はローマの意思に逆らうことが難しかった。そう考えると、やはりローマがこれらの国々を支配下に置いたと言って誤りではない。しかし法的な意味では、この時期のイタリアには多くの都市国家や共同体が存続していたのだ。そしてローマも一つの都市国家でありつづけた。とはいえ、イタリア諸都市国家・共同体とのこのような関係の構築が、ローマの国としての姿や社会内部の状況を変えたことは間違いない。

大カト、キケロ――地方出身市民の困難

まず、国土が拡張した。これは人口の大半が従事していた農業経営のチャンスが増大することを意味する。戦争の勝利に伴う掠奪や賠償金の請求も、ローマに富をもたらした。

また、人的資源が大きく増大した。市民軍団制をとるローマにとって、一部のイタリア住民にローマ市民権が与えられたことは、その分兵士の数が増加したことを意味する。だがそれだけではない。同盟諸国は一般に、ローマが必要とすれば兵員を送ることを約定させられた。これを同盟軍と呼ぶ。つまりローマがイタリアでの支配を押し広げていくにしたがって、ローマの軍事力は増大していったのである。

社会内部にも変化があった。新たにローマ市民となった人びとは、もともとのローマ市民と同じ義務、権利を持つ（権利の制限を伴うローマ市民権付与のケースもあったが、その点についてはここでは触れない）。だが、実際に市民権を十分に行使できたかというと、それは疑わしい。たとえば政治的にはどうだろう。新市民も国政に参加できる。しかし民会は相変わらずローマ市でしか開催されなかった。遠隔地に住む新市民が、わざわざ民会のたびにローマまでやってきたとは考えられない。また、政務官についてもハンディがあった。前章で見たように、身分闘争後は貴顕貴族が政務官職を多く占めており、何の声望も後ろ盾もない新市民が立候補しても、当選することは難しかったのである。政務官に当選しなければ、通常は元老院議員にもなれない。

たとえば、前二世紀前半のローマ政界でたいへんな影響力をふるったカトという人物がいる。前一世紀には同じ名前のひ孫がやはり政界で活躍するので、区別するためにひいおじいさんの方を大カト、ひ孫の方を小カトと呼ぶのがならわしである。大カトは、前三八一年にローマ市民権を与えられてムニキピウムとなったトゥスクルムという都市の出身であった。

プルタルコスの『英雄伝』によると、彼は若い時から弁論にも軍事にも秀でていたが、ローマの政界に入ることができたのは、ローマ貴族であるフラックスという人物の「ひき」があったからだという。大カトの才能を高く評価したフラックスの熱心な支援があって、大カトは財務官に当選することができたのである。その後、大カトは着々と政務官階梯を上昇し、執政官にも就任した。それでも彼が政務官としてもっとも権威がある監察官《ケンソル》（国勢調査を行い、市民の風紀を監督する）に立候補した時には、その家柄の低さを理由に激しく反対した人びとが多かったと、プルタルコスは語っている。

監察官となった大カトは、ローマ市民社会の風紀を厳しく取り締まったと言われる。古くからのローマ市民ではなかったがゆえにこそ、かえって正しいローマ人の姿を妥協なく追い求めた彼の心理が、そこには透けて見えるようではないか。

こうした事情はどうやら大カトから一世紀ほど後でもあまり変わらなかったとみえる。前一世紀前半の有名な政治家に、キケロという人物がいる。キケロは執政官に上り詰め、元老院でも大きな発言力を持った。しかしその彼も、地方都市アルピヌムの出身であったために、若い時には法廷で弁護演説をいくども行うことで、ようやくローマの政界で名を売ることができたのである。地方出身市民は、大カトやキケロのような人並みはずれた力量がない限り、国政に携わることはなかなか難しかったであろう。このように、ムニキピウムの設置にともなう新市民の増加は、ローマ市民内部に新たな格差をもたらすことになった。

解放奴隷出身の市民たち

一方、この時期のローマ社会では奴隷の数が増えたと考えられる。多くの前近代社会と同じく、ローマにも人間には自由人と奴隷という二種類の立場があった。奴隷は売買の対象であり、奴隷を買った者は自分の所有物として、どのように扱っても法的には許された。私たち現代人からすれば身の毛がよだつ考え方であろうが、奴隷は法的には人間ではなく道具であったのだ。初期段階のローマにどれほどの数の奴隷がいたのかはよくわかっていない。また、いつ、どの程度奴隷が増加したのかも正確なところはわからない。しかし、イタリアで戦争をくりかえすなかで、戦争捕虜や、敗北した都市国家の市民の一部が奴隷として売却されたことはわかっている。奴隷を買ったのはなにもローマ人だけではなかろうが、以前より大きな富を獲得し、またより大きな規模で農業経営に従事できるようにな

った ローマ人が、多数の奴隷を購入したことは想像に難くない。

奴隷の増加は、別の要素を社会にもたらした。奴隷はしばしば所有者によって解放されたのである。これを解放奴隷と呼ぶ。紛らわしい呼び方だが、解放奴隷は奴隷ではなく自由身分なのだ。

ギリシア世界では、解放奴隷は市民にはなれなかった。つまり自由にはなれても、都市国家の正規の構成員にはなれなかった。これに対し、ローマでは解放奴隷はローマ市民に加えられた。さすがに解放された本人には、生来の市民に比べて権利の面でいくつもの制限が残されたが、次世代となるとそのような制限もなくなったのである。このように、奴隷の増加はやがて新たな市民の増加に通じた。そうはいっても、解放奴隷出身の市民たちは、やはり生来の市民に比べると、実際にはさまざまな面で差別を受けやすかった。それだけに彼らは比較的差別を受けにくい大都市に集まり住んだ。特に都市ローマでは、彼らのニーズや不満が、政治に対して一定の影響力を持つようになっていった。

以上からもうかがえるように、ローマ社会はイタリア支配の広がりと並行して膨張し、複雑化した。ひとくちにローマ市民といっても、内部にはさまざまな出自の人びとが含まれるようになり、それだけに新たな格差や利害の違いが生じることになった。さらに市民の下には、それまでよりも分厚く、奴隷の層が広がるようになった。そして、このようなローマ社会を、事実上ローマに支配されるイタリア諸都市国家・共同体の住民が取り巻いている。それが前三世紀半ば頃以降のローマの姿であった。

一蓮托生

そして、その膨張し複雑化したローマ社会の頂点に立ち、社会全体を牽引していたのが元老院であった。このことは、元老院を牙城とした貴顕貴族たちの権威をさらに高めることになった。イタリアにおける支配の確立によって、今や元老院は事実上イタリア諸都市に命令を下すことができるようになった。このことは、ローマ社会に慣行としてあった人間関係の、イタリアへの敷衍をもたらした。前章で取りあげたパトロネジ関係である。この関係が、今やローマ人有力者とイタリア諸都市・諸共同体の住民——特にそのなかのエリート層の人びと——との間にも結ばれるようになったのである。たとえばそれは、先に紹介した大カトとフラックスの間にも認められる。ローマとイタリア諸都市・諸共同体の結びつきは、同盟という政治的関係に加えて、このような人間的な関係によっても強固になっていったと考えられる。今やローマとイタリアは一蓮托生の関係であった。

他方、イタリア全土が事実上ローマの意思に従う状況になったことは、イタリアの外にも知られるようになった。かつてイタリア中部の一都市国家に過ぎず、さまざまな強敵に苦しめられて風前の灯であったローマの名は、今や地中海の諸勢力、特に地中海西部の強国カルタゴや、すぐ東隣のヘレニズム諸国などの耳にも届くようになった。同時に、これら強国の脅威を感じていたさまざまな国や共同体のなかには、新興国家ローマを頼みにするものも現れた。前三世紀半ば頃のローマの眼前には、イタリアの外の世界との本格的な接触の時代が近づいてきていたのである。

2　地中海世界の東と西

流動的なヘレニズム世界――地中海東部

前三世紀半ば頃、イタリアの外の世界はどのような状況だったのだろうか。ここでは特に地中海周辺に限って、その全体像を眺めておこう。地中海世界は大摑みに言うと、イタリア半島を境にその東西でずいぶんと様相が違っていた。

バルカン半島やその東のエーゲ海に浮かぶ島々、さらにその東の小アジア沿岸部には古くからギリシア人の都市国家（ポリス）が無数にちりばめられていた。ポリスの多くはローマと似た市民社会であり、なかにはアテーナイ（アテネ）のように前五世紀半ばまでに、徹底した民主政を打ち立てた国もあった。

一方、バルカン半島北部では、ギリシア系の王国マケドニアが台頭した。前四世紀後半、マケドニア王国は多くのポリスに打ち勝ったうえで同盟を結び、その盟主となった。そして、かの有名なマケドニアのアレクサンドロス大王がマケドニア・ギリシア連合軍を率いて東進し、アジアやエジプトに広がっていたペルシア帝国をたった五年間の戦いで滅ぼしてその領域を支配下に置いた。黒海を挟んで、ギリシア世界と旧ペルシア帝国の領域を覆うこの巨大な国を、マケドニア帝国と呼ぶ研究者もいる。

だが、マケドニア帝国は長く存続できなかった。アレクサンドロスが前三二三年に急死した後、彼の側近の間で後継者争いが起こったのである。その結果巨大な帝国は瓦解して、マケドニア系の有力者たちがいくつかの王国をたちあげた。

たとえばエジプト王国はギザのピラミッドなどで知られる古い国だが、前四世紀末にはこの国はマケドニア貴族プトレマイオスの一族が王族として治めるようになる。同様に、地中海東岸にはセレウコス朝シリア王国、そしてマケドニア王国自体にはアンティゴノス朝が打ち立てられた。他にも小アジア部分などには現地の人びとの中小の王国があったし、またバルカン半島にはアテーナイ、スパルタなどのポリスが存続していた。小規模な都市国家であったポリスは、相互に同盟関係を結んで一種の連邦を形成した。なかでもバルカ

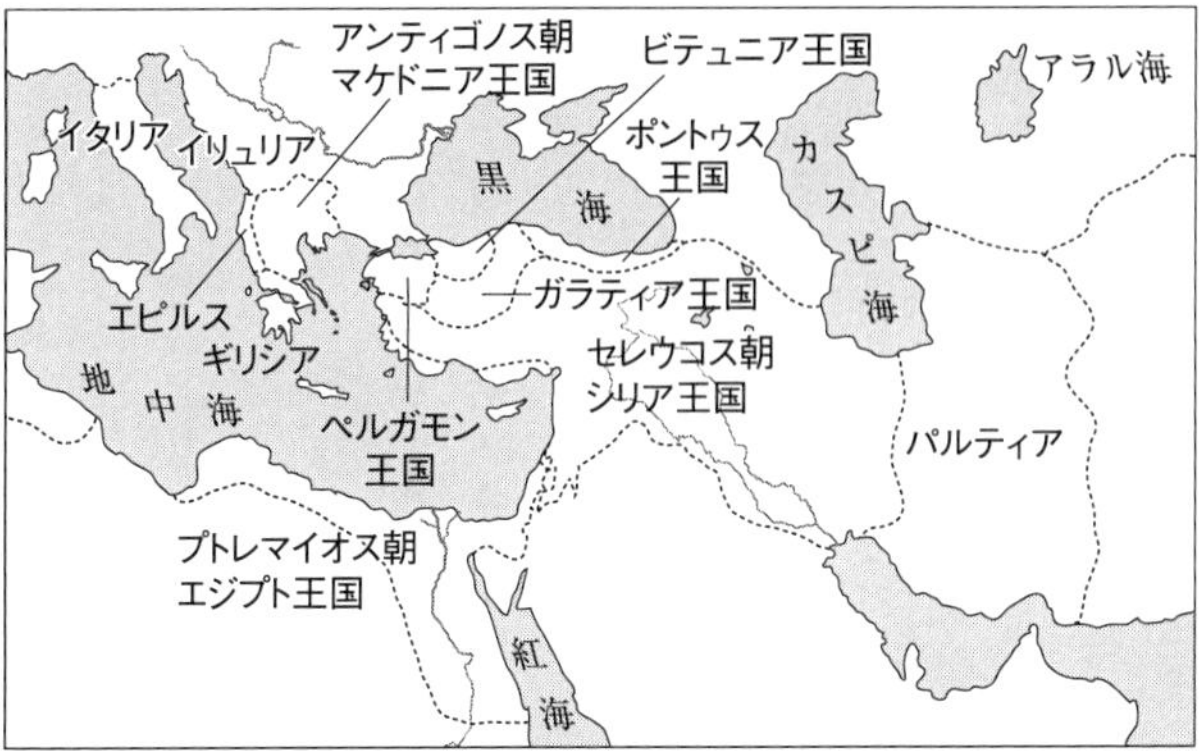

図7　前3世紀中葉のヘレニズム世界
（Captain Blood, CC BY-SA 3.0〈https://creativecommons.org/licenses/by-sa/3.0/〉, via Wikimedia Commonsをもとに作成）

ン半島西部を中心とするアイトリア同盟や、ペロポネソス半島北部周辺のアカイア同盟が地中海東部に一定の勢力を広げた（図7）。

　このように地中海東部では、ギリシア系の人びとが権力を握った国も、在地の王権が存続した国もある。ただ文化面では、多かれ少なかれギリシア文化が地中海東部に定着したと考えられてきたため、この時期以降の地中海東部は「ヘレニズム世界（ギリシア的世界の意）」と呼ばれる。ヘレニズム世界では、エジプト、シリア、マケドニアの三つの大王国の拮抗を軸として、さまざまな国々や連邦が時機によって対立したり、手を結んだり、戦争に突入したりと複雑で流動的な関係を築いていた。また、これらの国々の内部でも、国内の権力や利害と対外関係が絡み合っていた。

そうした動きは非常に錯綜していたので、本書ではその一つ一つを追うことはできない。ここでは一つの点だけを述べておきたい。それは、このように複雑、流動的なヘレニズム世界では、どの国も他を制して全体を支配する決定的な立場に立つことはできなかったということである。

先住民とフェニキア人、ギリシア人、カルタゴ人――地中海西部

地中海西部に生きる住民の多くは、各地で大なり小なりの集団を形成して、それぞれの勢力圏を形成していた。それらの政治構造や居住形態も多様であったため、それを一律になんと呼ぶべきなのか困るところであるが、本書では便宜的に「部族」という用語を用いておきたい。

それぞれの部族は固有の文化を備えていた。同時に彼らの間には、ある程度の接触や交流があったことも確認されている。たとえばイタリアより北の一帯に広がるケルト人（ガリア人）の一部族セノネスが前四世紀にローマに襲来し、ローマは大金を払って彼らに去ってもらったことは、前章で触れた。だがケルト人のいくつかの部族は、じつはすでに前六世紀頃以降、イタリア半島北部に定住していたと考えられている。ローマ人はこの地域を「ガリア・キサルピナ Gallia Cisalpina（アルプスのこちら側のガリアの意）」と呼んだ。イタ

リア住民からすれば、いわば頭上に敵対的な人びとが住んでいるわけだが、実際にはケルト人とイタリア人との共存もあったらしいし、両者の間に交易も行われたようである。

地中海東部起源の人びとも、活発に地中海西部の先住民と接触・交流していた。その一部は、現地の暮らしや文化に強い影響を残し、また現地先住民を支配することもあった。なかでも地中海東岸（現在のシリア・レバノン沿岸部一帯）起源のフェニキア人は、前一〇世紀頃からシチリア島、マルタ島、アフリカ北西岸、イビサ島そしてイベリア半島などに現れた。彼らはこうした地域で先住民と交易を行い、また植民都市を建設した。しかしフェニキア人の地中海西部における活動は、前七世紀末頃以降に後退した。

ギリシア人も、地中海西部で活発な活動を開始した。多くのポリスはすでに前八世紀頃以降、各地で植民都市を建設していた。イタリアでも半島南部やシチリア島には、この頃からギリシア人の植民都市が多く出現する。ローマ人はイタリア南部を「マグナ・グラエキア Magna Graecia（大ギリシアの意）」とさえ呼んだ。

同じ頃、地中海西部各地でギリシア人と対抗する勢力となったのが、カルタゴ人であった。都市国家カルタゴは、もともとフェニキア人が前九世紀末頃にアフリカ北岸（現在のチュニジア）に建設した植民都市である。したがってカルタゴ人ももとはといえばフェニキア人であるが、やがて彼らは独自の文化を育てた。カルタゴ人は、地中海西部各地でさかんに交易を行い、また自前の植民都市を建設した。彼らは強力な海軍力を背景に、本国を核として地中海西部に政治勢力を押し広げ、それによって各地での交易活動をさらに推進した。カルタゴのこの動きは各地でギリシア人を刺戟した。地中海西部の各地でカルタゴ人とギリシア人が、勢力圏をめぐって抗争したのである。カルタゴは各地でギリシア人と戦う傍ら、イタリアのエトルリア人と同盟して、前五世紀には地中海西部海域の制海権を掌握した。カルタゴの勢力は、アフリカ北岸、イビサ島、コルシカ島、サルディニア島、シチリア島西部へという広範なものになった。

このカルタゴとローマは前六世紀末に条約を結んだという。このことは、前二世紀の歴史家ポリュビオスのみが書き記しており、条約の内容と意図については現代の歴史家の間で、大きな論争がある。それでも大方の共通の理解となっている点を挙げておくと、この条約はカルタゴ側がローマの勢力下にあるラティウムの都市を攻撃することやラティウムに進出することを禁じ、他方ローマがカルタゴ勢力圏内の海域に進出することを禁じていた。この点からは、この時点ですでにカルタゴが地中海西部に広範な勢力圏を持っていたのに対し、ローマは未だにラティウムの一勢力に過ぎないことが見てとれる。後の第一次・第二次ポエニ戦争における両者の拮抗など、この時期にはとうてい予見されなかったことであろう。

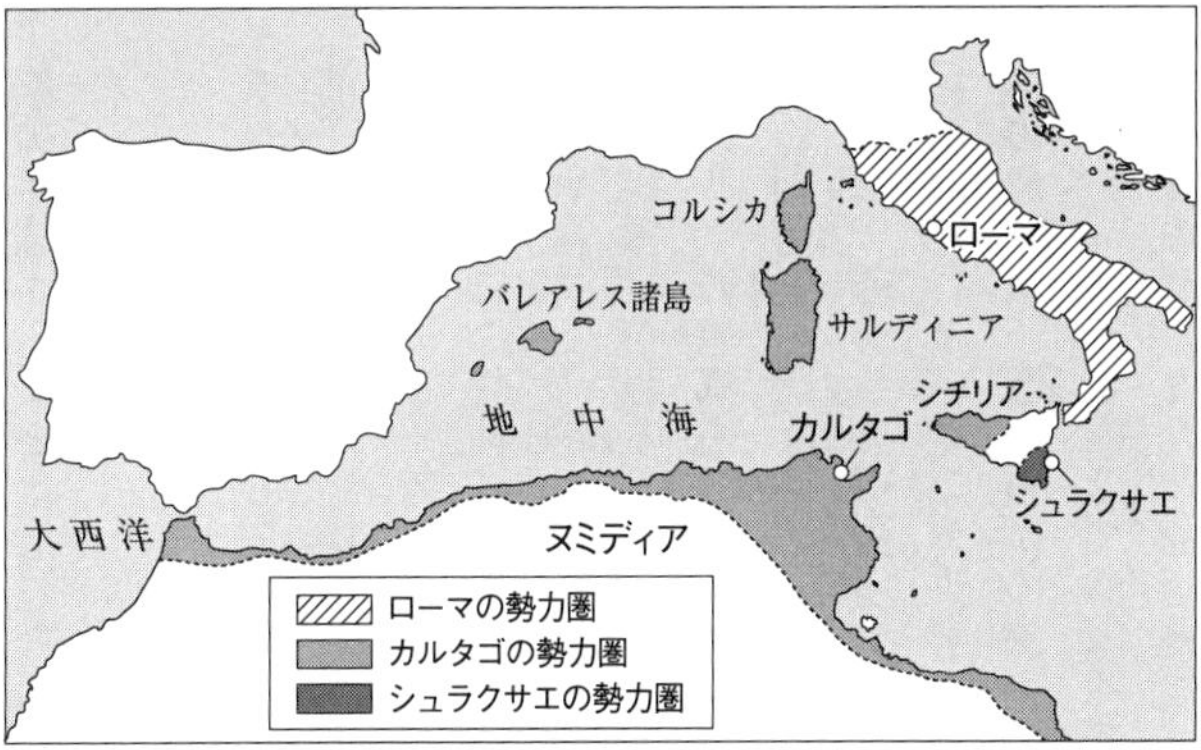

図8　前3世紀前半のカルタゴ勢力圏

（Jon Platek, CC BY-SA 3.0 〈https://creativecommons.org/licenses/by-sa/3.0〉, via Wikimedia Commonsをもとに作成）

ギリシア人とカルタゴ人が地中海西部各地でしばしば激しく対立したことは述べた。この対立は、各地の在地勢力を巻き込むことにもなった。なかでもシチリア島では前六世紀頃以降、島内やイタリア半島南部の諸都市とギリシア人、カルタゴ人の思惑や利害が複雑に絡み合いながら、いくども戦いがくりかえされることになった。

長靴のかたちをしているイタリア半島が、ちょうどその爪先で蹴飛ばそうとしている大きな石のようなかたちのこの島には、ギリシア人のポリスが多くあった。そのなかでも東部の都市国家シュラクサエ（現シラクサ）が前五世紀初頭から強大となると、他の諸都市のなかではシュラクサエの優勢を恐れて、カルタゴへ助力を求める動きが強まった。カルタゴとしてもギリシア勢力が強まることは避けたかったので、しきりとシチリア東部に侵攻を試みるようになった（図8）。

イタリアの保護者としてのローマ

前三世紀半ば頃の地中海世界東西の状況を、大まかに見てきた。東西のちょうど中間に位置するイタリアではまさにこの時期、ローマが半島のほぼ全域を支配下に収め終えていた。しかしこの時期のローマのイタリア支配とは、一部の地域を除いては自立した諸都市国家・共同体との間に同盟関係を結ぶというものであった。そうすると、そこではどういう状況が考えられるだろう。

イタリアの諸都市国家・共同体側にとっても、ローマは今や同盟者なのである。いや、ただの同盟者ではない。イタリア最大の強国となったローマは、他の都市国家や共同体からすれば、頼もしい保護者という側面も持つにいたった。私的なレベルでも、イタリアの住民のなかには、ローマ人有力者と庇護関係を結ぶ者がいた。イタリア諸都市国家・諸共同体の側では、なんらかの深刻なトラブルが生じたり、自力では立ち向かえない敵と相対すると、ローマに対して救援を求めるようになってくる。ローマもそのようなトラブルや敵対関係の渦のなかに巻き込まれることになっていった。

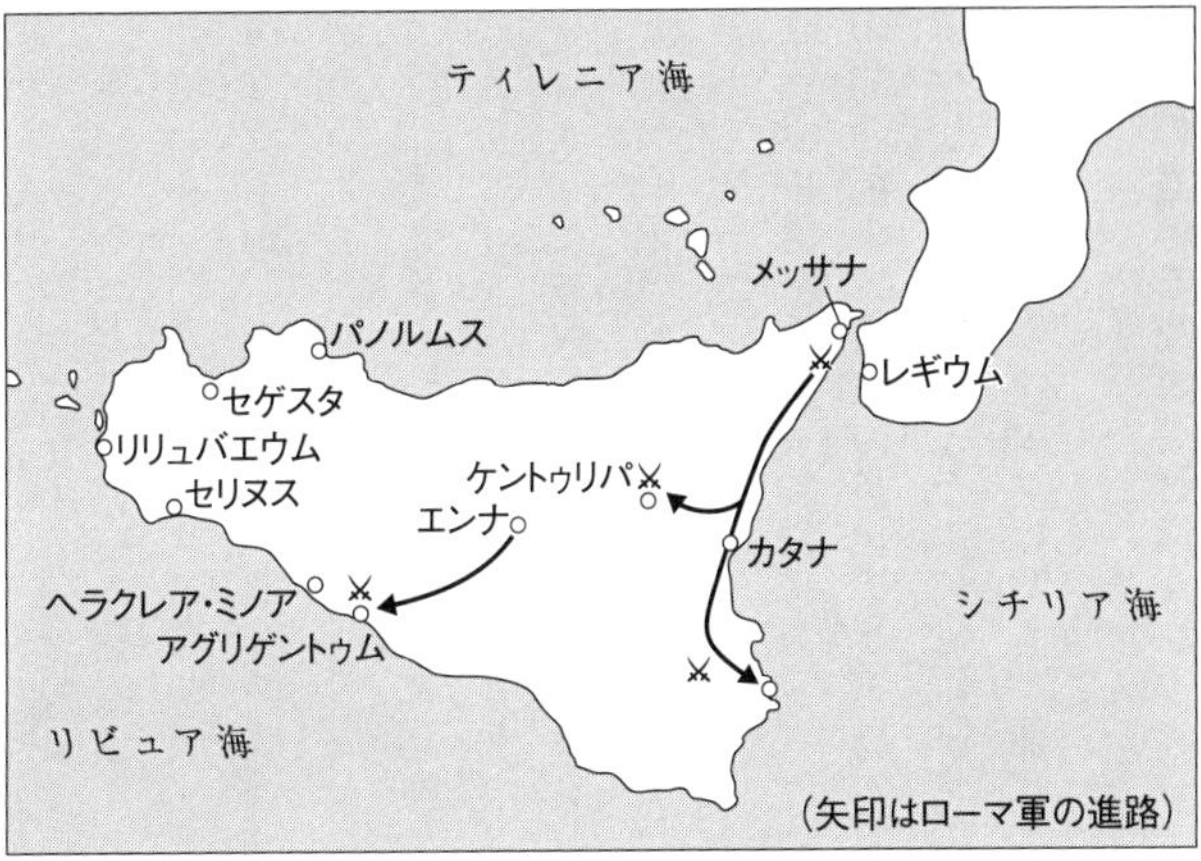

図9　第一次ポエニ戦争勃発時のシチリア島
(ポリュビオス、城江良和訳『歴史』1、京都大学学術出版会、2004をもとに作成)

こうした状況が、やがてローマとカルタゴの対立の原因となり、ついにローマが経験する海外勢力との最初の戦争へ通じることになる。第一次ポエニ戦争である。

3　第一次ポエニ戦争

シチリアをめぐる争い

ローマとカルタゴは前三世紀から前二世紀にかけて、三度の戦争を経験する。これが有名なポエニ戦争である。この三度の戦争のどれもが、ローマ帝国の形成過程のなかで非常に重要な意味を持っている。残念なことに本書ではとてもその一つ一つを詳しく述べる紙幅はない。ここでは、第一次ポエニ戦争（前二六四〜前二四一年）の経緯とその帰結を簡単に記すことにする（図9）。

第一次ポエニ戦争勃発の背景はたいへんに込み入っているので、ごくかいつまんで説明しておきたい。前二八八年、シチリア島の最北端でイタリアとの海峡に面したメッサナという都市が、南イタリア出身の傭兵隊に襲撃され掠奪された。マメルティニと呼ばれることの傭兵たちは、もともとシュラクサエに傭われていたのだが、契約期間が切れた後にイタリア本土に戻らずにメッサナに居座ったのだ。シュラクサエはメッサナ救援のために、マメルティニを攻撃した。マメルティニの一部はシュラクサエの仇敵カルタゴに、別の一部はローマに救援を要請した。カルタゴもローマもこの求めに応じてメッサナに軍を進め、ここで両軍が衝突することになった。

メッサナをめぐる戦いは、やがてシチリア島全域への覇権を争うカルタゴとローマの戦争へと展開してしまった。カルタゴは勢力圏から集めた大軍勢をシチリアに投入した。地中海西部の二大勢力がシチリア島の支配をめぐってぶつかり合い、当事者であるはずの現地住民は、生き残るためには両陣営のどちらかに与せざるをえないという事態になったのである。シュラクサエはローマ側につき、西部の諸都市はカルタゴ側についた。

市民の寄付で艦隊を建造

戦いは島内だけでなく、海上にも展開した。カルタゴが地中海西部の制海権を掌握していた海軍国であるのに対し、ローマはこの時点ではろくに戦艦も持っていなかった。短い時間内に驚くべきスピードで艦隊を建造したが、なにしろ海上で戦ったことがない。最初のうちはカルタゴ艦隊にやられっぱなしだったようである。

だが、やがて海上戦の腕を磨き、勝利を挙げるようになった。さらにアフリカに渡って、カルタゴ本国を直接攻撃しようとさえした。この試みは、折しも到着したカルタゴ側の傭兵隊から反撃を受けて、失敗に終わったが。

アフリカ攻撃の失敗（前二五四年）の後は、戦局は膠着状態となった。ローマはシチリア島西部のカルタゴ側の拠点都市を一つ一つ攻め落としていったが、それにたいへんな時間と戦力を費やさねばならなかった。特に前二四七年にシチリア戦線の司令官となったカルタゴ貴族ハミルカル・バルカは、徹底的なゲリラ戦法でローマ軍を苦しめた。海上戦でもローマは壊滅的な被害を受けた。しかしカルタゴ側も決定的にローマをたたく余力がなかった。

両国が直面していたのは、戦線での膠着状態だけではない。両陣営ともに長年の戦いに人的にも物的にも疲弊が目立つようになった。無理もあるまい。二〇年以上も戦いつづけたのである。その間に双方とも自国の兵および同盟軍や傭兵も合わせると、延べ十数万人の兵員を戦線に投入し、数万の戦死者、捕虜を出している計算になる。また軍事費、特にくりかえされる海上戦のための艦隊建造費や輜重《しちょう》費によって両国の財政は逼迫した。ポリュビオスによれば、ローマは延べ七〇〇隻、カルタゴは延べ五〇〇隻の五段櫂船《かいせん》（当時の最新鋭戦艦）を失ったという。

ローマは最後の力を振り絞るようにして艦隊の再建に着手した。それも尋常の方法ではない。逼迫した国家財政ではとうてい艦隊建造の費用など賄えないため、市民たちの寄付を募ったのである。上層市民が各自の財産額に応じて、一人で、あるいは二人、三人が組になって、それぞれで五段櫂船を建造したという。市民の懐に頼る以外、新たな戦局の展開は望めなかったのだ。

ローマは最後の頼みの綱である二〇〇隻編制の艦隊を、前二四二年にシチリアに送り出した。この企ては成功した。ローマ艦隊は、ハミルカル軍への補給物資を輸送中のカルタゴ艦隊を撃破したのである。

シチリア島への補給路を断たれたカルタゴは、ついに戦争継続を断念した。シチリア島でもちこたえていたハミルカルに和平の全権が委任された。ハミルカルが送った和平交渉の使者を、ローマ側も躊躇《ためら》わずに受け入れた。乾坤一擲《けんこんいってき》の試みに成功したとはいえ、ローマ側にもこれ以上戦うだけの国力は残っていなかったのである。こうして前二四一年に、第一次ポエニ戦争は終結した。

和平の条件

戦争の終結時点では両国ともに疲弊しつくし、どちらも喜んで戦争を終結させたかったのであろう。しかしそうは言っても、やはりこの戦争がローマ側の勝利であることは紛れもない事実であった。そのことは、和平の条件としてローマがカルタゴに突きつけた要求が明白に物語っている。

カルタゴは、捕虜全員を身代金なしにローマ側に返還すること、二〇年以内に計三二〇〇タラントン（約八二・六トン）の銀を賠償金として支払うこと（後に支払い期限が一〇年に短縮された）を約束させられた。莫大な損害である（捕虜は多くの場合、奴隷として売却されていたと考えられるので、その無償返還もまた経済的損害となる）。

そしてなによりも、シチリア島およびシチリア島とイタリアとの間の島々から撤退することを受け入れた。この戦争がシチリア島をめぐって始まったことを考えると、これは手痛い譲歩であった。ことは第一次ポエニ戦争の勝敗に収まらない。カルタゴはシチリア島の勢力拡大をめざしてじつに三〇〇年以上も戦いつづけてきたのである。そしてカルタゴの勢力下には、島内のポリスや先住民共同体がいくつも収まっていた。その支配力と権威をすべてカルタゴは失ったのである。そしてカルタゴに代わって、それらを獲得したのは、ローマであった。

カルタゴはこの和平の条件を受け入れた。莫大な経済的損失も、シチリア島からの撤退も、カルタゴからすれば致命的な打撃ではなかったということである。カルタゴという国はそれだけの力を持っており、戦争に敗れたとはいえ、その底力は未だに失われてはいなかったのだ。

地中海西部の制海権を獲得

しかしカルタゴにはさらなる打撃が待ち受けていた。傭兵反乱から始まったリビュア（現在のアフリカ北岸一帯を指す）での戦争、そしてローマによるサルディニア島奪取という事態への展開である。


事はアフリカで起こった。カルタゴに帰還した傭兵たちが、給金や待遇を不満として反乱を起こしたのだ。この傭兵たちは地中海西部におけるカルタゴ勢力圏の各地から集まっていた。しかし特に多かったのはリビュア人であった。リビュア諸都市は、戦費徴用のために力ルタゴから苛酷な税負担を課されていた。傭兵反乱は、リビュア諸都市の反乱に飛び火し、リビュア全土がカルタゴとの戦争に突入した。

サルディニア島にもカルタゴの傭兵部隊が駐留していた。この部隊もアフリカでの反乱に呼応して蜂起した。カルタゴは前後両面を突かれたかたちで窮地に陥った。

結局、アフリカでの反乱はシチリアから帰還したハミルカルの軍によって鎮圧された。しかし事態はそれでは終わらなかった。サルディニアの反乱軍を鎮圧するという名目で、ローマがサルディニア島に侵攻したのである。紆余曲折の後、結局ローマはサルディニア島と隣のコルシカ島の支配権をカルタゴから奪い取ってしまった。

カルタゴにとって、ローマのこの行動は憎むべき裏切りである。そしてこれを阻止できなかったことは、屈辱以外のなにものでもなかった。しかしそれ以上に深刻であったのは、地中海西部の制海権が大きく損なわれたことであった。地中海西部のほぼ真ん中に位置するコルシカ島、サルディニア島は、カルタゴの交易ネットワークにとっても、また軍事的な意味でも重要なハブであったのだ。これを失ったことは、おそらくカルタゴにとってシチリア島を失ったのと同じくらいに打撃であったろう。

逆に見れば、ローマがその重要なハブを獲得したことになる。

こうして、第一次ポエニ戦争とその後の混乱のなかで、シチリア島、コルシカ島、サルディニア島という三つの島を掌中に収めたローマは、地中海西部の覇者であったカルタゴに比肩する地位への第一歩を踏み出した。そしてまた、それは前三世紀半ば頃までにイタリア全土に広がっていたローマの支配が、ついにイタリアの外に及んだことを意味している。

4　海外支配のはじまり

属州の多大な負担

前三世紀半ば頃のローマとイタリアの諸国・諸共同体が、表向き対等な立場に立脚した関係を結んでいたことはすでに見てきたとおりである。イタリアの外で新たに獲得した空間へのローマの支配は、イタリア支配とは明確に性格が異なっている。

高等学校の世界史教科書などでは、ローマはイタリア以外の各地域を属州として支配したと説明されている。そして第一次ポエニ戦争の勝利で得たシチリアが最初の属州となり、ついでコルシカ・サルディニアの二島がまとめて第二の属州となった、と説明される。

属州の置かれた状況については、私たちは、キケロの文章などから、ある程度具体的に知ることができる。

属州はローマに従属しており、属州先住民（属州民）もローマ市民と同じくローマの構成員である。しかし彼らはローマ市民と同じ権利を持たない。たとえば属州民は国政に参与することができなかったし、ローマの裁判を受けることもできなかった。またローマ市民と結婚することも認められていなかった。

その一方でローマに属している者として、彼らは税の支払いやローマ軍の補助的な役割を担う部隊での軍役といった義務を課せられた。ローマ市民ももちろん税は課せられる。しかし属州民に課せられた税は市民の税より重く、そしてなによりもそれは彼らではなくローマに配分されるためのものであった。また軍役に関して言えば、補助軍は市民によって構成される正規軍の文字通り補助的な存在とされ、一般に正規軍よりも負担の大きい、また危険な任務を課せられた。

このように同じローマという国家のなかに生きていても、属州民はローマ市民よりもわずかな権利しか与えられず、負担は大きい。彼らは明白に被支配者であり、ローマ市民が彼らの上に立つ支配者であった。

各属州は個別に適用された属州法に基づいて統治された。そしてその統治の担い手として、ローマ市から軍を率いた総督が派遣された。総督は行政・司法担当者であり、かつ軍の命令権保持者（＝将軍）でもあった。

総督は、理論的には属州法に基づいて統治するのであるが、属州法は具体的な統治方法までを定めているわけではない。総督の裁量権は、管轄属州内ではほとんど無制限であった。つまり総督はその気になれば、恣意的に管轄属州を扱うことができたのである。実際、属州民が総督自身や総督の目こぼしを得たローマ人、イタリア人の商人・請負業者の厳しい搾取を受けていた様相がわかっている。たとえばキケロは属州シチリアの人びとを代弁して法廷に立ち、シチリア総督を務めたウェッレースなる人物の不当な搾取を厳しく指弾した。現存するその演説を通して、私たちはいかにさまざまなかたちで総督が属州民から搾取していたのか知ることができる。

このように、支配者ローマ市民が生きるローマと、被支配者が生きる属州の総体が、ローマ帝国の法制度的な基本構造と言える。つまり、属州こそがローマ帝国の支配のための枠組みであったのだ。

そうなると、前二四一年にシチリア島が最初の属州となったことで、この時点をローマ帝国の出発点と考えることもできそうに思える。ところが、必ずしもそうとも言い切れない問題がいくつかあるのだ。

プロウィンキアの意味

まず言葉の問題を取りあげたい。「属州」という日本語の原語は、ラテン語の「プロウィンキア provincia」である。これは英語の「プロヴィンス province」の語源である。英和辞典によるとプロヴィンスの第一義は行政区分としての州、省、県などとなっている。つまり、現代語ではこの語はまず、ある特定の区域を意味する空間的な概念なのだ。古代ローマでも、本章で扱う時期より遅くなると、プロウィンキアは普通そういう意味で用いられた。ローマが海外で獲得した空間を統治するための各区域が、プロウィンキアと呼ばれたのだ。

しかし、もともとプロウィンキアという語の意味は、空間的なものではなかった。本来プロウィンキアとは、政務官の軍命令権（インペリウム）行使を伴う任務のことを意味した。軍命令権を行使できた上級の二つの職、すなわち執政官と法務官に与えられた軍事的任務が、プロウィンキアだったのだ。

たとえば第一次ポエニ戦争中、シチリア島に将軍として派遣された執政官にとって、シチリア島での戦争遂行がプロウィンキアであった。だが、それは容易に「シチリア島での戦争遂行」から「シチリア島」へと転じて表現されることになる。実際に、史料のなかでも「シチリアが誰それのプロウィンキアとなった」といった表現が散見される。こうして任務としてのプロウィンキアは、任務遂行の場として想定された特定空間を連想させるようになった。前一世紀のキケロの時代では、プロウィンキアは一般に統治区域として理解されている。

しかし、前三世紀末頃の段階ではまだ、本来の「任務」の意味の方が一般的だった。たとえば第二次ポエニ戦争勃発の前二一八年に、執政官のスキピオという人物（「はじめに」冒頭で紹介したスキピオの曾祖父）が、イベリア半島をプロウィンキアとして得た。しかし、イベリア半島の手前に到着した時点で、すでに敵将ハンニバルがイタリアに向かって進軍中であることを知った将軍スキピオは、自分も軍を率いてイタリアに戻った。このことは、彼のプロウィンキアがイベリア半島という空間ではなく、ハンニバル軍と戦うという任務であったことを示している。

プロウィンキアという語は、第二次ポエニ戦争を通してそうした意味で用いられているし、戦争後もしばらくは変わっていないように見受けられる。するると、前三世紀後半に、シチリアやコルシカ・サルディニアがローマの属州になったと、果たして言ってよいのだろうか。

命令権保持者も軍もいない

さらに現実の統治機構の問題がある。

なるほど、前二四一年にカルタゴはシチリアから手を引き、これ以降ローマがシチリア島を支配した。だがこの段階では、まだ属州という概念自体がないだけでなく、後世のような属州法も存在しない。税制や軍役義務の存在も確認できない。それ以上に、執政官や法務官がシチリアで任務に就いていなかったことはほぼ確実である。命令権保持者である彼らがいない以上、軍もいないわけだ。しかもローマは、シチリア島内のシュラクサエのような都市とは条約を結び、同盟関係に入っている。つまり、イタリア諸都市と同じ関係を結んでいるのだ。

　こうして見ると、この時点のシチリアを後の時代の属州と同列に考えることには無理があると言わざるをえない。

　コルシカ・サルディニアには、前二三八年から前二三〇年まで執政官が軍とともに送られている。ではコルシカ・サルディニアは属州と呼べるのかというと、これもそう単純ではない。なぜなら先に述べたように、この時期のコルシカ・サルディニアでは戦闘が起こっているからだ。執政官たちに与えられたプロウィンキアは「属州」と解釈してよいのか、それとも「任務」と考えるべきか。

　少なくとも同時代人は、それまでのイタリア支配とは違う新しい制度を海外支配のために創設したとは認識してはいなかったのではあるまいか。むしろ当時の海外支配はイタリアにおける関係と本質的には変わらないものと言える。つまりローマと建て前上対等の都市や王国ないしは部族とは同盟関係を結ぶか、あるいは戦うかということであり、戦う場合は政務官がプロウィンキア《任務》を担当して軍を指揮する。

だがこうしたシチリア、コルシカ・サルディニアとローマとの関係には、前二二七年に大きな変化があった。この年に法務官の数が二名から四名に増員され、増えた二名はそれぞれシチリアとコルシカ・サルディニアに送られたのだ。これでようやく、後の属州総督の原型が確立した、と思えそうだが、残念なことにその後の数年間については情報が残っていない。

また、この時期には一時期安定していた対外関係が急変しているため、法務官の増員と派遣が恒常的な海外統治体制をめざしたものなのか、それともなにか別の戦略的な意図によるものなのかの見極めは難しい。前二二九年からはアドリア海の対岸、イリュリア王国との戦争が始まり、前二一九年まで継続した。この戦争のためにローマは地中海西部にあった艦隊をアドリア海へ回す必要があった。その代わりに、シチリアやコルシカ・サルディニアには法務官を増員して軍団（こちらは歩兵が主流である）を付けて送り込んだのかもしれない。次にこれらの島々に法務官が派遣されたことが確認できるのは、前二一八年であり、それはその後も継続する。しかし前二一八年とは、まさに第二次ポエニ戦争勃発の年、すなわち非常時なのだ。

変わらない体制

ここまで、前三世紀半ばまでのローマの対外支配の拡大過程を、イタリアと海外についてそれぞれ概観してきた。前三世紀末の時点で、ローマはすでに、イタリア全域と、シチリア島、コルシカ・サルディニア両島を支配するまでになっていた。しかしそれでもなおこの時点でのローマを帝国と呼ぶには躊躇があると本章の冒頭で述べた理由は、ここまでの説明でおわかりいただけたのではないだろうか。

この時期の属州支配についてはわからないことが多く、実像を描くこと自体が難しい。しかし少なくとも、後世の属州と同列に考えることはできないのは疑いない。なにしろこの段階のローマにとって、海外支配は初めての経験なのだ。これらの島々を軍事的に制圧し、他の勢力を寄せつけないことには成功した。そしておそらく地中海西部のハブとして交易に携わり、あるいは農業生産物その他の搾取に取りかかったかもしれない。だがそれ以上のこと——たとえばシチリア島やコルシカ・サルディニア両島を恒久的に統治するといったこと——をこの時点でローマが想定し、そのための体制を構築しようとしていたのかどうかはわからない。

言い換えれば、前三世紀半ばのローマには、都市国家として周辺を支配するという基本から本質的に変化した形跡が確認できない。

まして、海外支配地をさらに拡張しようという意図を持っていたと確言することはできない。

　対外的な側面にだけ変化が見られないというわけではない。前章で見てきた国内の政治体制も、大きく変わることがなかった。

　ムニキピウムやコロニアができても、民会は相変わらずローマ市でしか開かれない。さまざまな面で社会や政治が複雑化したにもかかわらず、政治実務を担当する政務官にも大きな改編がない。さすがに財務官《クアエストル》のみ前三世紀前半にそれまでの四名から一〇名に大幅増員された。また、さきに述べたように法務官も前二二七年に二名から四名に増員された。法務官の数は前二世紀に入ると、さらに増員をくりかえすことになる。しかし定員の増加はあっても、職務内容の改定や新たな職の設定などはまったくない。ローマは都市国家の統治体制をそのまま用いて、肥大化した国家を運営するのである。そしてその全体を牽引したのは、相変わらず三〇〇人の元老院議員であった。

　以上を考えると、やはりこの時期のローマを帝国になったとは言いがたい。この国は、都市国家としての姿を留めたまま、目の前に開けてきた広い地中海世界のとば口で、この先どう進めばよいのか、なにが可能であるのか戸惑っていたのではないか。そのような印象すらある。

　ローマが確信をもって帝国への道を進み始めるのは、まだ少し先のことである。具体的には前二世紀初頭にイベリア半島に二つの属州ヒスパニアが設置されてから、属州統治機構がしだいに築き上げられるようになるのだ。そしてローマ人の支配観が変化しはじめる。そこにいたる経緯を、次章で見ていくことにしよう。

第三章　産声を上げるローマ帝国

前二世紀の歴史家ポリュビオスは、自分が生きた時期の地中海世界の状況を描いた著作『歴史』の冒頭で、次のように述べている。

人の住むかぎりのほとんど全世界が、いったいどのようにして、そしてどのような国家体制によって、わずか五三年にも満たない間に征服され、ローマというただひとつの覇権のもとに屈するにいたったのか、……。

（ポリュビオス『歴史』第一巻第一章第五節。城江良和訳）

ローマは前三世紀半ばまでに、ずいぶんと支配空間を広げた。しかし初期の政治、社会に適合した統治機構を変えることがなかった。また対外的な姿勢にも大きな変化は見られない。この国はまだ都市国家のままであったという方が、実態に即している。ローマ帝国と呼ばれて適切な新しい国のあり方を、ローマはまだ見出していなかった。

ポリュビオスは、そのローマが全世界（それは地中海世界を意味する）に覇権を達成して帝国になったのは、わずか五三年足らずの間のことであるという。この五三年という年月の終点は前一六八年のことだということはわかっている（それがどういうことなのかは後の章で述べる）。ということは、始点は前二二〇年頃となる。その頃からローマの帝国化のプロセスが始まったと、ポリュビオスは考えるのだ。では、前二二〇年頃になにが起こったのだろうか。

1　第二次ポエニ戦争とイベリア半島

ハンニバル戦争

前二二〇年頃、カルタゴの将軍ハンニバルが、イベリア半島東部の都市サグントゥム（現サグント）をめぐってローマと激しく対立していた。この対立から両国は、第二次ポエニ戦争開戦へと突入していくことになる。

ポリュビオスが、ローマが帝国化する出発点と見なした第二次ポエニ戦争は、最初からイベリア半島と深い結びつきを持っていたのである。

第二次ポエニ戦争は、「ハンニバル戦争」とも呼ばれる。それくらいこの戦争には、ハンニバルが大きな影を落としていた。第二次ポエニ戦争中だけではない。ずっと後の時代になっても、ローマでは「ハンニバルが来るぞ」と言って、むずかる子をおとなしくさせたという。現代でも、ハンニバルという名の、残忍だが非常に知的で魅力ある悪役を配した

図10　ハンニバルと推定される像
この像は、チュニジアの紙幣の意匠にも用いられている
作者・制作年代不詳。Mommsen, Th., Römische Geschichte, (gekürzte Ausgabe, 1932, Wien-Leipzig) より転写©1932 by Phaidon Verlag (Wien-Leipzig), Public domain, via Wikimedia Commons

アメリカのミステリー小説が世界的ヒットをとばし、何度も映画化やテレビドラマ化されたことをご存じの方もおられよう。逆に、かつて都市国家カルタゴが位置していたチュニジアでは、ハンニバルは今でも英雄として讃えられている(図10)。

このようにハンニバルは、一種の伝説として後世に名を残している。その彼がアルプスを越えてイタリアに侵攻して以来、前二〇三年にカルタゴ本国に撤退するまでの間、ローマはいくども存亡の危機に立たされたのである。

しかしこの名将ハンニバルが、もともとカルタゴ本国ではなくてイベリア半島に拠点を置いていたという事実は意外に見落とされがちである。ハンニバルは九歳の時に故郷のカルタゴからイベリア半島に渡り、以来ずっとその地で成長したのであった。彼の父、ハミルカル・バルカのイベリア移住に伴ってのことである。

ハミルカルについては前章で触れた。有力なカルタゴ貴族のハミルカルは卓越した軍人でもあり、第一次ポエニ戦争中はシチリア島におけるカルタゴ軍の将軍として、ローマの攻撃を頑強にはね返しつづけた。そのハミルカルが戦後まもなく、イベリア半島に一族を率いて移住したのだ。彼は半島南部の先住民を服属させて、イベリアにカルタゴ勢力圏を確立した。沿岸部にはいくつかのカルタゴ都市が建設された。その一つ、ハミルカルの後継者のハスドルバルが建設した都市カルタゴ・ノウァ（新カルタゴの意）には広壮な宮殿が造られ、先住民はハスドルバルを王と呼んだと伝えられる。

「ハンニバルのアルプス越え」

ポリュビオスは第二次ポエニ戦争勃発の経緯を述べるにあたって、ハミルカルがローマへの復讐心に燃えて、イベリア半島の物的・人的資源をローマとの再びの戦いに用いるために、かの地に移住したのだと述べている。現代の研究では、ハミルカルにどこまで戦争再開の意図があったか、懐疑的な見解も少なくない。しかし遅くとも前二二〇年頃には、ハミルカルの息子ハンニバルがローマとの戦争を決意していたことは疑いない（図11）。

この頃の彼は都市サグントゥムを掌中に収める意欲をあからさまに示していた。サグントゥムはイベリア半島から陸路で外界に出る重要ルートの要衝である。この都市を掌握す

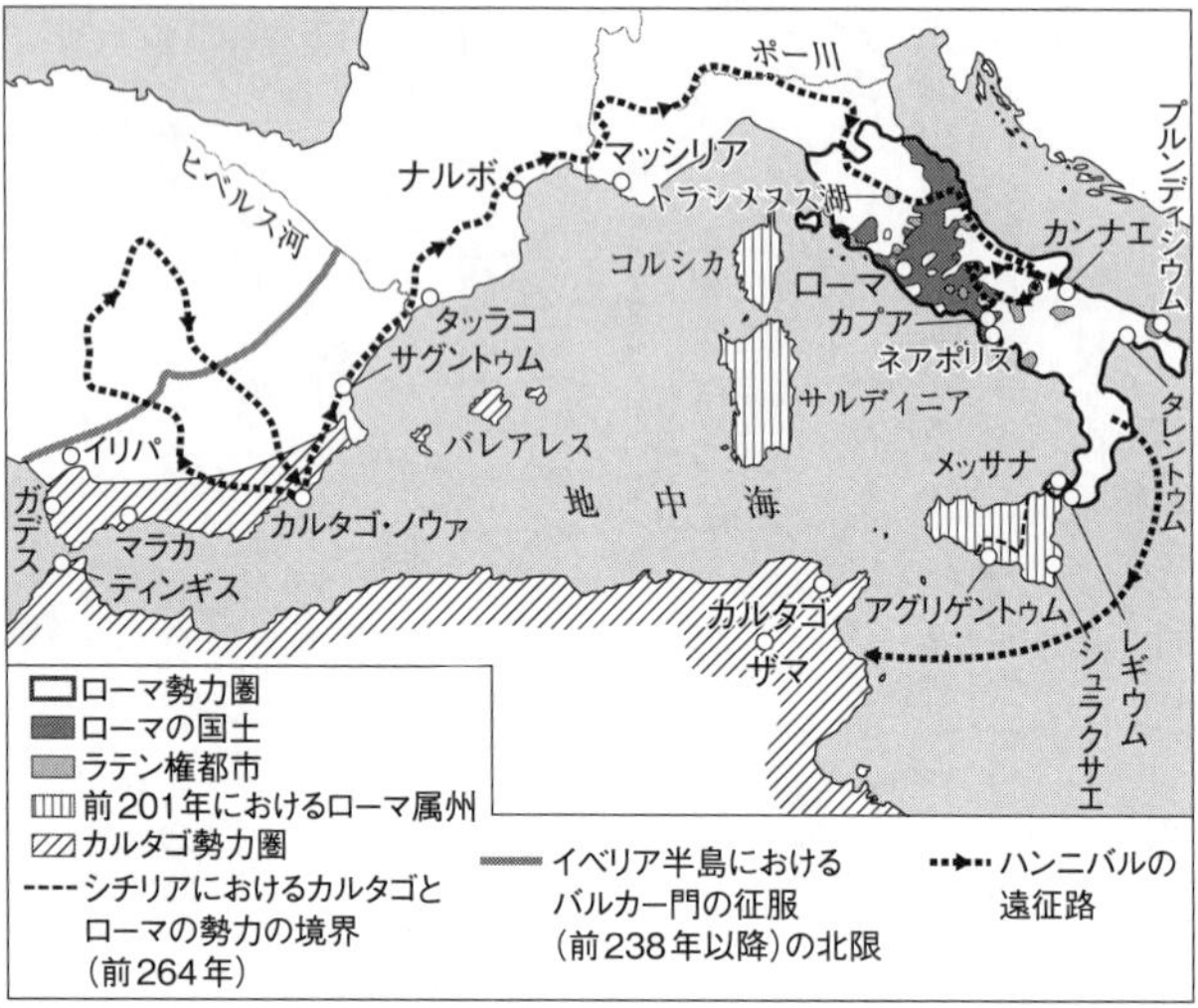

図11　ハンニバルの進路

（ポンペイウス・トログス、ユニアヌス・ユスティヌス抄録、合阪學訳『地中海世界史』、京都大学学術出版会、1998をもとに作成）

れば、カルタゴ軍がイタリアへ進軍することが容易となる。ローマもそのことは認識しており、サグントゥムと同盟関係を結んで、カルタゴ側を牽制していた。ハンニバルが軍をサグントゥム方面へ向けると、ローマは彼に対しても、またカルタゴ本国に対しても使節を送ってくりかえし警告した。しかし、ハンニバルは前二一九年秋にサグントゥムを攻めて陥落させた。

　前二一八年春、ローマはカルタゴに宣戦布告した。その知らせを受けるや、ハンニバルはすみやかに自軍をイベリア半島から進め、ピレネー山脈を抜けてイタリアに侵攻した。その途上に有名な「ハンニバルのアルプス越え」が行われた。当時はアルプスには整備された街道がなく、また外来の人びとに敵対的なガリア人諸部族が各地に勢力を持っていた。大軍がアルプスを越えて進軍するということはおよそありえなかったのだ。

実際、ハンニバル軍は一五日間の山中行軍でいくどもガリア人の攻撃に悩まされ、さらに雪と氷に覆われた斜面を下る際に多くの者が滑落して命を落とした。イベリア半島を出発した時には、歩兵五万人、騎兵九〇〇〇人の編制であったが、アルプスを越え終えた時点では歩兵二万人、騎兵六〇〇〇人に減っていたという。半数以上が脱落したか命を落としたということだ。

この少人数の兵に軍象を加えたカルタゴ軍はしかし、イタリアに進入するとてつもない強さを発揮した。ローマ側は、カルタゴ軍の進軍を食い止めようといくども戦闘をしかけたが、ことごとく敗れた。特に前二一七年、イタリア中部における「トラシメヌス湖の戦い」で、軍を率いていた執政官を含む一万五〇〇〇人以上の戦死者がローマ側に出てしまったことは、ローマ市を震撼させた。

ローマ元老院は、貴族のファビウス・マクシムスを独裁官《ディクタトル》に選んで戦局を託した。独裁官とは、ローマの国難などの際にのみ、有能で権威ある人物が任命される非常・臨時の政務官である。すべてのローマ市民に命令を下すことができる大権を行使でき、また他の政務官が同僚制であるのに対し一名しか就任しない。この時ファビウスが独裁官に任命されたことは、元老院がハンニバルとの戦争を非常に深刻に受け止めていたことを意味する。

ファビウスはカルタゴ軍と直接戦うことを避け、敵軍に並行してローマ軍を動かしながら、敵の意表を突いて小戦闘をくりかえすというゲリラ戦術に出た。カルタゴ軍には十分な輜重がないため、やがては勢いに衰えが出るであろうと踏んでのことである。しかし、ローマ市民はこうした慎重な戦略に焦れた。ファビウスは「クンクタートル（好機の前にぐずぐずする人、の意）」というありがたくない添え名を市民から頂戴した。

「カンナエの戦い」の衝撃

前二一六年、我慢しきれなくなったローマ側では、執政官二人と前年の執政官二人の計四人が、将軍として八個軍団を率いてカルタゴ軍に戦いを挑んだ。当時の一軍団は歩兵約二五〇〇人の他に騎兵などで構成されており、これに同盟都市の兵士などを加えて、全軍の兵力は約八万人ほどであったらしい。対するカルタゴ軍はイタリアに侵入してから加わった同盟軍、傭兵等も合わせて五万人ほどだった。この両軍がイタリア南東部のカンナエという地点で激突した。これが名高い「カンナエの戦い」である。

結果だけを述べておこう。「カンナエの戦い」もカルタゴ側の大勝利に終わった。ローマ側は約七万人の戦死者を出し、そのなかには三人の将軍も含まれていた。そればかりかリウィウスによると、この戦いを最終決戦とすべく参戦していたローマ元老院の議員や議員選出資格保持者八〇人ほどが戦死したという。ローマは大敗北を喫して大量の戦死者を出しただけでなく、国政の舵を取る人びとの多くを失ったのである。

この敗北の後、ローマ市はあまりの衝撃に森閑《しんかん》と鎮まり、人びとは家の中に引きこもって息をひそめていたと、ポリュビオスが伝えている。まるでハンニバルその人が、囲壁の外まで迫ってきているかのように。

しかし、ハンニバルはローマ市を攻撃しようとはしなかった。カルタゴ軍はイタリア中・南部をゆっくりと周回しつつ、イタリア諸都市国家に向けてローマからの離反を呼びかけたのである。ここで前章の内容を思い出す必要がある。当時、イタリア諸都市の多くは自立した国家であったが、ローマとの同盟関係によって事実上ローマに従っていた。こうした諸都市がカルタゴ側についてしまえば、ローマのイタリア支配は霧散するばかりか、ローマの軍事力の大きな部分を占めていた同盟軍が失われることになる。そして逆に、カルタゴ側に加担する兵力は増大することになるのだ。

最初のうちイタリア諸都市はローマへの忠誠を守り、ハンニバルの呼びかけになびこうとしなかった。しかし、「カンナエの戦い」後にはいくつかの離反が生じたのである。第一次ポエニ戦争以降、ローマの忠実な同盟者であったシチリアのシュラクサエまでもが、カルタゴ側に寝返った。その結果、シチリアは再びカルタゴの手中に落ちた。もしそのまま雪崩を打つようにカルタゴ側への離反が広がっていたら、ローマにとっては致命的だったであろう。あるいは、そうなる前にカルタゴに対して屈辱的な和平交渉に踏み切らざるを得なかったかもしれない。第二次ポエニ戦争は、度重なる軍事的敗北以上に、こうした意味でローマにとっては危機的な戦争だったと言える。

しかしローマにとっては幸いなことに、カルタゴ側への寝返りはイタリア南部以外の地域にまでは広がらなかった。それどころかかえって、外交手段に時間を費やしていたハンニバル軍は、しだいに輜重の欠乏に苦しめられるようになっていた。その最大の要因は、ハンニバル軍の補給源であるイベリア半島で、ローマ軍がカルタゴ軍に善戦し、前二〇六年にはついにイベリア半島からカルタゴ勢力を駆逐することに成功したことである。

大スキピオ

イベリア半島からカルタゴ軍を追い払ったローマ側の将軍は、スキピオという若い貴族であった。お気づきの方もおられようが、ここまでで三人のスキピオが出てきている。

「はじめに」冒頭でカルタゴを滅ぼしたスキピオ、前章で属州という語の本来の意味を説明した際の例として取りあげた、派遣先のイベリア半島からイタリアに引き返したスキピオ、そして今ここで述べているスキピオである。

この人は前章で取りあげたスキピオの息子にあたる。彼は第二次ポエニ戦争中のイベリア半島で大勝利を収めた後、さらにアフリカに進軍してカルタゴを追いつめ、ハンニバルとの直接対決にも勝って、カルタゴを和平交渉の場に引きずり出す。この功績のおかげで、戦後は元老院で非常に大きな発言力を持つようになった。「はじめに」で紹介したスキピオはこの人の孫にあたるが、彼もたいへん高名な軍人・政治家なので、第二次ポエニ戦争の戦勝将軍であった祖父の方が「大スキピオ」、孫が「小スキピオ」と呼びならわされている。この時点ではまだ二〇代であり、孫はおらぬスキピオだが、ここでも「大スキピオ」と彼を呼ぶことにしよう（図12）。

図12　大スキピオと推定される像
作者・制作年代不詳。カピトリーノ美術館所蔵
（写真提供：アフロ）

第二次ポエニ戦争中にイベリア半島が

ローマとカルタゴの激戦地となった理由は、この地がイタリア進撃中のハンニバル軍の補給源であったからだ。このカルタゴの補給路を断つために、ローマが最初にイベリア半島に送った軍の指揮官が、前章で取りあげた方のスキピオであった。彼はいったん戻ったイタリアから再びイベリア半島に進軍し、随行した兄とともにイベリア半島でよく戦った。先住民部族のなかにもローマ軍に味方するものが続出し、一度はカルタゴ軍を半島西部へ押し戻した。

しかし前二一一年、カルタゴ側につく現地先住民部族の攻撃を受けてローマ軍は大敗し、スキピオ兄弟は戦死した。散り散りになったローマ兵たちは、どうにかカルタゴ軍の追跡を逃れて合流のうえ、後退した。カルタゴ勢力は再び東進した。イタリアだけではなく、イベリア半島でもローマの展望は暗いように見えた。

だが翌前二一〇年以降、戦況はローマ側に有利に傾いた。戦死したスキピオの息子が、将軍としてイベリア半島に着任したのである。これが大スキピオである。この時の彼は、まだ二五歳であった。ローマ共和政の慣習では、この年齢では執政官はおろか法務官にすらなれない。つまり、軍命令権保持者にはなれないはずである。

その若者がなぜ、どうやって将軍としてイベリア半島に送られたのか確かなことはわからないが、彼はおそらく「執政官格の命令権」を与えられたと考えられている。つまり、執政官そのものではないのだが、執政官と同等の権限を認めるという、ややこしい扱いである。こうした地位は、後のローマの帝国統治体制にとってたいへん重要な意味を持つようになる。だがこの時点では、こうした扱いは第二次ポエニ戦争の非常事態のなかでの、あくまでも変則的なものであった。

イベリア半島の奪取

前二一〇年末にイベリア半島に到着した大スキピオは、前年の大敗北を生き延びた兵士たちに謁見し、彼らを労った。そして翌年初頭には沿岸部を南進して、カルタゴ・ノウァを攻略することに成功した。カルタゴ勢力は再び西へ撤退した。戦局は、おおむね大敗北前の情勢に戻った。

だが大スキピオは、父と伯父が獲得していた地域の奪還で立ち止まらなかった。ローマ軍はさらに西進する。勝利を重ねるなか、先住民は雪崩を打つようにローマ側についた。反対にカルタゴ勢力のイベリア半島における影響力は低下した。そして前二〇六年、最後の決戦が行われる。半島南部を流れる大河、バエティス河（現グアダルキビル河）近くのイリパ（現セビリアの北東約一〇キロメートル）において、二人の将軍、マゴとハスドルバル（前に挙げたハスドルバルとは別人）率いるカルタゴの大軍と、大スキピオ指揮下のローマ軍がぶつかったのである。数日の小競り合いの後、夜明け前に敵本陣に急襲をかけたローマ軍によって、カルタゴ軍は潰走した。折しも驟雨《しゅうう》に見舞われたためローマ軍は追撃を断念した。命からがら南西部沿岸に到達した二人のカルタゴ人将軍は、味方の先住民有力者の助言もあり、そのままアフリカへ全軍を撤退させた。

　カルタゴ軍がイベリア半島に戻って来ることは、二度となかった。

第二次ポエニ戦争の終結

　イベリア半島を奪取した大スキピオは、さらにカルタゴ本国への直接攻撃に着手した。カルタゴはスキピオの猛攻にもちこたえきれずにローマと停戦して和平交渉に入り、ハンニバルに帰還を命じた。ハンニバルは憤激したが命令には逆らえず、ついに前二〇三年にアフリカに帰還した。ハンニバルの帰還で勢いを得たカルタゴ側は、一転してローマとの決戦に踏み切った。前二〇二年、「ザマの戦い」である。結果は大スキピオ率いるローマ側の勝利に終わった。カルタゴは和平を受け入れた。

　かくして、一七年の長きにわたった第二次ポエニ戦争は終結したのである。前二〇一年の和平条約締結の場で、再び勝者となったローマは敗者であるカルタゴに厳しい条件をつきつけた。イベリア半島および地中海西部諸島からの撤退、戦艦の一〇隻以内の保持制限、軍象の放棄、アフリカ外での戦争の放棄、アフリカ内におけるローマの承認なしの戦争放棄（この条件が後に第三次ポエニ戦争の引き金となる）、銀一万タラントン（約二五〇トン）の五〇年以内の支払いなど、である。

その一方で、ローマはカルタゴを占領することはなく、カルタゴは従来通りの法的・政治的・経済的・宗教的自立を維持できた。ローマ人から鬼のように恐れられたハンニバルは戦後も地位を保ち、カルタゴの国政改革を断行した。しかしそのために国内で憎まれ（おそらくローマの暗躍もあったのだろう）、結局シリア王国に亡命した。

第二次ポエニ戦争の経緯を見ることはここまでとし、この先はイベリア半島について少し詳しく見ておきたい。先に述べたように、第二次ポエニ戦争の和平条件の一つが、カルタゴのイベリア半島放棄であった。カルタゴに代わって、この半島にはローマの勢力が定着することになったのである。前一九七年にイベリア半島には二つの属州が設置された。イタリアから見て近い方の属州を「こちら側のヒスパニア Hispania Citerior《キテリオル》」、遠い方を「あちら側のヒスパニア Hispania Ulterior《ウルテリオル》」と呼ぶ。

しかし、この二属州の設置直後から、イベリア半島ではローマ軍と先住民との激しい戦いが起こったのである。それはなぜだったのだろうか。また先住民たちはなにを求めて（あるいはなにを拒んで）ローマ人と戦ったのだろうか。その点をこれから考えていく前提として、まずはイベリア半島そのものを概観する必要がある。ここまでは単純に「イベリア半島」とか「先住民」という風に一括りにしてきたが、この先の属州ヒスパニア統治の変遷を見るなかで、ローマ人がどのような世界と、そしてどのような人びとと向き合うことになったのかということを、あらかじめ知っておかねばならないからである。

2 イベリア先住民とローマ人

イベリア半島の多様性

ヨーロッパの西端に位置するイベリア半島は、スカンディナヴィア半島についでヨーロッパ第二の大きさを持つ半島である。ごく大雑把に言うと四辺形をしており、そのうち一辺がヨーロッパの他の部分と地続きだが、ここには峻厳なピレネー山脈が立ち塞がっている。その他の辺はすべて海に向かって開かれている。このため、古くから海の向こうからさまざまな外来者がこの半島にやってきた。

半島の中央部には平均高度約六〇〇～七〇〇メートルのメセタと呼ばれる高地が総面積約二一万平方キロメートルにわたって横たわり、またそこから東西南北に向かって山地が

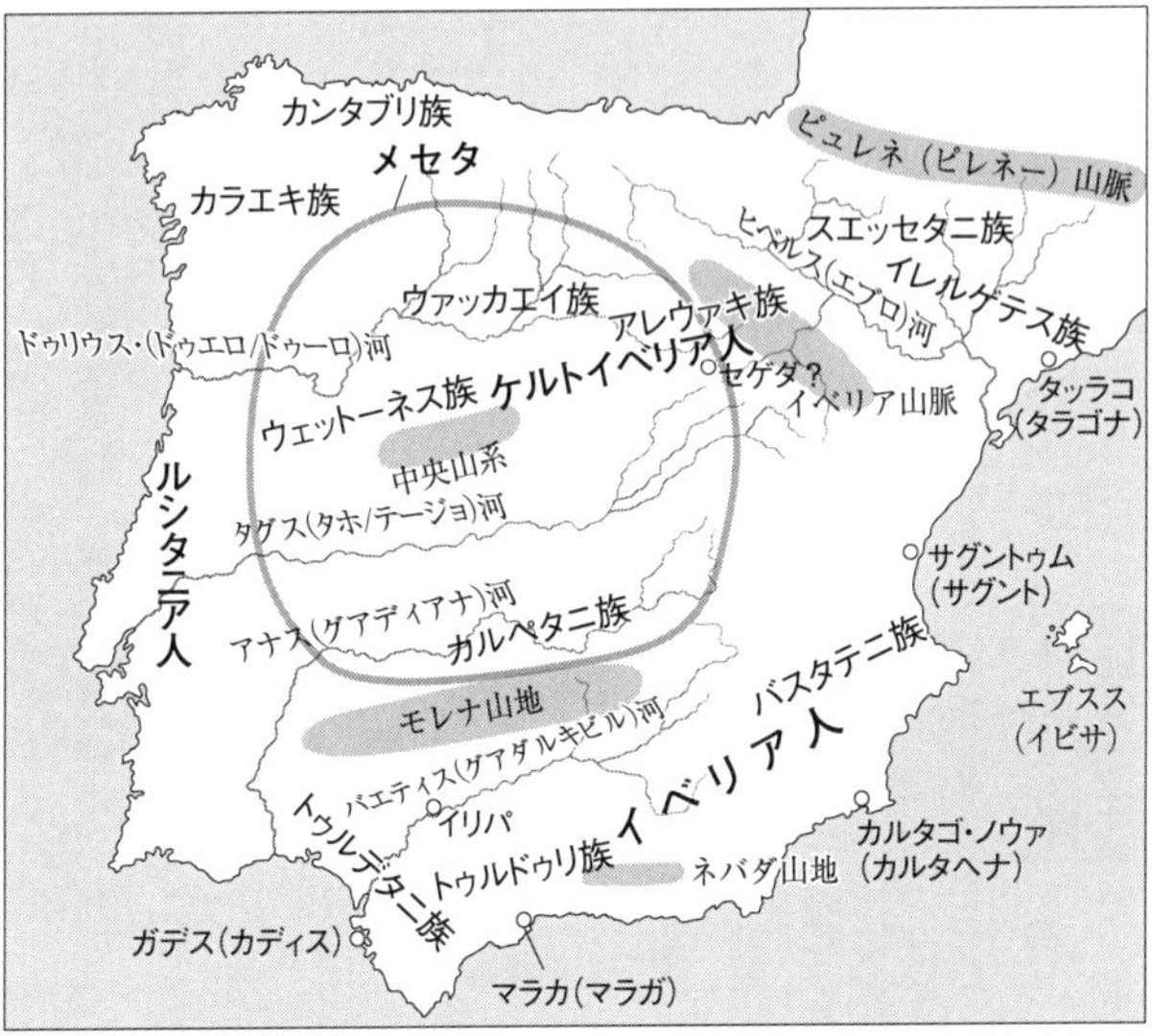

図13　イベリア半島の主要な地形、諸部族、先住民都市
（リウィウス、安井萠訳『ローマ建国以来の歴史』6、京都大学学術出版会、2020を一部加工）

連なっている。このため半島先住民の生活圏はいくつかに分断されていた（図13）。

北東部から中部のメセタ周辺および西部の一部地域の遺跡、遺物にはヨーロッパ中部のケルト文化との共通性が見られる。そこでこうした文化の担い手をケルトイベリア人と呼ぶ。半島西部にはルシタニア人と呼ばれる別の文化圏の人びとがいた。彼らは周辺地域の集落を襲い、掠奪することで生活していたと伝えられている。また半島南部および東部には幅広く、ケルトイベリア人ともルシタニア人とも文化的に差違がある人びとが残した遺跡、遺物が見られる。

半島内の多様な気候、植生を背景に、北部では穀物栽培や牧畜、木材加工が行われ、南部沿岸部は穀物、果物の生産と漁業および海産物生産（塩、魚加工品等）がさかんであった。内陸部でも穀物栽培、牧畜の痕跡はあるが、生産性は低かったと考えられる。

もう一点、半島産出物の重要な要素を述べると、各地で多様な鉱物資源が豊富に採取できた。古くから金、銀、銅、鉛、錫、水銀などの産出、加工が行われていたのである。

こうした鉱山資源や農業・漁業・林業生産物を求めて、半島には長い海岸線にさまざまな外来者が到来した。半島南・東部の地中海沿岸地域には、早くも前一千年紀末頃にはフェニキア人が到来しており、ギリシア人、そしてカルタゴ人がこれに続く。彼らの一部は、南・東部沿岸部一帯に定着して、都市を建設した。

このため南・東部一帯の先住民は、前八世紀頃からフェニキア人、ギリシア人、カルタゴ人といった東方起源の人びとの文化的影響を受け、前六世紀頃には緩やかな共通性を持つ文化圏を形成した。前三世紀頃以降の史料では、この地域の人びとはイベリア人と呼ばれている。「イベリア」とは、もともとギリシア語でこの半島を指す言葉であった。ここまで見てきたように、ギリシア人が定住して親しんだ地域は半島南・東部一帯に限られていたため、「イベリア人」はこの地域に住んで、東方起源の人びとと接触が密であった人びとを指すと考えてよいだろう。本書でも、イベリア人という呼び名は半島南・東部の先住民についてのみ用いたい。

このように、ローマ人が到来する前三世紀末以前のイベリア半島には、さまざまな先住民がおり、そのなかには東方起源の人びともいた。こうした多様な先住民の文化や生活形態に関して、最近の考古学調査はめざましい進展をみせている。彼ら先住民は互いに一定程度の接触をもち、文化的に相互に影響を及ぼしてはいても、それぞれが半島の地理的条件によって分断された地域ごとに生活圏を保ち、一つの世界に統合されることはなかったということがわかっている。

こうして見ると、第二次ポエニ戦争中にローマ人は一つの異世界としてのイベリア半島ではなく、半島内のさまざまな小世界と向き合うことになったと考えるべきであろう。とはいえカルタゴ勢力圏は南部沿岸部を中心に広がっていたので、この時点でのローマの支配域もその地域一帯に限定されていた。じつは前一九七年の二属州設置の時点でも、イベリア半島全域が属州化されたわけではなく、半島南・東部を中心にその周辺が属州となったに過ぎない（それが具体的にどこまでの広がりであったのかは、はっきりとわからない）。つまり、この時期にローマ人がまず相対した先住民は、主にイベリア人であったということになる。

先住民の大規模蜂起

二つの属州が設置された前一九七年、イベリア半島では先住民の大規模な蜂起が起こった。その状況を、リウィウスが次のように語っている。

ヒスパニア・ウルテリオルにおいて大規模な戦争が勃発した。この属州の統治の任に当たっていたのはマルクス・ヘルウィウスであった。彼は元老院に、書簡で以下のようなことを知らせてきた。すなわち、クルカスとルクシニウスという小王が戦闘態勢を整えている。クルカスには一七の町が、ルクシニウスにはカルモおよびバルドという強力な二都市がついている。そして沿岸地域ではマラキニ人とセクセタニ人が、そして全バエトゥリア（著者註：バエティス河中・下流域）も、さらには、まだ意志を露にしていない者たちも、近隣の動きに呼応して立ち上がるだろう、と。

（リウィウス『ローマ建国以来の歴史』第三三巻第二一章第六〜八節。吉村忠典・小池和子訳）

戦いは両属州に広がった。同年末には、ヒスパニア・キテリオルでローマ軍が大敗し、総督トゥディタヌスが戦死したという続報がローマに届いた。

この状況を受けて、前一九六年には両方の属州に新たに赴任する命令権保持者（＝総督）

に、それぞれ新たに徴募された一個軍団と同盟軍兵士その他が与えられた。徴募された新兵を中核として、両属州に配置されている軍に加えてさらにおおよそ一万人ほどの兵士が送られたことになる。これは大軍とも精鋭とも言えないが、この時期のローマは地中海東部のマケドニア王国と大戦争を起こしていたから、そのなかでこれだけの軍を派遣したことは、ローマが事態を重大視していたことの表れであろう。

居住地「イタリカ」

先住民は、じつは前二〇六年にも一度蜂起したことがわかっている。その理由は「彼らはカルタゴ人が去った後に自分たちの王国を支配できると希望を持ったが、ローマ人からはもはやなんの希望も持てないとわかった」からであった、とリウィウスは述べている。

先住民の一部は、カルタゴ勢力に奪われていた共同体の自律性が、カルタゴ人の撤退後に復活することを期待していたのであろう。しかし今度はローマ人による支配が始まりそうな様相を目の当たりにし、そのことに警戒を抱いたのではなかろうか。しかも、こうしたローマの政策は、ローマ軍全軍を指揮する大スキピオその人によって推し進められていたと考えられる。

大スキピオは前二〇六年に、現セビリア近郊のバエティス河岸の丘に、イタリア人傷病兵のための居住地を建設したのである。あの「イリパの戦い」があった地点から、一〇キロメートルも離れていない場所である。イタリカと名づけられたこの居住地は、その後ずっとローマの居住地として存続して繁栄し、紀元二世紀には皇帝トラヤヌスを生み出すことになる。現在も、セビリアから路線バスを三〇分ほど乗った場所に、イタリカの華麗な遺跡を訪ねることができる。イベリア半島には多くのローマ都市遺跡が残っており、ローマ人の半島への進出と定着の様相を伝えているが、その最初のものがイタリカなのである。

大スキピオはイタリカを無人の丘の上にまったく新規に建設させたわけではない。その場所にはもともとトゥルデタニ人と呼ばれるイベリア人の一派が居住地を持っており、その一部に重なるかたちでイタリカが建設された。大スキピオのイタリカ建設の直接的な理由は、戦後まもないこの地域を軍事的に監視することであったのだろう。この一帯に幅広い勢力を持つトゥルデタニ人のなかには、カルタゴ人と友好関係を結んでいた人びとが多かったことが知られているからである。

しかしそれと並んで、もう一つの理由が考えられる。バエティス河の北側に延びるモレナ山地一帯は、古くから豊かな鉱物資源の産出地として知られており、先住民はもちろんのこと、沿岸部のフェニキア都市やカルタゴ勢力もこれらの資源を採取、加工、取り引きしていた。そしてバエティス河は、そうした鉱山資源や金属加工物の運搬、またそれらを取り引きする人びとの移動に用いられていた。イベリア半島の南西部奥深くまで侵入した大スキピオは、この地域の経済的な重要性に気づいたのではないかと考えられている。

くりかえされる蜂起

イタリカ建設時の詳しい状況はわかっていないし、特にトゥルデタニ人側からの抵抗があったという話も伝わっていない。しかし想像してみてほしい。カルタゴ人とローマ人の激戦地からほど近い場所に住む（そしておそらくはもともとカルタゴ人に友好的であったであろう）トゥルデタニ人からすれば、戦いの直後に自分たちの居住地の一部にまたがるかたちでローマ軍の兵士が住み着いたのである。しかも、どうやらローマ人たちは、自分たちが古くから携わってきた鉱山資源の活用に関心を抱いている様子も見える。彼らからすれば、心穏やかでいられるわけはないのではあるまいか。

それはおそらく、イタリカ近辺のトゥルデタニ人だけではなく、ローマ軍が侵攻した半島南・東部の先住民に広く共有された不安だったと考えられる。前二〇六年には、東部の先住民が蜂起した。また、前一九七年にはカルモやバルドといった南部内陸部の居住地に住むイベリア人や都市マラカ住民（前に挙げた引用文での「マラキニ」）、都市セクシ住民（同じく「セクセタニ」）といった、古くからあるフェニキア都市の人びとも蜂起したという。前二〇六年以降、イベリア半島に着任した軍司令官たちの幾人かは、ローマ帰還後に小凱旋式を挙行している。おそらくこの時期にも戦闘があったということだ。前二〇六年以降、半島南・東部では幅広く、ローマに対する蜂起が後を絶たなかったと考えられる。

このように、第二次ポエニ戦争がイベリア半島で実質的に終結した直後から、ローマ人は半島の支配に着手しはじめ、これに刺戟されたイベリア人など先住民の一部がローマに対して蜂起をくりかえした。特に前一九七年以降の戦いは大規模で激しいものであったことを、キテリオルでのローマ軍の潰走と将軍トゥディタヌスの戦死がものがたっている。そして翌年、元老院が新たな軍と将軍をイベリア半島に派遣した。この新局面と、前一九七年の二属州設置とはどのような関係があったのだろうか。前一九七年の属州設置の経緯を見ておこう。

3　ヒスパニア両属州の設置

前一九七年以前と以後

リウィウスは、前一九七年の属州設置について、次のように述べている。

ガイウス・コルネリウスとクィントゥス・ミヌキウスが執政官の年（著者註：前一九七年）、何よりも先に執政官と法務官の管轄が審議された（omnium primum provinciis consulum praetorumque actum）。（中略）ヒスパニア・キテリオルをセンプロニウスが、ヒスパニア・ウルテリオルをヘルウィウスが引き当てた。

（リウィウス『ローマ建国以来の歴史』第三三巻第二八章第一～二節。吉村忠典・小池和子訳。一部表記を変えた。またラテン語部分は原文から著者が挿入）

ここでプロウィンキア provincia（語尾変化したかたちで provinciis）という語が用いられている。前章で述べたように、もともとプロウィンキアという語は、後世のような統治区域としての空間的な概念ではなくて、任務という概念を持っていた。

上で引用した訳文でも、翻訳者はこの時点におけるこの語の訳語には慎重さを見せている。この箇所では属州という空間を想起する訳を避けて、「管轄」という訳語を用いているが、他の箇所では「管轄領域」という訳をあてているのだ。

ここまで見てきたように、前二〇六年以降もイベリア半島では戦闘が続いており、それに対処するために将軍が送られつづけていたのだから、前一九七年についても「軍事的任務」が割り当てられた、と解釈しても間違いではない。だとすると、前一九七年にもそれ以前と同じくヒスパニアが「任務」として二人の命令権保持者に割り当てられた、ということに過ぎないとも言えそうである。そう考えると、前一九七年に属州が設置された、とあえて考える必然性もなくなってしまう。

しかし、前一九七年とそれ以前の間には決定的な違いがあった。まずイベリア半島に送られた二人の命令権保持者（センプロニウスとヘルウィウス）の地位が、それまでの人びととは違って法務官であった。前一九八年までイベリア半島に着任していた命令権保持者は、前二一八年の第二次ポエニ戦争勃発時に派遣されたスキピオ（大スキピオの父）を除くと全員が正規の政務官ではなかった。

ここで、前に大スキピオの前二一〇年からの地位について説明したことを思い出していただきたい。まだ正規の上級政務官には若すぎた大スキピオは執政官格の命令権を得て、イベリア半島に出陣したらしい、と述べた。その大スキピオの後任の将軍たちはどうやら法務官格の命令権を与えられていたようである。「執政官格」と同じく、法務官そのものではないが法務官と同等の命令権を保持することが認められた、という意味である。

ローマには執政官は毎年二人しかおらず、法務官はこの時点では二人であった。この四人のうちの二人はローマ市における任務を果たすのが通例であった。したがって、一年間のうち命令権を保持して将軍として外地に派遣されえるのはたった二人ということになる。ローマがイタリア内部で戦争している前三世紀前半頃まではそれでもことは足りた。

しかし前三世紀後半頃以降、戦争が遠隔化・長期化し、これに加えてシチリア、コルシカ・サルディニアといった属州が設置されると、二人の命令権保持者では対応できなくなった。第二次ポエニ戦争中のような非常時はなおさらであった。このため、まず法務官が四人に増員された。そしてそれでも足りない場合は、政務官職にない者を執政官格、法務官格と見なして命令権を与えるようになった。この地位には通常はその職に在職した者が翌年も職務を延長するかたちで選ばれたが、しかし大スキピオのように未経験者が特例として選ばれることもあった。

このように政務官格の地位は、もともとはいわば方便として設定された。しかし前三世紀末頃以降は、これが常態化していく。簡単に言えば、この制度はたいへん使い勝手がよかったからである。

まず正規の執政官、法務官ではないので、任期がない。したがって遠隔化・長期化する戦争の将軍を毎年交替させる必要がなくなる。属州総督としても、腰を落ち着けて属州を管轄することが可能となる。

次に、柔軟な人選ができる。政務官は民会選挙で選ばれるが、政務官格は選挙されない。

民会で承認はされるが、民会は通常、元老院で内定された人物に政務官格の命令権を認めることを拒否することはなかった。このため、元老院内部の有力者は、政務官格の人選に影響力をおよぼすことによって、将軍や属州総督に自分の息のかかった人物を選び出すことが可能となった。後の時代のことをあらかじめ述べておくと、こうして共和政の権力構造を支えていたさまざまな原則や縛りを飛び越して命令権保持者を任命することが常態化し、そのことがやがて共和政の屋台骨を揺るがす事態につながるのである。

国家制度のなかのイベリア半島

話をヒスパニアの命令権保持者に戻そう。前二〇六年以降のヒスパニアには、おそらく法務官格の者が命令権保持者として派遣されていた。ところが前一九七年には、二人の法務官が派遣されることになったというのである。法務官はこの年に二人増員して計六人となった。その増員分がイベリア半島に派遣されたわけである。

その後は前二世紀を通して、イベリア半島には毎年、法務官（ないしは重大な局面では執政官）が派遣されるようになった。つまり前一九七年の法務官増員は、イベリア半島への正規の政務官派遣を恒常化することを目的としていたと考えられる。

この点に加えて、前一九七年についてリウィウスはたいへん興味深い記述を残している。

ヒスパニアに行く法務官たちに、ヒスパニアから古兵を除隊、帰郷させるべく、それぞれイタリアの同盟諸国とラテン権諸国の歩兵八〇〇〇、騎兵四〇〇が与えられた。また、ヒスパニア・キテリオルとヒスパニア・ウルテリオルの境界を決定することが命ぜられた。

（リウィウス『ローマ建国以来の歴史』第三二巻第二八章第一一節。吉村忠典・小池和子訳。一部表記を変えた）

前一九七年に初めて、管轄区の境界が定められたというのである。

以上を踏まえると、前一九七年にはたしかにローマのイベリア半島に対する姿勢が変わったと言えそうである。現実の先住民蜂起に対して非正規の軍命令権保持者が派遣されるという、それまでのアドホックな対応はもう見られない。前一九七年以降に見られる、毎年政務官二人が二つの管轄区域にそれぞれ送られて命令権を行使するという状態は、ローマがイベリア半島の支配を恒常的なものとするというだけではなく、おそらく正規の国家制度の枠組みのなかにそれを位置づけようとしたことを意味している。このような事態を踏まえて、私たちは前一九七年に二つのヒスパニア属州が設置されたと説明するのである。

恒常的な支配と受け止めていたか

　しかし、前一九七年の時点でイベリア半島に属州と呼べる管轄区域が設置されたからといって、いきなりローマの属州統治体制が確立したと考えることはできない。この時点では、大きく二つの問題があった。

　一つは、管轄区域と正規の政務官派遣が確定しても、それ以上の具体的な統治体制が定まったという痕跡がなにも見当たらないという点である。考えてほしい。法務官が命令権を備えて属州に赴いたからといって、一人で属州を統治できるわけがない。属州統治のための組織をどうするのか、軍をどこにどう駐留させるのか、現地の先住民とどのようなかたちで意思の疎通を行い、ローマの意向を伝えるのか、どんな法や規則を適用させるのか、税制はどうするのか……この時期のローマが、そうした具体的な統治の方法を確立していたという証拠が、史料から見えてこないのだ。それはヒスパニア属州だけではなく、先に属州となったシチリア島、コルシカ・サルディニア島についても同じことである。

　もう一つの問題がある。前一九七年にローマがイベリア半島への恒常的な支配体制を打ち立てたとしても、そのことを支配される側、つまり半島先住民がどう受け止めたのかがわからないという点である。残念ながら、先住民側が残した史料が皆無なので、彼らの考えを直接知る術はない。

ただ、念頭に置いておくべきであろうことは、ローマ側がカルタゴに勝ってイベリア半島の支配を奪取したと認識していたとしても、先住民側はそのような認識は持っていなかったかもしれないということである。

前三世紀後半からカルタゴがイベリア半島南部を支配したと、ここまで説明してきた。たしかに半島南部には広くバルカ一門の勢力が定着し、先住民のなかにもカルタゴに服属する者が多数あった。しかしそれを先住民が恒常的な支配＝被支配の状態であると認識していたかどうかというのは、また別の話であろう。彼らからすれば、カルタゴ勢力はあくまでも一時的な支配力しか維持しえない、あるいは空間的にきわめて限定されたものに留まると認識されていたかもしれない。現に、それまでのイベリア半島の長い歴史のなかで、多くの外来者勢力はそうしたものであったのだ。実際、バルカ一門も初代のハミルカルを除いては、次代のハスドルバルも、三代目のハンニバルも、先住民に対して強圧的な姿勢は避けようと努力した形跡がある。そのカルタゴの後に進出してきたローマがカルタゴとは違っていると、果たして先住民は考えたであろうか。

たしかに、前二〇六年以降の一部先住民の蜂起は、ローマが支配を続けるのではという不安が彼らのなかにあったことを示唆している。そして、前一九七年以降に彼らの蜂起は大規模なものとなっていった。しかし属州の制度化が始まったなどということを、南・東部の先住民やフェニキア系都市の住民が認識したとはとうてい考えられない（ローマ人自身すら、ようやくその認識を持ちはじめたばかりなのだ）。もしかしたら彼らは、ローマから正規の政務官が派遣されてきたことに対して鋭く反応したのかもしれない。だがそれは、帝国支配に対する抵抗運動といったものとは、ほど遠かったと考えるべきである。

ローマが新たに獲得した支配地である属州を統治する機構と理念を確立し、そしてそこから望むものを収奪する方法を得た時点で、他方、属州先住民がローマ人による支配を認識し、それを最終的に受け入れた時点で、初めて属州の総体としてのローマ帝国は誕生したと言えよう。前一九七年前後は、まだとうていその時点とは言えない。では、いつ頃、どうやってローマの属州統治体制は整うのだろうか。そこにいたる道筋を私たちが知ることができるのは、唯一ヒスパニアで起こったできごとなのである。

次章でもひきつづき、ヒスパニアにおけるローマ人と先住民の対峙を見守っていこう。

第四章　「ローマ人の友」

前一九七年の属州設置以降、イベリア半島では先住民とローマとの戦いがくりかえされた。ここまで述べてきたように、このことは属州が設置されはしても、その統治体制が確立していなかったことを意味している。ローマ人自身、おそらく海外支配地をどう統治し、そこから何を得ることができるのかを学んでおらず、他方、属州先住民の側ではローマの支配下にあるという認識自体がおそらく希薄であった。

その一方で、前二世紀の間にしだいに属州統治体制が構築されたことはまちがいない。前一世紀半ばには行政や司法、そして税制といった諸制度が確立し、イタリアやローマの商人たちの活発な経済活動が知られているからである。

当初ローマとの戦いを選んだイベリア半島の先住民たちは、やがて属州ヒスパニアの属州民として統合されたのである。それはどのように実現したのだろうか。本章では、属州設置直後の情勢を概観しつつこの点を考えてみたい。

1 執政官大カトの行動

先住民居住地への攻撃

前一九七年に両属州で始まった大規模蜂起は、前一九五年になっても膠着状態のままだった。ついに元老院はヒスパニア・キテリオルに執政官を派遣することを決定した。しかも、二人の法務官も過去二年と同じく両属州に派遣されている。この動きについてリウィウスははっきりと、「ヒスパニアにおいて戦いが拡大しつつあり、今や指揮官も軍隊も執政官級のものを必要とするまでになった」（リウィウス『ローマ建国以来の歴史』第三三巻第四三章第二節。吉村忠典・小池和子訳。表記を一部変えた）と述べている。法務官より上級の執政官は、より大きな軍勢を指揮できる。その派遣は明らかに戦況の打開を目的としていた。

第二次ポエニ戦争勃発時の前二一八年以来、イベリア半島への執政官の派遣はじつに二三年ぶりのことである。その執政官が、第二章で紹介した大カトであった。

ところが大カトがキテリオルに派遣されることが決まったそのすぐ後、前年の法務官がキテリオルで先住民の軍を撃破して多数の敵兵を殺し、敵将を捕虜としたという、大勝利を報告する書簡が元老院に届いた。

だが蜂起が鎮圧されたというのに、大カトはキテリオルに向かい、前一九四年までそこに留まった。そしてこの間にさまざまな先住民グループと戦った。まず半島北東部の都市エンポリオンに入り、イタリアから引率した軍の教練と糧食調達の目的で、周辺の先住民居住地を攻撃した。ついで北部の部族と戦った。そして周辺の先住民居住地に対して武装解除を命じたという。一つの居住地を除いて、他のすべての居住地がその命令に従うと、大カトはこれらの居住地の囲壁を一日で解体させた。従わなかった居住地は急襲して征服した。その後、ヒスパニア・ウルテリオルの法務官からの救援要請を受けて南下し、トゥルデタニ人を攻撃した。それからエブロ河流域に戻って、中・下流域の諸部族を服属させた。

大カトがヒスパニアに到着したのは前一九五年の夏頃であるから、前一九四年末に帰国するまでのたった一年半ほどの間にずいぶんめまぐるしく動き回り、各地の先住民と戦ったことになる。キテリオルでの戦いがこの地への執政官派遣の理由なので、キテリオルで多くの先住民と戦ったことは頷けそうでもある。しかし、前一九七年以降のキテリオルでの先住民蜂起はおそらく南部一帯が中心であり、大カトが戦った地域はそこから北へ大きく離れている。北部地域の諸部族を攻撃した動機について、直接的に史料は語っていない。だがリウィウスとほぼ同世代のローマ人著述家、コルネリウス・ネポスは次のようなエピソードを伝えている。

（著者補足：大カトは）ルキウス・ウァレリウス・フラックスと共に執政官に就任し、ヒスパニア・キテリオルを管轄領域として、そこで凱旋式を得た。プブリウス・コルネリウス・スキピオ（著者註：大スキピオのこと）は二度目の執政官職に就任すると（中略）カトを属州から追い出して、自分が後任となろうとした。

（コルネリウス・ネポス『カト伝』第二章第二節）

あの大スキピオがここで現れるのだ。大カトは、第二次ポエニ戦争中に大スキピオの麾下で、イベリア半島で戦った経験がある。大スキピオは前一九四年に二度目の執政官職に就いた。その時、かつて自分の部下であった大カトから属州ヒスパニアを奪おうとしたというのである。ただしネポスは引用箇所の後で、大スキピオは結局ヒスパニアを任地として得ることに成功しなかったと続ける。

前一八〇年代の大カトと大スキピオが政敵関係にあったことは有名である。大スキピオは前一八五年に汚職で訴追され、三〇年以上君臨したローマ政界を追われるが、この有名な「スキピオ弾劾」は、大カトが裏で糸を引いていたと言われる。ただし、前一九五年頃に、両者の対立がどの程度のものであったかは推し量りがたい。

政治的声望のため

しかし、ここで注目したいのは両者の確執そのものよりも、属州ヒスパニアでの業績が政治的な得点になると考えられているという、その点である。

大カトは貴族の出自ではない。それどころかローマ市の出身でさえなかったことは、第二章で見てきたとおりである。前一九五年に執政官まで上り詰めたとはいえ、家柄や父祖の経歴を重視するローマ政界において、彼の立場はまだまだ脆弱であった。しかし、前一八〇年代の彼の元老院での立場は、盤石となっている。そこにいたる経緯で、ヒスパニアでの軍事的業績とそれを示す凱旋式の政治的な意味が大きかったことは疑いあるまい。属州ヒスパニアという政情不安の地での任務は、大カトのような新進政治家に軍事的成功と、ひいては政治的声望をもたらしてくれたのであろう。

大カトが(おそらく必要以上に)大規模・広範囲にヒスパニアで軍事行動を展開した背後には、ローマ政界で政治的チャンスについての新しい認識が生じていたと考えることができそうである。彼は声望を得るために、ヒスパニア先住民を制圧したという「戦功」を必要としたのであろう。

だがヒスパニア先住民に対する勝利など、たとえば大スキピオが同じイベリア半島でカルタゴに対して得た勝利や、前一九〇年代にヘレニズム世界で別の将軍たちがもたらした勝利に比べればパッとしない。それだけに数が問題となったのではあるまいか。大カトはローマ帰還後に、四〇〇もの先住民居住地を制圧したことを誇ったと伝えられる。この数がほんとうかどうか疑わしいが、いずれにしても先年より蜂起していた先住民グループを攻撃しただけでは、これほど多くの居住地を制圧することはできない。このため彼は、キテリオルの蜂起とは無関係か関係が薄い北部の部族を攻撃したのであろう。

恫喝、詐術、掠奪

大カトの言動には、また別の特徴も見える。たとえばこんなことがある。

彼が北部の先住民居住地に対して、武装解除を命じたエピソードを前に取りあげた。この時、最初は多くの先住民が憤然と大カトの命令を拒んだ。すると大カトは各部族の有力者を集めて、「再蜂起しないということは、我々にとってというよりも、むしろお前たちにとって利となるのだ。これまで常に、お前たちの蜂起はローマ軍に負担となる以上に、ヒスパニアの人びとにとって災いとなったではないか」(リウィウス『ローマ建国以来の歴史』第三四巻第一七章第七節)と申し渡したという。その結果、大部分の居住地は武装解除を呑んだというのであるから、これは明らかに恫喝と言ってよい。

また、大カトがエンポリオンにいた時点で、近隣の部族が他の部族に攻められたため救援を求める使者を送ってきた。大カトは使者に援軍を送ることを約束したが、実際には軍を動かそうとしなかった。彼の言い分は、「ローマ軍が来るという噂だけで十分だ。敵は逃げ去るさ」というものであった。実際にはそううまくはいかず、結局彼は救援のために軍を率いて出向かねばならなかったのだが。

こんな例もある。キテリオルに戻った大カトは、さらに北部の数部族を制圧した。その際、遠隔地の森林に住むラケタニという部族が抵抗をやめなかったため、他の部族に命じてラケタニの農地を襲うと見せかけて彼らを居住地からおびき出させた。その隙にローマ軍がラケタニの居住地を占拠したのである。

こうした大カトの言動から見えるのは、恫喝、詐術の利用、掠奪といった手法を用いていたことである。戦時では、このような言動は当然という考え方もあるかもしれない。しかし解釈はともあれ、大カトの言動に先住民をローマ人と対等の相手とする姿勢が見えないことには変わりがない。

「先住民を奴隷状態に」

第二次ポエニ戦争中のヒスパニアで、大スキピオは、多くの先住民部族と交渉して彼らを味方に引き入れた。その際にカルタゴ人の人質となっていた人びとを解放し、先住民の好意を得ている。

彼も蜂起した先住民に対しては殺害、奴隷としての売却などを含む厳しい対処を行ったが、全体としてその言動には、先住民との間に、少なくとも建て前としては対等といえる関係を持続させようとする努力が見える。同じ経験をわかちあったはずの大カトの言動には、そのような側面が欠落している。

両者の違いは、おそらく個人的な性格で説明されえるものではあるまい。そうではなく、大スキピオがイベリア半島にいた前二〇〇年代前半と、大カトが着任していた前一九〇年代中葉とでは、ローマとイベリア先住民との関係が変わってしまっていたのではなかろうか。

二人以外のこの時期の将軍たちが先住民に対して具体的に何を行ったのかは、史料は語ってくれない。だが、彼らと大カトとの違いについて、リウィウスが興味深い説明をなしている。

敵を降伏させることは、初めてヒスパニアに赴任した将軍たちよりもカトにとって困難な任務であった。なぜなら、先住民は、カルタゴ人の支配を憎んでいたので、将軍たちに与したからである。しかしカトは、解放された状態を享受している先住民を、奴隷状態に置くことを目指したのであった。

（リウィウス『ローマ建国以来の歴史』第三四巻第一八章第一～二節）

大カトより一五〇年ほど後に生きたリウィウスは、属州ヒスパニアの先住民をローマ人の奴隷に等しい立場に置こうとした将軍は、大カトが最初であったと述べているのだ。

大カトは、自分の管轄であるキテリオルの各地で、先住民から膨大な金銭、食糧そして鉄と銀を収奪した。加えて、第二次ポエニ戦争直後には姿を消していた現地諸都市の貨幣が、この頃からまた製造されはじめている。その目的をローマへの貢納と考える研究者もいる。だとすれば、後世の属州において一般的となる税制の萌芽と考えてよいのかもしれない。

大カトはまた、鉱山を視察したとも伝えられる。属州設置からさほどたたぬうちにヒスパニアでは、ローマ人による鉱山経営が始まった。その先駆けが、大カトによる鉱山視察であったのかもしれない。あるいは前章で述べたように、もしかしたら大スキピオがすでにモレナ山地の鉱山の重要性に目をつけていたものを、大カトが再確認した可能性もあろう。

属州民は奴隷ではない。あくまでも自由人である。したがって、リウィウスが述べる「奴隷状態」を字義通りに受け止めることはできない。彼のこの表現は、大スキピオの時期の表向き水平なローマ人とヒスパニア先住民の関係を、大カトが支配=被支配のそれへと転換させようとしたことを強調したものであろう。たしかに、手段を選ばず先住民を制圧したうえで、彼らから厳しく収奪を行おうとした大カトの目には、先住民は支配の対象としか映っていなかったようである。

ただし、大カト側がそうした認識を持っていたとしても、先住民の方が自分たちの立場を同じように受け止めていたかというと、これはまた別の話だ。

大カトはヒスパニア全域を制圧したと、帰還後に元老院で豪語して凱旋式を行った。しかし、彼の帰還後も先住民蜂起は続いたのである。大カト以後ローマから派遣された総督のなかにも、彼と同じように策略や詐術を用いて先住民を倒した者たちが幾人も現れる。あるいは、先住民を明らかに軽侮した戦略をとって、手痛い敗北を蒙った者たちもいる。勝利したにせよ、敗北したにせよ、こうした将軍たちにとってみれば、大カトと同じく、おそらくヒスパニア先住民はローマの被支配者であり、にもかかわらずローマに対して「反乱」する不逞の輩であった。少なくとも、大スキピオにとってそうであったように、敬意を表明し、交渉するべき他者ではなかったのだ。

ところが前一七〇年代初頭以降、新しい方針がヒスパニア両属州統治に現れる。その経緯を、まずセンプロニウス・グラックスという将軍の行動を手がかりに追ってみよう。

2 「ローマ人の友」

グラックスの「条約」

高等学校の世界史教科書などの古代ローマ史についての記述では、必ず「グラックス兄弟の改革」というできごとが取りあげられている。前二世紀後半のローマ共和政が抱えていた社会と政治の問題を打開しようとして、グラックス家の二人の兄弟――ティベリウスとガイウス――が、既得権を守ろうとする元老院多数派と激しく対立する。その一〇年以上におよぶ対立と抗争を経て、ローマ共和政は大きく揺らいでいくことになるのだ。

そのグラックス兄弟の父親が、ここで紹介する人物である。父の方のグラックスは体制を揺るがすような行いもなく、着実に政治キャリアを重ねて前一八〇年に法務官としてヒスパニア・キテリオルに赴任した。そして前一七八年に帰還するまで、現地で多くの先住民と戦った。彼の敵は、主にケルトイベリア人であった。

史料によると、グラックスはケルトイベリア人のいくつもの部族を制圧して多数の敵を殺した。その後で、一つ一つの部族と入念に条件を定めて和平を結んだ。ここで注目したいのは、その際グラックスがケルトイベリア人を「ローマ人の友」とした、と考えられることである。

「ローマ人の友 amici《アミキ》 populi《ポプリ》 Romani《ローマーニ》」と表現される関係は、前三世紀後半頃以降、地中海の各地において現地勢力とローマとの間に結ばれたことが知られている。「ローマ人」と訳したが、ラテン語の populi Romani とはローマ市民の総体、ローマ市民団を意味する。国家としてのローマとその「友」ということだ。

　私たちは第二章で、イタリア諸都市国家とローマが条約を結んで同盟関係になったということを見てきた。これらの「同盟都市《ソキイ》」は自立した国家であったが、現実にはローマの意思に逆らえない。そのかたちでローマはイタリアの大きな部分を支配した、ということも説明した。だがローマが前三世紀頃以降、海外の諸勢力と対外関係を持ち、条約を結んで同盟関係を築くようになると、そこには「同盟者にして友 socii《ソキイ》 et《エト》 amici《アミキ》」という表現があてはめられるようになる。この表現は当初、イタリア諸都市国家とは違ってローマと同等の政治的・軍事的立場を持っていると想定された他者と良好な関係を構築しようとするローマの意図を反映していた。特に前二世紀にローマがヘレニズム世界に本格的に進出しはじめると、ヘレニズム諸王国や諸共同体との間に、この表現で示される関係が構築されるようになった。

しかし、この表現が意味する関係の内実は、その後ずいぶん違ってくる。その点についてはあらためて後の章で触れよう。ここで述べておきたいのは、「ローマ人の友」とは本来、「友」という語が意味するとおり、そしてヘレニズム世界の王たちとの当初の関係が示すとおり、支配＝被支配関係ではなく、対等な立場にある両者の間に結ばれる法制度の埒外の、友愛的なものであったということだ。

元老院への請願

たとえば大スキピオは第二次ポエニ戦争中に、ローマ軍に味方するイベリア先住民部族を「友」と呼んでいる。当時の状況から考えると、現地のローマ人と先住民の関係は対等に近かったと考えられる。

たしかにその後、大カトや彼の後の総督たちの言動から考えると、ローマ人のヒスパニア先住民に対するまなざしは、明らかに優越的になっている。とはいえ大カトが先住民を「奴隷状態に置く」ことをめざしていたということと、グラックスが導入した「ローマ人の友」という先住民の立場にはずいぶん大きな違いがありそうだ。

グラックスは、ケルトイベリア人の貧困者に土地を分配し、彼らのために新しい居住地を建設した。先住民が自ら新しい居住地を建設することは禁じたが、既存の居住地に彼らが囲壁を建設することは禁じなかった。つまり、基本的にケルトイベリア人が彼らの従来の共同体を維持することを認め、さらに必要があれば彼らの生活が維持できる支援を行ったのである。

これに加えて次の事件が、「ローマ人の友」としての先住民の立場をさらに明らかにする。

グラックスが帰国してから七年たった前一七一年、両属州の主な部族から使節がローマに送られた。彼らは元老院に、ヒスパニアを担当した前年の法務官（＝元総督）の搾取を取り締まり、「条約による同盟者」である者を、敵よりも惨めな状態において苦しめないでほしいと請願を行った。この表現は、先に挙げたローマ人の「同盟者にして友」を指している。

元老院は、該当する元法務官を調査する特別委員会を設置し、両属州の代表者はそれぞれ自分たちの代弁者を元老院議員のなかから選ぶことが認められた。結果的には元法務官は無罪となったが、事実上の追放となってしまう。元老院は「ローマ人の友」の利害が重視されるべきであると認め、その侵害の訴えを重く受け止めたのである。

属州ヒスパニアの先住民の「ローマ人の友」としての立場と、ヘレニズム諸王国の君主たちのそれが同じであったわけではあるまい。しかし「友」とローマとの具体的な関係はらすれば友愛で結ばれた対等の関係を築くに相応しい相手と見なされていたのである。
ともかくとして、この時期の属州民部族は地中海世界各地の君主たちと同じく、ローマか

「友」としての属州民

ここで私たちは、前一七一年の事件の持つ、もう一つのきわめて重要な意味について考えねばならない。元老院にやってきた使節は、両属州から派遣されたというのだ。このことは、グラックスの「条約」とそれによってもたらされた「ローマ人の友」なる立場が、彼が「条約」を結んだキテリオルのケルトイベリア人のみではなく、他の先住民にも、それも両属州にわたって適用されていたことを意味する。この対象の拡大がいつ、どのように実現したのかはわからないが、前一七一年までには両属州の属州民は、グラックスの「条約」に基づいて「ローマ人の友」という立場にあった、と考えられる。

もう一点。グラックスの「条約」以降、両ヒスパニアについては前一五〇年代まで（つまり約三〇年）戦闘が知られていない。そして前一五〇年代以降に戦いが起こった時、ローマと先住民がグラックスの条約に沿って交渉を行おうとしたありさまが史料に伝えられている。グラックスの「条約」が、前一七〇年代以降の両ヒスパニアにおける統治の基本的な体制となっていたと言ってよいだろう。それは具体的には「ローマ人の友」としての先

住民の立場であり、ついでグラックスの「条約」が取り決めたさまざまな事項であった。しかし「条約」は、先住民に「友」としての立場を認めただけではなかった。彼らから毎年税を徴収することを定め、また彼らにローマへの人的資源の供出を課したのであった。こうした属州民の諸義務は、後世の属州統治制度にも見られる。グラックスの「条約」は、ヒスパニアに属州統治体制の祖型をもたらしたと考えられる。

苛酷な搾取の強化

このことは、属州統治の別の側面をも意味する。それは、ローマ人による属州民の収奪である。総督たちは、より体系的に属州住民から金銭、穀物、鉱山資源、貴金属などを収奪できるようになった。なぜなら、制度が構築されたとはいっても、権限を持ってその運用を行うのは現地にいる総督のみであったからだ。税徴収業務には、ローマ、イタリアからやってくる請負業者が参入してきた。これら商人たちと属州総督の持ちつ持たれつの関係という、共和政末期によく知られている状態が、すでにこの頃から生じてくるのである。

属州を管轄する政務官は、税徴収以外にも属州統治に必要な富・資源・人的資源などを現地で調達せねばならなかった。このことを盾に、彼らは属州民からほとんど望むままに収奪することができたのだ。それをチェックする機能は、元老院が任命する特別委員会を除いては存在しなかったが、元老院はイタリアから遠く離れたヒスパニアでの総督の行動に、当事者からの訴えがないかぎりはほとんど干渉しなかった。前一七一年の両ヒスパニアからの使節の訴えは、こうした現実がすでにこの時期からあったことを示唆している。

グラックスの体制は皮肉なことに、「ローマ人の友」という、ローマと原理的に対等な先住民の立場を担保した反面、現実には属州総督と彼の周辺のローマ人、イタリア人による先住民からの苛酷な搾取を強化した。

少し先のことになるが、前一四九年にローマでは属州不当搾取金返還要求法廷というローマ史上初の常設法廷が設置された。属州総督の不当な搾取を裁く法廷である。前一四九年までには新しい属州は設置されない。その時点でこうした法廷が設置されたことは、既存の四属州のみで、いかに総督による搾取が多かったかという証左となる。

先住民は、こうした状況をどう受け止めたのであろうか。残念ながら、グラックス後の前一七〇年代、前一六〇年代のヒスパニアについては、情報が非常に乏しい。前一五〇年代の半ば以降、再び情報量が増えるのであるが、そこに見えるヒスパニアの状況は、ここまで見た前二世紀前半とは大きく異なっている。

しかしその状況を見る前に、まず半島南・東部の前一八〇年代頃以降の状況についてさらに立ち入って考えておきたい。属州設置時期に起こった南・東部先住民の蜂起は、前一八〇年代以降知られていないのである。南・東部ではいったい何が起こったのだろうか。

3　半島南部の諸都市と先住民

現地女性とローマ人の子——新しい居住地カルテイア

属州設置直後の蜂起の中心は、イベリア人、一部のケルトイベリア人そしてフェニキア系の人びとであった。しかしグラックスの時代には、半島南・東部一帯のイベリア人やフェニキア系都市住民の蜂起についてはまったく語られなくなっている。

このことだけで、この地の先住民がまったく蜂起しなくなったとか、ローマの統治を受け入れたと簡単に決めつけることはできまい。とはいえ、この時期についてのいくつかの史料の言及は、南・東部では属州への先住民の統合がある程度進行したことを示唆しているように思われる。その一つが、ローマによる新しい居住地の建設であった（図14）。

大スキピオが前二〇六年の「イリパの戦い」の後に、戦場の近くにイタリア人傷病兵のための居住地イタリカを建設したことは、前章で取りあげた。その後は長い間、ローマが新しい居住地を建設したという例が伝わっていない。属州ヒスパニアで次に知られている

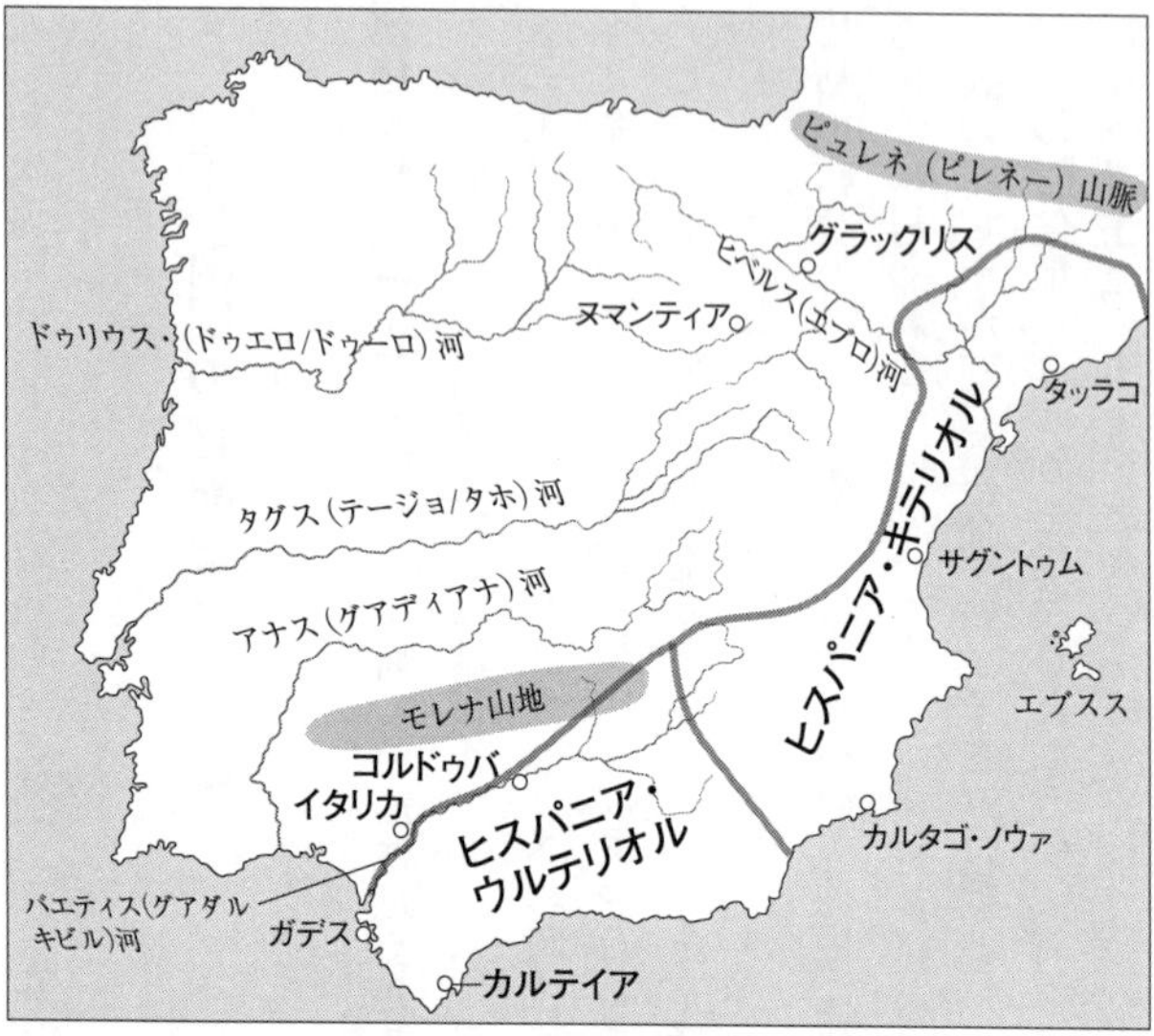

図14　ヒスパニア両属州と新しい居住地
（リウィウス、安井萠訳『ローマ建国以来の歴史』6、京都大学学術出版会、2020を一部加工）

例は、前一八九年のヒスパニア・ウルテリオル担当法務官（＝総督）が、ルシタニア人のために居住地を建設したと読める碑文であるが、その信憑性は未だに議論の途上にある。その次にグラックスの例がある。グラックスは前一七八年にエブロ河上流にケルトイベリア人のための居住地グラックリスを建設した。

　四つめの居住地は、前一七一年に建設されたジブラルタル海峡近くの都市カルテイアである。これについては、たいへんおもしろい話をリウィウスが伝えている。それによると、ローマ元老院をヒスパニアからの使者が訪れた。使者はローマ軍関係者（おそらく大半は兵士）と現地女性の間に生まれた子とその子孫四〇〇〇人の代表であり、自分たちのための都市を与えて欲しいと元老院に懇請した。元老院は使者の願いが正当であることを認め、ただちにウルテリオルの既存の都市カルテイアの一部を与えたという。

ローマ軍が本格的にイベリア半島に進攻したのは前二一八年のことであるから、前一七一年の時点で五〇年近い年月が過ぎている。現地女性とローマ人の間に生まれた子らとは、大半がこの間に生まれたはずとすると、最初の世代は成人であり、すでに次の世代も育っている可能性が大きい。前一七一年には、四〇〇〇人の人びとが元老院に使者を送ったというが、ローマ人と先住民との間に生まれた子とその子孫は彼らだけだったのか。前一七〇年代末までに、ヒスパニアでは先住民とローマ人との間に、血縁関係が広がっていたことになりそうである。ローマ軍関係者と現地女性の間の関係であるから、それは女性側の意志によらない強制的なものであった可能性は除外できない。しかしすべてをそのように理解する必要はあるまい。

いずれにせよ兵士はやがてローマに帰還するので、多くの子どもが実父のおらぬ状態で育ったことは間違いない。ローマ市民と非市民は結婚できないので、子どもたちの法的立場は母親と同じ属州民である。彼らが自分たちの都市を必要としていたということは、先住民社会内部での彼らの立場の弱さを示唆している。

元老院は使者の主張に耳を傾け、こうした人びとの立場に一定の理解を示した。そして彼らの懇請に応じて、ジブラルタル海峡に近い都市カルテイアの一部を与えた。わざわざ彼らのもともとの居住場所から遠く離れた場所の都市を与えるとは考えにくい。これは推測の域を出ないが、ローマ人と先住民の間に生じたこうした人びとの存在は、特に南部一帯を中心に広がっていたのではなかろうか。

ラテン権の付与

カルテイアの重要性はしかし、これに終わらない。元老院はこの都市にラテン権を与えたのである。

第二章でラテン同盟戦争を取りあげたことを思い出そう。戦後、ラティウムの都市がローマ市民権を与えられたと述べた。しかしもう少し厳密に言うと、この時に不完全なローマ市民権しか与えられなかった都市もあったのだ。これらの都市の権利を、ローマ市民権に準ずるものとしてラテン権と呼ぶ。ローマが位置するラティウム地方の諸都市に認めたこの権利を、前一七一年に元老院はウルテリオルの都市カルテイアに与えたのである。これはヒスパニアのみならず、当時のすべての属州で、知りうるかぎり初めてのできごとである。

カルテイアへの特権付与の背後には、ローマ兵の子孫を正当に処遇するべきであるという見解があったのだろう。しかしそれだけでは、元老院はこのような破格の処遇を認めはしなかったはずである。法的な話となるが、ローマ人はもともと都市国家の市民たちであったので、人間や人が住む場所の地位を市民権によって認識する。他の都市国家に対しても、その都市の市民がどんな市民権を備えているのかに応じて、その人びとの立場を判断した。市民権を備えない都市は、ローマと同じ国家とは認められない。そもそも厳密に言うと、ラテン語では市民権を備えた居住地のみを「都市 civitas《キウィタス》」と呼び、そうでない場合はいくら規模が大きくても、あるいは人口が多くても、「町 oppidum《オッピドゥム》」としか呼ばないのである。

国内ではローマ市民権かラテン権を持つ都市のみが、法的な「都市」としてローマ市と同等かそれに準ずる存在と認められた。属州内の都市であるカルテイアにラテン権が認められたことは、前一七一年の南部先住民の一部がローマから、ラティウムの人びとと同じくローマ市民に準ずる者と認知されていたということを意味する。もしも彼らがローマに対して蜂起するおそれが少しでもあれば、こうした処遇は起こりえなかったはずである。

ローマ人のための居住地＝コルドゥバ

さて、カルテイアについで五つめに建設されたのがコルドゥバ（現コルドバ）であった。この居住地の建設時の状況は、紀元前後に生きた歴史家ストラボンが書き記している。彼によると、この居住地には「最初からローマ人と先住民のなかから選ばれた人びとが定住した」（ストラボン『地理』第三章第二節一）というのだ。ここまでの他の四つの居住地にローマ人の定住についての記述はない。コルドゥバは、最初からローマ人が定住した初めての居住地であったという可能性が高い。

コルドゥバは海岸線からは一六〇キロメートルほども内陸に入っているが、大型の海洋船舶がグアダルキビル河を遡上して来ることができたという。周囲は広い平野であり、豊かに穀物が産出した。また北に連なるモレナ山地からは銅、錫などの鉱物資源が豊富に採取される。こうした条件を備えるこの地は、古くから外来の商人たちと現地先住民の交易ハブとして機能していた。

新たに建設された居住地に定住したローマ人のなかにも、おそらく商人や請負業者たちが含まれていた。モレナ山地の鉱山遺跡からは、イタリア風の大規模住宅の遺構が発見されている。コルドゥバ建設以降、この地域にはローマやイタリアの商人・請負業者の進出が始まったのであろう。

コルドゥバを建設したのは、マルケルスという人物であった。彼は前一六九／八年に法務官および法務官格として、また前一五二年には執政官としてヒスパニアを管轄した。この二回のうちどちらの時期にコルドゥバが建設されたのかはわかっていない。が、どちらにしても前一六〇年代から前一五〇年代の間であることは間違いない。

先住民との共生

このように、前二世紀前半に建設された（前一八九年のはっきりしない事例も含めて）四つの居住地のうち、前一七〇年代末以降に建設されたのは二つであり、そのカルテイアとコルドゥバは、前の二つとは異なる性格を備えている。前の二つの居住地建設は、ローマ将軍が戦いを終えることを目的として、蜂起した先住民のために建設したものであった。これに対してカルテイアとコルドゥバは、ラテン権を得るにふさわしいと見なされた人びとやローマ人のための居住地であった。遅くとも前一七〇年代終わり頃には、立場の異なる人びとの共生が、半島南部では可能になっていたのではないだろうか。

実際、二つの居住地においては共生が実現したのである。カルテイアとコルドゥバには、もともと先住民が定住していた。コルドゥバの場合は、前八世紀頃からイベリア人の居住地があった。それに隣接してマルケルスが新しい居住地を建設したのである。カルテイアはもともとフェニキア人の都市であったが、その一部に元老院が新たな人びとを定住させた。どちらの場合も、もともとの住民であった人びとも、新たにローマ人が建設した居住地で暮らすことが認められたと考えられる。コルドゥバにいたっては、やがてもともとの先住民居住地の方は放棄されてしまう。先住民たちはマルケルスが建設した居住地の方に移住してしまったらしい。

このように、前二世紀前半にはローマ人による新たな居住地建設が少しずつ進み、特に前一七〇年代末頃以降の半島南部ではローマ人やラテン権を得た先住民と、その他の先住民が共生する事態が見られる。このような状況は、この地域での先住民がローマの統治を受け入れ、蜂起しなくなったからこそ可能だったのではなかろうか。

ただし、このたった二つの事例でもって、半島南部が完全に平定されたと言い切るのは難しい。カルテイアもコルドゥバもローマが建設した居住地であるからこそ、平和的な共生が可能であったのかもしれない。では、既存の都市はどうであったのだろうか。

フェニキア系都市

半島南・東部では、属州設置直後の前一九七年から多くの都市がローマに対して蜂起したことを改めて思い出しておきたい。

すなわち、クルカスとルクシニウスという小王が戦闘態勢を整えている。クルカスには一七の町が、ルクシニウスにはカルモおよびバルドという強力な二都市がついている。そして沿岸地域ではマラキニ人とセクセタニ人が、……。

（リウィウス『ローマ建国以来の歴史』第三三巻第二一章第七～八節。吉村忠典・小池和子訳）

合計二一の都市が蜂起したことになる。リウィウスは、そのうち四つだけを「都市 civitas」と呼んでいる。むろん四つとも市民権を持っているわけではないので、正確なラテン語としては「都市」とは呼べないはずであるが。四つのうちバルドのみは詳細がわかっていない。残りの三つ――カルモ（現カルモナ）、マラカ（現マラガ）、セクシ――はいずれも古い歴史を持つフェニキア系都市であったが、前三世紀末にはカルタゴの勢力圏に入った。

しかしだからといってこれらの諸都市がカルタゴに支配されていた、と言い切ることはできない。フェニキア系都市の多くは、第二次ポエニ戦争中はカルタゴを支援はしたが、カルタゴに忠実だったとは限らないのである。現にガデスのような例もある。

有力なフェニキア系都市ガデス（現カディス）は、前三世紀末にはバルカ一門の拠点となっていた。そのガデスが前二〇六年の「イリパの戦い」の直後に変節したのである。イリパから逃れてきたカルタゴ側将軍のマゴ（ハンニバルの弟）が都市内に逃げ込もうとした時、ガデスは囲壁の門を閉ざしてマゴを入れなかった。そして、大スキピオに降伏したのである。「変節」と述べたが、ガデスからすればカルタゴを裏切ったというよりは、戦局を見極めて有利な道を選んだのであろう。その後ガデスはローマから貢税免除という特権を引き出すことに成功した。

フェニキア系都市は、第二次ポエニ戦争中にも自己決定を行い、ローマによる属州設置後もおそらくそれを維持しようとした。その一つの表れが、前一九七年の蜂起であろう。リウィウスがこれらを「都市」と呼んだのも、こうした都市の自律性を踏まえてのことではないだろうか。

これらフェニキア系諸都市の蜂起以後の処遇は、残念ながらよくわかっていない。ただ、ずっと後の時期にかけて、これらの都市には興味深い特徴が見られることを、近年の考古学研究が明らかにしている。そこではフェニキア的文化の痕跡が残ったのだ。たとえば、多くのフェニキア文字の碑文や落書きが出土しているが、そのなかには前一世紀や帝政期に属するものも少なくない。カルモナには広大なローマ期の墓地が残っており、そこからはローマ型の墓で一般的なイタリア風陶器とならんで北アフリカで知られている象の意匠の副葬品が出土している。カディス、マラガのような都市の墓地からはフェニキア風の意匠のテラコッタ女性像がやはり副葬品として発見されている。

また、これらの都市では独自の貨幣が発行され、そこにはフェニキアの神々と都市の起源に関する伝説を示す意匠が描かれた。これは文化的特徴の存続を表すとともに、一定の自治が彼らに認められていたことを示唆する。

自治と文化的アイデンティティ

こうしたことは何を意味しているのであろうか。

フェニキア系諸都市は、文化的アイデンティティを維持しつづけた。一方で、政治的自律性はむろんかつてのとおりに存続することはできない。いくつかの都市には、前二世紀中葉までにはローマ軍の冬営地ができた。そしてヒスパニアに赴任した政務官もこれらの諸都市を拠点とした。しかし、独自の貨幣は一定の自治を示唆する。貨幣の発行そのものは、ローマへの貢税が促したのかもしれないが、ガデスのように貢租を免除される都市でもフェニキア的意匠の貨幣鋳造は行われている。

乱暴な言い方をすれば、フェニキア系諸都市がローマの政務官と軍を受け入れて、(免税都市を除いて)税を支払いさえすれば、他のことは拘泥する必要がないと、ローマは判断したのではないだろうか。彼らを隷従させるのではなく、一定程度の自治を認め、その文化的アイデンティティの侵害を避けるという方法を、ローマは選んだのであろう。

いや、もしかしたらそこにはもっと積極的な意味があったのかもしれない。リウィウスの文言をもう一度思い出そう。いくつかのフェニキア系都市はクルカス、ルクシニウスと呼応して蜂起した、という。このうち、クルカスというのはケルトイベリア人の部族長であり、大スキピオに加担して「イリパの戦い」で戦った人物である。ルクシニウスはバエティス河岸に勢力を持っていたというので、おそらくイベリア人の部族長であろう。つまりフェニキア系都市の少なくともいくつかは、一部のケルトイベリア人やイベリア人と連携していたということだ。

ここで、前章で見てきたことと併せて考えてみよう。半島に古くから居住していた先住民のうち、特にイベリア人と総称される半島南・東部の先住民は、一般にフェニキア人やギリシア人など外来の人びとと古くから交流し、その文化的影響を受けてアイデンティティを形成してきた（図15）。またフェニキア系諸都市の人びとの方も、数世代もの間、半島南部に定住している。一方、ケルトイベリア人のなかでも、クルカスが治めていたエブロ河下流域の部族は、古くからギリシア人やフェニキア人と交流があった。

推測の域を出ないが、前一九七年には、ローマ進出以前から相互に一定程度の交流があり、文化的近似性を持ったイベリア人や一部ケルトイベリア人とフェニキア系諸都市がともに蜂起したということではあるまいか。そうであるなら、その後にフェニキア系諸都市が文化的アイデンティティを維持し、一定程度共同体としての自律性を持ちつづけているのを傍目に見れば、イベリア人や一部ケルトイベリア人は同じ可能性を期待できたのではないだろうか。それは彼らの、ローマへ従属することへの抵抗感を軽減したのではあるまいか。またローマ側もこれらイベリア人、一部ケルトイベリア人が蜂起をやめた後は、自治と従来の生活様式の維持を認めた可能性もある。実際、後世になると属州都市には基本的に自治があったことがわかっている。

いくども述べたように、当時のローマ人からすればイベリア半島南・東部一帯をカルタ

図15　スペイン南部出土のメルカルト神像

フェニキア人の神メルカルトの信仰は、イベリア半島に伝播されていた。この他、半島南・東部各地でフェニキア風の都市遺構、宗教儀礼の痕跡、陶器などが発見されている

（著者撮影、2018年10月30日）ウェルバ考古学博物館所蔵

ゴ人から奪取して、その地を二人の政務官に管轄させたとはいっても、この地を統治するための方法は確立していないのである。頼みの軍も、先住民世界を制圧できるほどの数も戦力もない。前一九七年の大蜂起の後に送られた軍は両属州合わせて一万人ほど（それも経験の浅い新兵）であり、前一九五年に大カトが率いたのが三万人足らずであった。現に、大カトがいくら自らの戦果を誇っても、現実には蜂起を抑え込むことなどできていない。

　先住民を、独自の文化を持ち共同体としての自律性を持つ存在と認めつつ、彼らと交渉するしか有効な統治方法はなかったということになる。

整えられていった体制

　以上をふりかえっておこう。前一九七年に二つの属州が設置されはしたが、後の時期について知られているような属州統治制度はそう簡単に確立はしなかった。理由は、ローマ側にとって属州統治そのものが未知の体験であったことに加え、統治される側の難しさがあった。当初、先住民はローマ側からすれば被支配者であっても、本人たちからすればおそらくそうではなかった。

　ただ、そのなかでもしだいに属州統治体制は整えられていった。その際、大カトのように軍事力を背景として先住民を隷従させようという動きもあったが、この方法はこの時期には成果を得られなかった。むしろグラックスの「条約」のように、先住民に従前の自律性を一定程度担保する関係を築くことこそが、初期の属州統治においては有効な方法であった。グラックスはケルトイベリア人たちに対してこの手法を用いた。しかしすでにそれ以前に、半島南・東部ではフェニキア系都市や彼らに文化的に近い先住民たちが、ローマによって一定の自治と文化的アイデンティティの維持を認められて、平和的な関係を築いていた可能性がある。おそらくある程度の血縁関係もローマ人との間に生まれていた。

前一七〇年代末頃までには、グラックスの「条約」と、「ローマ人の友」という立場が、両属州の先住民全体に適用されるようになった。並行して、統治に関わる諸制度が確立しはじめる。軍の駐屯地と総督の拠点が定められた。税制が導入され、人的資源の徴発方法も決められた傍らで、先住民居住地には一定の自治が認められた。ローマ市民やラテン権保持者が属州民と共生する都市が建設された。

その一方で、ローマ人による経済活動と搾取が進んだ。カルタゴ・ノウァでは属州設置後まもなく、ローマ人による鉱山経営が始まった。はやくも前一七一年には属州民からの搾取に関する懇請がなされている。コルドゥバでは、イタリア商人、ローマ商人の活動が始まった。これらすべてを含め、後の時代にローマ帝国を形作った属州の姿が、両ヒスパニアにはしだいに現れつつあった。

第五章　二つの大戦争

前一七〇年代以降のヒスパニア両属州では、グラックスの「条約」に基づいて、属州先住民を「ローマ人の友」と位置づけるかたちで、ローマが属州統治を軌道に乗せたかに見える。ところが前一五〇年代以降の両属州では、半島先住民とローマとの激しい戦いが長期にわたって継続することになった。この間にいったい何が起こったのだろうか。前一六〇年代に関する史料がほとんど残存していないため、この時期の状況を私たちは知ることができない。この章では、前一五〇年代以降の情勢からわかることを踏まえて、属州統治の変化を推察してみたい。

前一五〇年代以降の戦いでは、半島西部の先住民ルシタニア人と、北東部のケルトイベリア人が敵として現れてくる。この二つの戦いについては、紀元二世紀の歴史家アッピアノスの著作『歴史』のなかの「イベリア戦史」が詳しい。ずいぶん時代が下ってしまうし、アッピアノスの記述については信憑性に疑いもある。その一方で、題名からもうかがえるとおり、イベリア半島における戦いについて包括的に描いている強みがある。これを他の断片的な史料と併用することによって、前一五五年以降のイベリア半島における二つの戦い――アッピアノスはルシタニア戦争とケルトイベリア戦争と呼ぶ――の経緯と結果がローマ帝国形成期において持っていた意味を考えよう（図16）。

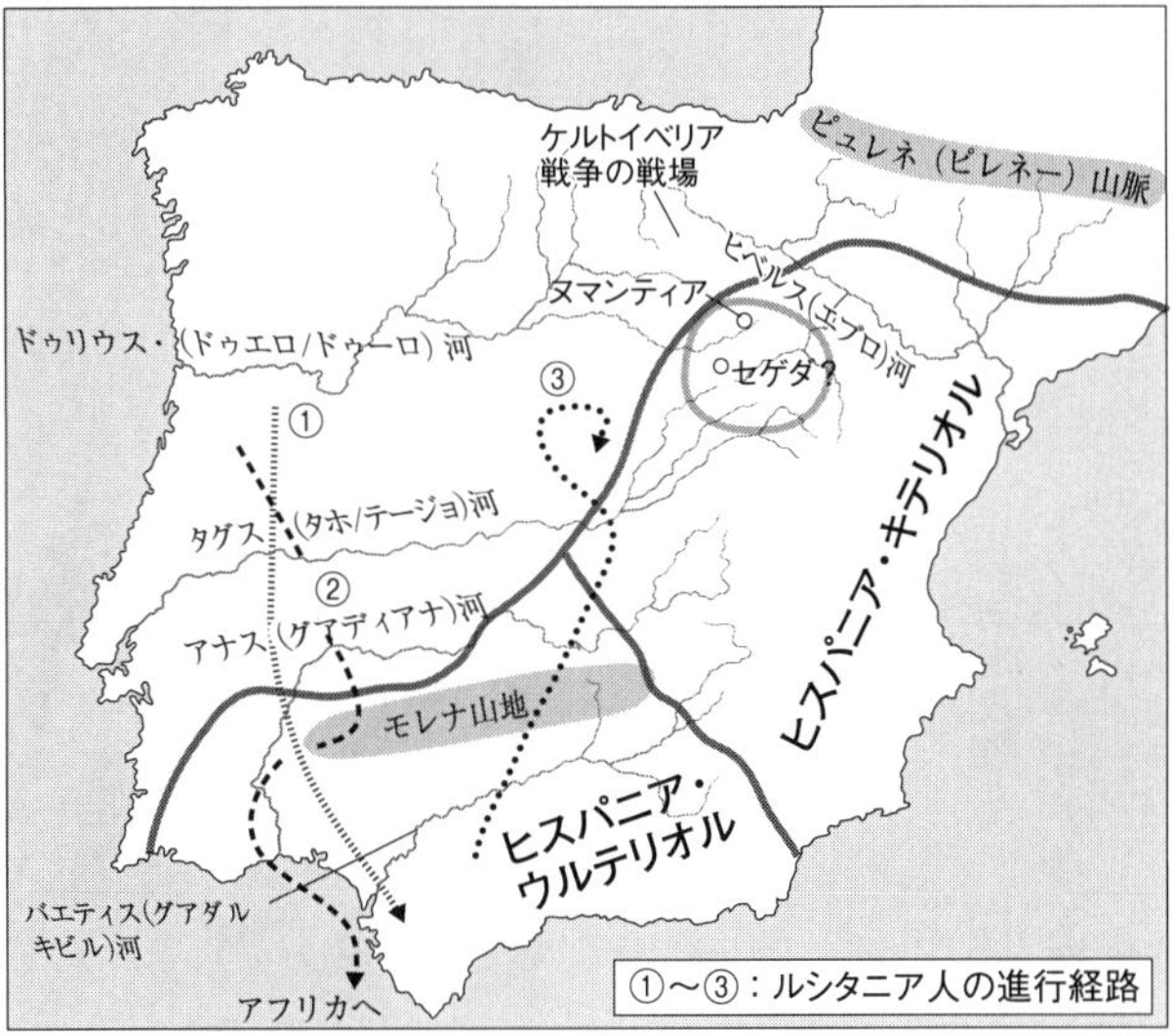

図16　前2世紀中葉の戦い
（リウィウス、安井萠訳『ローマ建国以来の歴史』6、京都大学学術出版会、2020を一部加工）

1　ルシタニア戦争

ルシタニア人

第三章でも述べたが、ルシタニア人については具体的なことはよくわかっていない。おそらく現在のポルトガル一円に居住していた多様な出自の人びとが、タグス河（現タホ河。ポルトガル語ではテージョ河）からドゥリウス河（現ドゥエロ河。ポルトガル語ではドゥーロ河）にかけていくつかの部族に分かれて居住していたものが、史料中で一括りに「ルシタニア人」と呼ばれ

図17　ルシタニアの戦士像
（著者撮影、2018年10月31日）
リスボン国立考古学博物館所蔵

ていたと考えるのが、実態に近いのではないだろうか（図17）。

ルシタニア人とローマ人との接触についての記述は、最も早い時期のもので前一九三年についてであるが、そこから両者の関係は戦闘に終始している。ルシタニア人がバエティス河周辺を掠奪した後、掠奪品を携えて帰郷しようとしていたところへ、ヒスパニア・ウルテリオルの総督スキピオ・ナシカ（彼の父は、前二一一年にカルタゴ側に敗れて戦死したあのスキピオ兄弟の兄の方である）の軍が攻撃をしかけ、ルシタニア勢を敗走させたというのである。ナシカは一万二〇〇〇人のルシタニア人を殺し、五四〇〇人を捕虜としたというから、相当の数のルシタニア人が掠奪行為に加わっていたのだろう。

前一七〇年代にかけても、ルシタニア人とローマ軍との戦闘がいくつか伝えられている。しかし、それらはどれも単発的なものであったようだ。つまりウルテリオルに侵入して掠奪行為を行うルシタニア人をローマ軍が攻撃し、ルシタニア人が故郷へ逃げ戻るという事態がくりかえされたのである。

この状況は前一五〇年代に変化した。前一五五年に、「イベリアの自律している部分の人びと」とアッピアノスが形容するルシタニア人が、ウルテリオルに侵入した。ローマ軍は大敗し、計一万五〇〇〇人の兵が殺された。ルシタニア人は、ローマ軍から奪った軍標識や武具を伴って、ケルトイベリア人の土地を練り歩いたという。

この頃から、多数のルシタニア人がウルテリオルへ侵入してくるようになる。一部はそのまま南下してアフリカに渡ったが、他はウルテリオル内を移動して、やがて各地に居座った。ローマ側は彼らをくりかえし攻撃したが、「モグラたたき」のような様相になってしまう。

総督ガルバの詐術

前一五一年のウルテリオル総督ガルバは、ルシタニア人との戦闘で大敗を喫してイベリア人の都市カルモに逃げ込み、ヒスパニア・キテリオル総督に救援されるという始末であった。だがその後ガルバは、和平を提案しに来たルシタニア人の使者に対し、次のように呼びかけたという。

「痩せた土地と窮乏のゆえにお前たちはこのようなことを行ったのだ。しかし私は哀れな友に良い土地を与え、三つの肥沃な地域に定住させよう」

（アッピアノス「イベリア戦史」第五九節）

ルシタニア人はガルバを信じて、彼が指示したとおりに三つのグループに分かれ、それぞれ指定された場所に集合した。ガルバは、友なのだから武装を解除するようにと求め、ルシタニア人がそれに従うやその彼らを殺戮した。

ガルバのこの行為に対しては、ローマ市において厳しい非難が起こったと伝えられる。前一四九年に帰還した彼を待っていたのは、護民官による特別法廷での訴追提案であった。その際あの大カトが、ガルバの行為を激しく糾弾したという。

結局、ガルバは訴追を免れた。そして前一四四年には執政官にまで上り詰めたのである。ではルシタニア人に対する彼の行為はそのまま忘れ去られたのかというと、そうでもなかったらしい。執政官となったガルバが再びウルテリオルへ派遣されることを求めて同僚執政官と争った時、当時の元老院で最も影響力があった小スキピオが、両者のどちらもヒスパニアで命令権を行使するにふさわしくないと切り捨てた。

小スキピオはもともとアエミリウス・パウルス家という、スキピオ家と肩を並べるような大貴族の一門に生まれたが、スキピオ家の養子となり、前一四七年には三八歳という異例のスピードで執政官に上り詰めていた。前にも述べたが、この人は前二世紀中葉のローマにおいて、多くの重要な役割を果たしている。その彼を含めて前二世紀中葉のローマ政界で、ガルバがルシタニア人に対して行った詐術が、指弾の対象となったという点に注目しておきたい。

ポルトガルの英雄ウィリアトゥス

ガルバの詐術によって多くのルシタニア人は殺害され、生き残りも離散した。

しかしまさにその時、ルシタニア人のなかに新しい指導者が現れたのである。ガルバの殺戮を辛うじて逃れた人びとのなかから頭角を現したこの人物の名を、ウィリアトゥスという。

ウィリアトゥスという人物のことは、日本ではあまり知られていないのではないだろうか。しかし、この人はルシタニア人を自分たちのルーツと考えるポルトガル人にとっては

図18　カモンイスの石棺

ジェロニモス修道院は世界遺産の構成資産。カモンイスの石棺の向かいには、ポルトガルのもう一人の偉人、バスコ・ダ・ガマの石棺が横たわっている（著者撮影、2018年11月2日）ジェロニモス修道院所蔵

英雄なのだ。一六世紀のポルトガルに生きた詩人カモンイス（一五二五？〜一五八〇年）はポルトガルの国民的叙事詩と言われる『ウズ・ルジアダス Os Lusíadas』のなかで、ポルトガル人のルーツにあたる英雄の一人としてウィリアトゥスを取りあげ、彼の偉業と神々が英雄に与えた祖国防衛の使命を謳いあげている。カモンイスはポルトガル最大の詩人の一人であり、ポルトガル文学の草分けと位置づけられる。その彼が祖国の英雄と謳うことからもウィリアトゥスがポルトガル人にとっていかに重要な存在であったのかが、うかがい知れる（図18）。ちなみに、リスボン中央駅近くで「ルジアダス」という名のクリニックを見かけたことがあ

る。現在でもポルトガルの人びとにとっては、カモンイスが謳った同国のルーツには憧憬があるのかもしれない。

後世のポルトガルにおいては英雄視されるウィリアトゥスだが、もともとはルシタニアの一介の農夫あるいは牧夫であったと伝えられている。しかし散り散りになっていたルシタニア人を集結させて、前一四六年にはウルテリオルのローマ軍と戦い、大勝した。

ウルテリオル総督は戦死した。

ルシタニア側の優勢は翌年も続いた。そして前一四五年、ついに初めてウルテリオルに執政官が総督として着任したのである。このファビウス・マクシムス・アエミリアヌスという人物は、小スキピオの実兄でパウルス家の出であったが、別の大貴族ファビウス・マクシムス家に養子に入っていた。第二次ポエニ戦争中にクンクタートル(好機の前にぐずぐずする人、の意)というありがたくない添え名を得たが、ローマをハンニバルから守りきったあの将軍の一家である。

マクシムスはウィリアトゥスに対するいくつかの戦闘で勝利を収めた。しかしそれもルシタニア人を降伏させる決定的なものではなかった。マクシムスは翌年もそのまま執政官格としてウルテリオルで命令権を行使した(この年の両執政官が小スキピオによってウルテリオル行きを阻まれたことを思い出しておきたい)後、それ以上さしたる成果も挙げぬまま帰国した。

暗殺

マクシムスの帰国後は、ローマはウィリアトゥスに対して敗北を重ねた。特に前一四二年に執政官格であったファビウス・マクシムス・セルウィリアヌスは、ウィリアトゥス率いるルシタニア勢に追い詰められ、降伏を余儀なくされた。彼は前一四五年の執政官の弟にあたる（彼自身も他家からマクシムス家に養子に入ったのであるが）。この名門中の名門出身、しかも執政官職にある人物がルシタニア人に惨敗したのである。

ウィリアトゥスは、降伏したマクシムス・セルウィリアヌスを丁重に扱い、彼との間に和平条約を締結した。条約には、「ルシタニア人がこの時点で占拠している土地の所有を彼らに認め、彼らをローマ人の友とする」という条件があった。

元老院はこの条約をいったん承認した。しかしセルウィリアヌスの後任となった執政官、セルウィリウス・カエピオはこの条約を強く批判した。カエピオは条約を締結したセルウィリアヌスの実兄であったが、弟の条約締結は、ローマ人の権威を著しく損なうものであり承認すべきではないと、くりかえし厳しく元老院に書簡で迫った。結局、元老院は条約承認を取り消した。再びローマとルシタニア人との戦いが始まった。

ウィリアトゥスは各地でゲリラ戦を展開し、カエピオを悩ませた。その後でウィリアト

図19　「ウィリアトゥスの死」
この絵が描かれた時期のスペインは、フランス皇帝ナポレオンの傀儡政権が力をふるい、これに対抗する勢力がクーデタを企てていた
デ・マドラーソ・イ・アグード J.（1807）。プラド美術館所蔵（写真提供：アフロ）

ゥスは、和平交渉のために自分の腹心を使節としてカエピオのもとに送った。カエピオはこの使節に贈賄し、ウィリアトゥスを暗殺させた（図19）。

ルシタニア戦争は、ウィリアトゥス戦争と呼ばれることもある。たしかにそう呼ばれても不思議ではないほど、ウィリアトゥスという人物の指導力と軍事的能力がルシタニア人を七年以上にわたってローマ軍に対抗させえたのである。ウィリアトゥス死後のルシタニア人は脆かった。悲嘆に暮れただけではなく、怯え惑乱した彼らはそれでも新たな指導者を選び、カルタゴ・ノウァを攻めようとしたが、あえなく撃退されてしまう。その後、バエティス河を越えて北上しようとする

（属州を出て本拠地へ戻ろうとしたか）ところをカエピオ率いるローマ軍に攻められ、降伏した。カエピオはルシタニア人をローマへ服属させ、しかる後に彼らに十分な土地を与えたという。

こうしてルシタニア戦争は前一三八年に終結した。

2 ケルトイベリア戦争

執政官たちの戦い

ルシタニア戦争が激化しはじめていた頃、ヒスパニア・キテリオルではケルトイベリア人とローマとの戦いが始まっていた。ことの発端は、前一五四年にケルトイベリアの一部族ベリが、居住地に新しい囲壁を建設しようとしたことをめぐって、ローマ元老院と対立したことにあった。その経緯を、少し長いが引用しておきたい。

ケルトイベリア人の、ベリと呼ばれる部族の大きく強力な居住地セゲダはグラックスの条約に従っていたが、他のもっと小さな居住地の住民に対して自らの境界内に住むように説得し、その上で自らの周囲に四〇スタディオン（筆者註：一スタディオンは約一八〇メートル）の囲壁を建設しようとした。セゲダは近隣の部族ティティ族にも同じことを求めた。元老院はこのことを知ると、囲壁の建設を禁じた上で、グラックスの時に課せられた貢納の支払いを要求し、またグラックスの条約で定められているという理由に基づいてローマ軍のために部隊を供出することを命じた。セゲダは、壁に関してはグラックスの条約は新しい都市を建設することを禁じていても、既存の居住地に囲壁を建設することは禁じておらず、また貢納と人員の供出については、後にローマ人自身がこれを免じたのだと応えた。それは事実であった。しかし元老院はこうした特権を認める際は常に、元老院とローマ市民団が良しとする限りでは、と付け加えていたのだった。

（アッピアノス「イベリア戦史」第四四節）

そして前一五三年には、執政官のノビリオルが、約三万人の兵とともにキテリオルに向かった。大カト以来約四〇年ぶりの、キテリオルへの執政官の出撃である。しかも、この年から執政官の公務開始日が従前の三月一五日から一月一日に早められてのことであった。

ノビリオルは思わしい戦果を挙げることができなかった。セゲダ住民は同じケルトイベリア人のアレウァキ族と合流し、そのヌマンティアという名の居住地を拠点としてローマ軍と戦いつづけた。

前一五二年には執政官マルケルスがノビリオルと交替した。この人物については前章で、コルドゥバの建設者であることを述べた。マルケルスの父は第二次ポエニ戦争でローマ軍を率いた名将である。息子の方も前一六六年、前一五五年と二度も執政官職にあり、二度とも凱旋式を挙行している。また前一六九年に法務官としてヒスパニアを管轄している。前一五二年の彼の三度目の執政官就任には、明らかにこの軍事に長けた、しかもヒスパニアでの経験があるマルケルスにケルトイベリア人との戦いを終結させようという元老院の意図が見える。

実際、マルケルスはベリ、ティティ、アレウァキの三部族を打ち破った。ケルトイベリア人は、軽微な処罰とグラックスの「条約」の更新を条件に、マルケルスに和平を申し出た。しかし元老院はこの条件での和平を拒否した。マルケルスが再度ヌマンティアを包囲すると、ケルトイベリア側の指導者は三部族がマルケルスの手にすべてを委ねることを表明して降伏した。マルケルスは降伏を受け入れたうえで、戦いを終結させた。

しかし、いったん収束したケルトイベリア人とローマとの戦いは、前一四三年に再発した。アッピアノスによれば、その頃ローマに対して善戦していたウィリアトゥスからの使者が、彼らの蜂起を促したという。アッピアノスはこれ以降のケルトイベリア人との戦いを「ヌマンティア戦争」と呼ぶ。アレウァキ族の定住地ヌマンティアが、ケルトイベリア人の拠点として、この戦いで重要な役割を果たしたからである（図20・21）。

図20　ヌマンティア遺跡全景
現在はソリア市郊外。のどかな農村部に位置する
Bendala Galán, M. (ed.) Los Escipiones: Roma conquista Hispania, 2016, Madrid, p.263より

図21　ヌマンティアの防護壁と見張り台（復元）
壁は高さ5mほどの堅固な石造り
（著者撮影、2016年9月8日）

ローマの迷走

前一四三年にキテリオルを担当した執政官メテルスは、アレウァキ族を急襲して多くの居住地を制圧したが、ヌマンティアは攻めあぐねた。この居住地には戦闘要員は八〇〇〇人しかいなかったが、二つの河川と渓谷、深い森に囲まれた丘の上に位置するという地理的条件が、そこを難攻不落としていた。囲壁内に通じるたった一本の道には、壕と防護壁および見張り台が設置されていた。

メテルスの後任のポンペイウスもヌマンティアを包囲したが、ヌマンティア側からたびたび奇襲を受けて、結局多くの兵を失って撤退した。だがヌマンティア住民も包囲戦で疲弊し、両者は和平に合意した。しかし折しも到着したポンペイウスの後任の総督はこの和平の有効性を疑い、ポンペイウスとヌマンティアの代表者を元老院に送った。元老院は和平を無効として、戦争続行を決定した。

こうして続くローマ側の迷走は、前一三七年にさらに悪化した。この年の執政官マンキヌスは陣営をヌマンティア人に包囲されて、ローマ人とヌマンティア人との対等な関係を認めるという条件で和平に応じたのである。「和平に応じた」と言えば聞こえがよいが、ヌマンティア人に降伏したに等しい。しかもマンキヌスはこの条件の遵守を誓約した。

現代に生きる私たちにはピンとこないが、古代人にとっては、誓約はたいへんな重みを持っている。これは大スキャンダルとなった。元老院はマンキヌスを召喚して裁判にかけた。そして不名誉な和平を拒否し、マンキヌスを全裸でヌマンティア人に引き渡そうとした。それによって誓約の破棄を正当化しようとしたのである。しかしヌマンティア人はマンキヌスを受け入れることを拒んだ。

その後の総督は、ヌマンティア攻撃に着手することすら躊躇った。

小スキピオの包囲作戦――ヌマンティアの最後

膠着しきった戦況は、前一三四年に執政官となった小スキピオがキテリオルに派遣されたことによって、ようやく動いた。ルシタニア人を虐殺したガルバを軽侮する発言をしたその人であり、それ以上に「はじめに」で取りあげたように、歴史ある都市カルタゴを破壊した、あの小スキピオである。その彼が執政官に再選して、キテリオルに赴いたのである。

優れた将軍としての名声に違わず、小スキピオの行動はいろいろな意味で突出している。彼はイベリア半島に到着しても戦闘を開始せず、規律の緩んでいた現地駐留軍の徹底的な綱紀粛正と教練を行った。このため、小スキピオがヌマンティア攻撃に着手できたのは、前一三四年末のことであった。

ヌマンティア攻撃の戦略もまた特異であった。小スキピオはヌマンティアが位置する丘

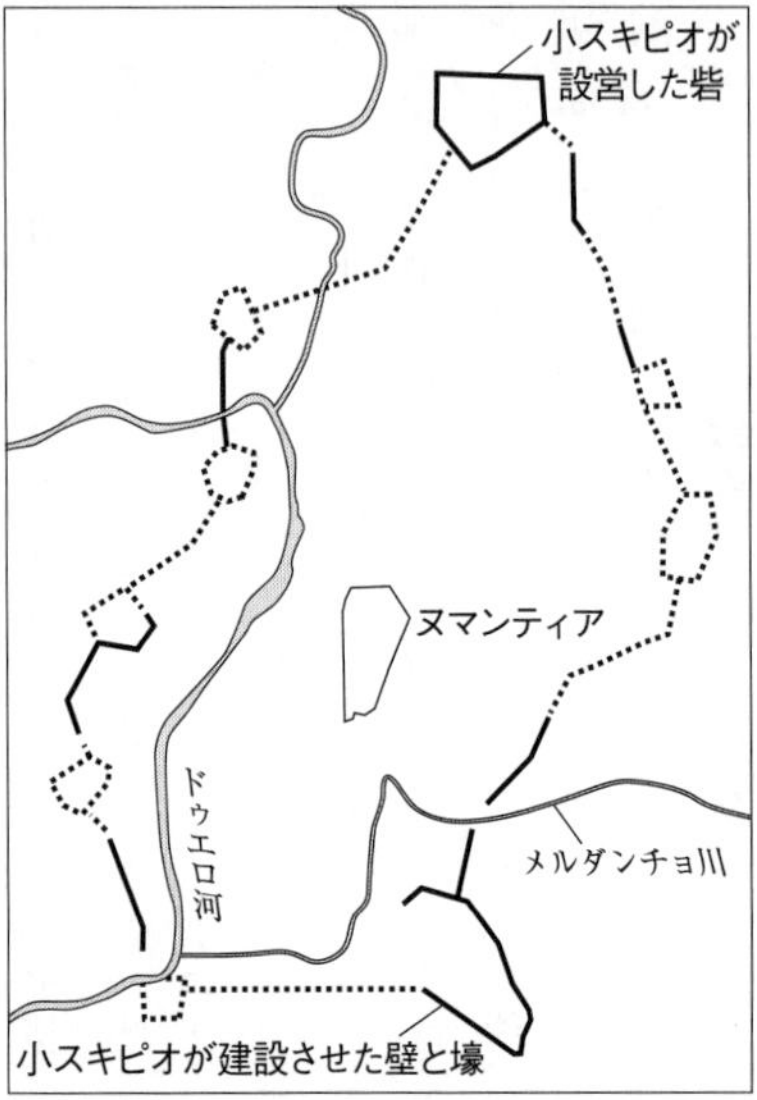

図22　小スキピオによるヌマンティア包囲

Bendala Galan, M. (ed.) Los Escipiones: Roma conquista Hispania, Madrid, 2016, p.283（Morales Hernández, E., El cerco de Numancia. El cierre del Duero, *Gladius*, vol.29より転載）をもとに作成

をぐるりと囲んで壁と壕を設営した。壁の高さは約三メートルであり、約二・四メートルの厚みがあったという。そして壁に沿って約二五メートルごとに塔を建設した。またヌマンティア人が食糧や人員の輸送に活用していたドゥリウス（ドゥエロ河）河の両側にも見張り塔を設け、河川上に航行も渡河もできないように丸太を浮かべた（図22）。

こうして、ヌマンティアは外部から遮断された。

前任の将軍のなかにも、包囲を試みた者はいた。しかしこれほど徹底的に都市を遮断した者はいなかった。包囲線の要所要所には部隊が配備され、相互に緊密な連絡がとられた。ヌマンティア側はなんども突破を試みたが、すべて失敗に終わった。

包囲は約八ヵ月に及んだ。ヌマンティア住民は飢餓に苛まれた。都市を辛うじて脱出した使者が周辺のケルトイベリア人に救援を要請したが、彼らに手を差し伸べる者は誰もなかった。それどころか多くのケルトイベリア人が、小スキピオの軍に人員を送ったという。

ついでヌマンティア住民は小スキピオに使者を送り、自分たちの正当性と勇敢さを主張したうえで、降伏すれば寛大な対応がなされるべきだと訴えた。これに対して小スキピオはただ、すべてを投げ打って自身に身を委ねることを要求したという。すなわち無条件降伏である。

その後のヌマンティア住民の凄惨な状態を、アッピアノスは綿々と描いている。飢餓に苛まれた住民はまず、死んだ者の肉を喰ったという。すると病気が発生した。そこで今度は生きた人間が喰われるようになった。その他にもあらゆるものを、草を木を皮革を、彼らは口にした。身体は汚れきって、獣に等しい姿となった。こうした描写がすべて事実であったかどうか疑いはあるが、彼らが死の淵にあったことはたしかであろう。

皆さんは、『ドン・キホーテ』の著者、セルバンテスをご存じであろう。セルバンテスは、彼が生きた時代より約一八〇〇年前の、このヌマンティア包囲戦を描いた戯曲『ヌマンシア』を残している。セルバンテスは、侵略者であるローマ人の圧倒的な物量と戦力そして冷酷な戦法によって打ちひしがれながらも、自由を希求して戦うことをやめなかったヌマンティアの住民の姿を描いた。そこに自らの祖先を重ねたのかもしれない。

しかしその戦いにも終わりが来た。ヌマンティアは小スキピオに無条件降伏した。小スキピオは生き残った住民のうち五〇人を凱旋式で晒すために手元に残し、残りを奴隷として売却した。そして都市ヌマンティアを完全に破壊して、そのテリトリーをローマ側に協力した近隣の諸部族に分け与えた。

こうして、前一三三年にケルトイベリア戦争は終結した。

3　ローマ人の属州支配の実像

生活を脅かされた先住民グループ――ルシタニア戦争

前一五〇年代に始まった二つの大戦争について、おおよその経緯を述べた。ここから、この時期にいたる属州統治のあり方についてどのような変化が推し量れるだろうか。

この時期になると、フェニキア系住民や古くから彼らとの交流があったイベリア人や一部ケルトイベリア人による武力蜂起というものはまったく史料に現れない。前章末尾で見たように、こうした人びとはすでにローマ人との間に安定した関係を築き、属州民としての立場を受け入れていたと考えられる。

二つの敵のうちルシタニア人は、「イベリアの自律している部分」からやってきたとアッピアノスは述べる。アッピアノスが生きた紀元二世紀にはイベリア半島全域が属州化されていたが、その約一五〇年前には、属州が半島の一部に過ぎなかったことを、彼もむろん知っていた。ここではルシタニア人は属州の外からやってきた、つまり属州民ではない先住民グループという意味であろう。彼らはおそらく伝統的に掠奪の対象であった地域がローマの属州となったことで、生活を脅かされた。そこで自分たちの故郷を離れてウルテリオルに定住しようとした。しかしローマ人からすれば潜在的に敵であった彼らが属州に侵入したことで、戦いが起こった。

セゲダの囲壁建設の理由——ケルトイベリア戦争

ケルトイベリア戦争については、そう簡単に説明できない。

イベリア半島北東部には、未だ属州に編入されていない土地が広がっていた。しかし前一五四年時点でベリ族の都市セゲダはグラックスの「条約」に従っており、元老院ともグラックスの「条約」の解釈をめぐって争っている。グラックスの「条約」が前一七〇年代以降の属州統治の基準となっていたことは述べたとおりである。したがってセゲダや近隣のヌマンティアが含まれる一帯は、前一五〇年代には属州キテリオルの一部と考えるのが妥当であろう。

では、属州民であるケルトイベリア人たちが、なぜローマとの戦いに突入したのだろうか。発端となったセゲダは新しい囲壁を築こうとして元老院に制止された。アッピアノスによると、前一五三年の執政官が軍を率いて到着した時、セゲダの囲壁は完成していなかった、とある。つまり元老院の制止にもかかわらずセゲダは新しい囲壁を建設しつづけていたのだ。

また、近隣の住民にも囲壁内に移り住むことを求めたという文脈からも、セゲダが具体的に外敵からの攻撃を想定していたと推測できる。しかしセゲダは近隣のティティ族や好戦的なことで知られるアレウァキ族とは明らかに良好な関係にあった。

こうして見ると、セゲダの囲壁建設はローマ軍による攻撃を想定してのことであったと考えるのが妥当であろう。セゲダは、元老院との軋轢の結果としてローマとの戦いに突入したのではなく、囲壁建設の前からローマとの戦いも辞さぬ姿勢であったのだ。そして元老院側もセゲダのこうした姿勢を理解していたがゆえに、セゲダが従わないと見ると、速やかにセゲダ攻撃に踏み切ったのであろう。

この時期にローマに反抗しようとしたのはセゲダだけではなかったことも併せて視野に入れておく必要がある。近隣のティティ族もアレウァキ族もベリ族の要請に応えてともにローマと戦うようになる。この地域のケルトイベリア諸部族が一斉に蜂起することを恐れて、元老院は速やかに軍を送り、セゲダのみの制圧で事態を収束させようとしたのかもしれない。

では、なぜこの時期になってキテリオル北東部のケルトイベリア人とローマとの関係はそこまで険悪になっていたのだろうか。

変わる「ローマ人の友」

セゲダと元老院のやりとりでは、双方がグラックスの「条約」を主張の根拠として持ち出している。元老院はグラックスの「条約」が定めた貢納と人員の供出をセゲダに求め、一方セゲダ側は元老院が制止した囲壁の補強はグラックスの「条約」によって認められているものだと主張した。グラックスの「条約」が、この時点でもローマと先住民の関係の基本であったことがわかる。

しかし元老院は、グラックスの「条約」が認めた囲壁の補強を認めようとはしない。他方、「条約」が定める貢納と人員の供出を免除されているというセゲダの主張についてアッピアノスは、「元老院は特権を認める際に常に、元老院とローマ市民団が良しと認める限りにおいて、と付け加えた」と述べている。ここからは、グラックスの「条約」がローマ側の解釈に応じて運用されていた実情がうかがわれる。ここで描かれる属州民は、前章で確認したローマとの対等の立場を持つ「ローマ人の友」というよりも、ローマの意思によってその立場が左右される立場にあったようにみえる。

「ローマ人の友」という概念自体がなくなっていたわけではない。ウルテリオルでは前一五一年に、総督ガルバがルシタニア人に対して「私は哀れな友に良い土地を与え」と述べて彼らを誘い出し、虐殺した。かつて大カトがヒスパニア各地で先住民を詐術で制圧したこととさして変わりはないガルバのこの行為が、なぜ元老院から強い顰蹙を買ったのか。一つ考えられるのは、彼がルシタニア人を「友」と呼び、したがって彼らの利害を守ると見せかけた、という点が問題となった可能性があろう。

また前一四一年、ローマ軍に大勝したウィリアトゥスが、将軍セルウィリアヌスとの間に締結した和平には、ルシタニア人を「ローマ人の友とする」という条件があった。ウィリアトゥスはいくつかの戦闘に勝利しても、最終的にはローマとの間に安定した関係を構築することをめざしていたのであろう。属州の外からやってきた彼が、三〇年以上のあいだ属州先住民とローマとの基本的な関係と認識されてきた「ローマ人の友」という立場を得ることで平和を得られると考えたとしても、不思議ではない。実際、元老院も彼のこの条件をいったんは受け入れた。

しかし属州内では、「ローマ人の友」の内実は変化していたのではないだろうか。グラックスから共同体としての存続を認められ、「条約」によってローマ人との関係を定められていた「ローマ人の友」であったが、今や彼らがなにをすべきであり、なにをすべきでないのか決めるのは「条約」ではなく、ローマの元老院であった。

先住民側は、そのことをどう受け止めただろう。

セゲダやヌマンティアが位置する地域は、そもそも南部のイベリア人に比してローマ人との接触が少ないまま、おそらく前一八〇年代頃に属州キテリオルに組み込まれた。その彼らに、グラックスとの誓約によって結ばれた「条約」が「ローマ人の友」という立場を提供した。彼らは自らをローマの「同盟者にして友」として理解し、またグラックスが認めたとおりに共同体としての従前のあり方が維持される、との認識を持った。

しかし前一五〇年代半ばの時点で、「条約」はローマ側によって恣意的に解釈されえるということをケルトイベリア人側は学んでいたのではあるまいか。アッピアノスは、貢租や人員供出の免除を認める際は「常に」と述べている。これはセゲダ以外にも、同じことが起こっていたことを示唆する。この時期のローマは、「条約」が属州民に課していた負担を免除することもあり、またその特権を取りあげることもあったのだろう。「ローマ人の友」と呼ばれても、今や自分たちの暮らしはローマの意思によって左右されるという現実に、ベリ族、ティティ族、アレウァキ族の人びとは態度を硬化させ、ついに蜂起したのではなかろうか。

ローマは先住民が自らの決定に従うべきという認識を持ち、ケルトイベリア人はローマの意思に服して従来の生き方を変えることを拒んだ。その先に生じたのが、ケルトイベリア人とローマの後戻りできない敵対関係であったと考えられる。この状況は、戦争終結の条件にも反映した。

デディティオ――無条件降伏

ルシタニア戦争は、ウィリアトゥスの暗殺後に速やかに終結した。ローマはルシタニア人の降伏を受け入れ、彼らに土地を分配した。

他方、ケルトイベリア戦争の終結はヌマンティアの包囲、無条件降伏、都市破壊という、きわめて厳しいものであった。ここまでにも何度か「無条件降伏」という表現が出てきたが、これはラテン語でデディティオ deditio という。

デディティオの字義通りの意味は、相手の信義に身を委ねるということである（史料のなかでは、「信義に身を任せる in《イン》 fidem《フィデム》 se《セ》 permittere《ペルミッテレ》」ないし、それに類する表現で現れることもある）。ローマにデディティオを行う者は、ローマに対して自身のすべてを投げ出すということになる。「すべて」とは文字通りすべてであった。自分たちの土地や所有物、法、神々を失い、したがって国家なり共同体とは認められなくなるのだ。個々人も財産や生命、法的立場や身体をローマに委ねることになる。そしてそれを委ねられたローマは、信義に従って適正に相手を処遇するということなのである。

ケルトイベリア戦争の初期段階では、たびたびケルトイベリア人と現地将軍との間で和平が結ばれた。あるいはその試みがなされた。しかしその多くは元老院が承認せず、結局は前一三三年にヌマンティアが小スキピオに無条件降伏するまで、戦争は終わらなかった。

その間に、一度だけ元老院が承認した和平があった。前一五一年のマルケルスとヌマンティアの取り決めである。

マルケルスはその前年にもヌマンティア人と和平を結ぼうとしたが、こちらの方は元老院が拒否した。そして彼をローマに呼び戻すために、翌年の執政官を後任としてキテリオルに派遣した。ところが後任者が到着する前に、マルケルスとヌマンティア人は再度和平を結んだのである。その際、ヌマンティアは、将軍マルケルスにすべてを委ねることを言明した。ローマから命令権を帯びて総督として派遣されているマルケルスにすべてを委ねるとは、ローマへすべてを委ねることと同義である。つまりこれはデディティオであった。

むろんそれは形式的なものであり、マルケルスは自身にすべてを委ねたヌマンティアを、最初と同じ条件で解放した。それはグラックスの「条約」の再確認であった。アッピアノスはヌマンティアとマルケルスの間に、あらかじめ内々の諒解があったのだと述べている。それでも元老院は第二の和平を承認した。形式的であれ、デディティオを取りつけたからである。

前一四三年に戦いが再発した後も、元老院はデディティオを得ることを戦争終結の条件としている。それは一〇年後の前一三三年になってようやく実現した。小スキピオはヌマンティアがデディティオを行うまで包囲を解こうとしなかった。

ローマの正義への挑戦

ここまで見てきたように、ルシタニア人は「イベリアの自律した部分」の住民であった。したがってローマ人の支配圏の外に属しているルシタニア人が属州内に侵入すれば、ローマ総督は属州内の平和を乱す外敵として彼らと戦った。しかしこうした戦いでは、敵が属州外に撤退すれば戦いは終わる。あるいは敵が（無条件ではなくとも）降伏して、ローマに服属して属州内に定住すれば、事態は解決したと見なされたのであろう。

ケルトイベリア戦争は違う。この戦争におけるローマの敵はおそらく最初から属州民であった。この時期のローマ人は、ローマが属州民の立場を定め、彼らはローマの意思に従うことが正当であると認識していた。したがって、その彼らがローマに対して蜂起したというのは、たとえば前一九七年頃の蜂起とは性格が異なる。前一五〇年代以降の二つの戦いはその苛烈さからアッピアノスによって「戦争」と呼ばれている。しかしそのなかでケルトイベリア人の蜂起は、ローマ人から見れば正当な属州統治に対する反乱であり、ローマの正義に対する挑戦だったのではないだろうか。だからこそ、元老院は執政官の公務開始日を前倒ししてまでも、ケルトイベリア人を圧倒しようとした。それも和平を結ぶのではなく、相手を無条件で屈服させ、ローマ人の信義にすべてを委ねさせる必要があった。そうでなければ、ローマは自らの正義を貫くことができないと判断したのではあるまいか。

こうした認識が前二世紀前半にはなかったことを、私たちはすでに見てきた。政務官が敗死するような激しい蜂起が起こり、大軍を送って敵を圧倒しても、ローマがデディティオを敵に要求したということはこの時期に関しては知られていない。グラックスにいたっては、敵を大量に殺害したが、そのうえで相手と誓約を交わして「条約」を締結している。

前二世紀前半には、先住民を詐術で従わせ、「奴隷状態に置くことをめざした」と後世の人に言わしめた大カトのような将軍はいても、ケルトイベリア戦争を長い地獄のようなヌマンティア包囲戦とその後のデディティオ取りつけによって終結させ、その直後に生き残っていた住民をほんとうに奴隷として売却した小スキピオのような将軍は現れなかったのだ。

支配者としてのローマ人

ここまで、前二世紀半ば頃以降のヒスパニアの状況を見ていくと、ローマと、ローマを主導する元老院、そして現地で属州総督として命令権を行使する人びとのなかに、変化が生じたとしか考えられない。

属州を設置したとはいえ、ローマ人自身が未だそれをいかなる地位にあてはめるべきか確信できていなかった前一九〇年代、属州民を「友」と呼び、彼らと水平に向き合う姿勢を見せつつようやく統治体制の確立に向かった前一七〇年代以降、そして「友」と呼びつつもローマの意思に服させ、逆らう者は反乱者として殲滅しようとする前一五〇年代以降と、ローマ人の属州民に対する支配観は変わっていったのである。

属州に生きる人びとに対する剝き出しの支配観。それが前二世紀中葉までにどうやって醸成されるにいたったのか、残念ながら史料は語ってくれない。しかし、一つの理由は、この時点までにローマの属州統治体制が整い、機能しはじめていたという現実があったことだと考えてよいのではないか。それは特にイベリア半島南・東部において顕著であった。

　この地域では主要都市への軍の常設の駐屯地の設営が進む。キテリオルではタッラコ、エンポリウム、カルタゴ・ノウァに、ウルテリオルではコルドゥバに。タッラコやコルドゥバのような都市にはまた、属州総督と彼らの下僚、側近たちが住まう居所が設置されたと考えられる。また時期は下るが、前一一〇年代に関する記述によれば、コルドゥバには「裁きの場」があった。後世の総督が備えていた属州民への司法権がようやくその時点で確立したのか、あるいはもっと以前から行使されていたのかまでは判断がつかないが。

富、名声の源泉としての属州

　総督による属州民の経済搾取が早い時期から展開していたことは、すでに述べた通りである。前一七一年に属州民の請願によって元総督が糾明されても、抜本的な改善がなかったことは、前一四九年の属州不当搾取金返還要求法廷の設置が教えてくれる。この法廷設置の直接の原因は、あのウルテリオル総督ガルバと彼を救援にやってきたキテリオル総督の搾取であったと考える研究者もいる。

　しかし属州からの富の収奪は、総督による搾取のみではなかった。

鉱山資源について、見ておこう。ディオドロスという前一世紀の著作家は、おそらく属州設置からまだ日が浅い時期のカルタゴ・ノウァ近郊の鉱山について、次のように述べている。

しかしイベリアがローマ人の手中に入った後は、（著者補足：カルタゴ・ノウァ近郊の）鉱山は多数のイタリア人によって経営された。彼らの貪欲さは大変な富を彼らにもたらした。彼らは大量の奴隷を買い、その者たちを鉱山の現場監督下に置いたのである。

（ディオドロス『歴史叢書』第五巻第三六章第三節）

これが正しければ、早い時期からカルタゴ・ノウァ周辺の鉱山はイタリア商人によって経営されていたことになる。

ポリュビオスは、前一三〇年代のカルタゴ・ノウァ近郊の銀鉱について、次の文章を残している。

この銀鉱山はたいへん大きく、市からは二〇スタディオンほど離れていて、外周四〇〇スタディオンの広さがある。そこには鉱夫四万人が働いており、当時ローマ国民のために一日につき二万五〇〇〇ドラクマの収益をもたらしていたという。
（ポリュビオス『歴史』第三四巻第九章第八〜一〇節。城江良和訳）

コルドゥバ近郊でも鉱山開発が進み、そこからはイタリア風の家屋や陶器が出土していることは述べた。ヒスパニアのあちこちでイタリア人、ローマ人による奴隷を使用した鉱山経営が前二世紀に始まったこと、そしてそれが前二世紀中葉までには莫大な富をローマにもたらしたことは疑いない。これらの鉱山および産出された鉱山資源の積み出し港、そしてその両者を結ぶ道路は軍によって守備されていた。商人も国家も、属州が富の源泉であることを、前二世紀中葉には熟知していたのである。

半島南・東部では新たな都市建設とローマ人、イタリア人の移住が進んだ。前一二〇年代に執政官がイベリア半島の南に位置するバレアレス諸島に都市を建設して、イベリア本土から三〇〇〇人のローマ市民をそこに移住させた。三〇〇〇人がヒスパニアに居住していたローマ市民の総数ということはあるまいし、前一二〇年代に突如三〇〇〇人ものローマ市民がヒスパニアに入植したとも考えにくい。それ以前から、相当数のローマ市民がヒスパニアに居住していたはずである。彼らもまた、ヒスパニアがもたらす富に引き寄せられた人びとではなかっただろうか。

前章末尾で見たように、半島南・東部の先住民たちは、おそらく一定程度の自治と従来の暮らし方を維持することを認められた。その代償は、強度の経済搾取であった。経済搾取だけではない。総督は属州での軍事行動が名声に通じる可能性を学んでいた。しかしイベリア人やフェニキア系住民との戦いはなくなっている。代わって起こったルシタニア戦争やケルトイベリア戦争で、命令権保持者たちは勝利をめざすだけでなく、無駄な戦闘をくりかえし、時にはせっかく成り立った和平を無視して再び先住民を攻撃した。

このように、さまざまな局面においてローマ人による属州支配の現実が展開し定着しつつ、従来のローマが知っていた対外関係とは——イタリア諸都市との同盟関係や、次章で見るヘレニズム諸王国・諸共同体との関係とは——決定的に異なる支配観が育った、と考えることができる。

自分たちの暮らし方を続けようとした人びと

先住民側はどうなのだろう。

くりかえしになるが、半島南・東部の住民は、ローマの支配を受容していた。ルシタニア人に追われたガルバはイベリア人の都市カルモに逃げ込んだ。このことは、彼がカルモ住民であるイベリア人が自分たちに牙を剝くとは考えていなかったことを示唆する。

新たな敵ルシタニア人は、おそらく伝統的な生業が困難となったために、ウルテリオルに留まって新たな暮らしをたてようとした。そしてローマに降伏した後、属州民として服属することを条件に土地を与えられた。キテリオルのベリ、ティティ、アレウァキ族のようなケルトイベリア人は、おそらく従来どおりの共同体の維持ができなくなりつつあることに対して蜂起し、ローマによって徹底的に制圧された。他方、近隣の他のケルトイベリア人は彼らに同調せず、ローマ軍に人員を送った。

当時ローマと相対した先住民は、自分たちが知っている暮らし方を続けようとしたか、あるいはそれが不可能なら、耐えられる限りで新しい暮らし方を見つけようとしていた。そのなかで、支配者としての立場を鮮明にしたローマに従い、ギリギリまで搾取を受け入れることによって、自己決定権や生活様式を維持しようとする人びともいた。

その一方で、ローマと戦うことを選んだ人びともいた。しかし彼らはおそらく、カモンイスが称揚したように祖国防衛のためであるとか、セルバンテスが謳いあげているように人間の自由を希求したわけではない。ただ自分たちのそれまでどおりの暮らし方を続けようとしたのではないだろうか。

属州民たちのこうした状況は、おそらくヒスパニア以外でも同じだったのではないかと考えられる。前二世紀中葉までにヒスパニア以外の二つの属州、すなわちシチリアとコルシカ・サルディニアの実態については実情がよくわかっていない。サルディニアでも前一七〇年代以降、属州民の蜂起が知られている。詳細な経緯は伝えられていないが、シチリアで前一三九年に起こった第一次奴隷戦争は、属州民ではなく奴隷による大反乱であったが、その背景には第二次ポエニ戦争以後のシチリアにおけるイタリア人、ローマ人による大々的な農業および牧畜の展開があった。ヒスパニアについて見てきたような属州統治体制の確立が、これら二つの属州にもあったと考えられる。

しかし、ローマの支配観の変化については、属州統治体制の確立と並んで、もう一つの要因をも検討する必要があろう。ヒスパニアにおいてローマの属州統治体制が展開するまさに同じ前二世紀中葉頃までに、ヘレニズム世界の諸国・諸共同体とローマとの間に新たな関係が構築されつつあった。この事態がローマの属州統治とどう関わりを持っていたのか、次章で考えてみたい。

ただし「はじめに」で述べたとおり、本書では属州という枠組みを中心に、ローマ帝国の誕生過程を追うことを目的としている。前二世紀の地中海東部で起きたことはあまりに複雑であり、それを本書で詳しく論ずることは本書の目的を大きく逸脱してしまいかねない。そこで、次章ではこの時期の地中海東部での情勢をごくかいつまんで概観し、属州統治との関連のなかでのみその意味を考えることにしたい。

第六章　ローマ帝国の誕生

1　マケドニア戦争

ヘレニズム世界の表舞台へ

第二章で見たように、ヘレニズム世界と呼ばれる地中海東部では、各地の国々や共同体が合従連衡を繰り広げていた。

ローマとヘレニズム世界との関係は、前三世紀になってさまざまなレベルでの外交・軍事上の接触に及ぶようになった。早くも前三世紀前半頃には、バルカン半島西部の国々とローマとの間に軍事的な小競り合いが起こっている。しかし本格的な接触は、前三世紀末以降のことと言ってよいだろう。それは第二次ポエニ戦争と連動していた。

ハンニバル率いるカルタゴ軍がイタリアを席巻していた前二一四年、これに呼応してマケドニア軍が、アドリア海を挟んでイタリアの対岸にあたるイリュリアへ侵入したのである。イリュリアは当時ローマの影響下にあったが、ローマが苦戦している間にそれを奪おうとすることと、さらには背面からイタリアに侵入して、カルタゴ軍と共闘することが当面のマケドニアの目標であったようだ。しかしこの戦争ではマケドニアとローマは直接対決することなく、やがて戦況がカルタゴに不利となるなか、マケドニアは単独でローマと和平を締結した。

こうしてヘレニズム世界の大国マケドニアとローマとの最初の戦争（第一次マケドニア戦争）は、不発に終わった。とはいえこの戦争は、地中海世界におけるローマの立ち位置に影響した。前三世紀頃のカルタゴが地中海西部最大の勢力であったことは、これまでも見てきた。現在のシリア、レバノン沿岸部一帯を起源とするこの国は、ヘレニズム諸国からも早くから強国として一目置かれ、マケドニア王国、シリア王国、エジプト王国といった大国と渡り合える存在だった。そのカルタゴが戦って一度は敗北を喫し、二度目の戦いで優勢を得ながらもマケドニアの助勢を求めたのだ。ローマという国に対するヘレニズム世界の認識は、敵にせよ味方にせよ看過できない存在として改まったと考えられる。

現に第一次マケドニア戦争中に、ローマはギリシアのアイトリア同盟および黒海沿岸のペルガモン王国と条約を締結した。これらの勢力は、ローマの「同盟者にして友」となったのだ。ギリシアの強力なポリス間同盟であるアイトリア同盟と、黒海沿岸の歴史ある王国ペルガモンが新参者のローマの威力を認め、ローマの方ではこの時点では自国と対等か、もしかしたらより強力な軍事力や国際的地位にあったこれら諸勢力と友愛関係を結ぶことでヘレニズム世界の表舞台に立ったのである。

マケドニアの没落

アイトリア同盟、ペルガモン王国との協力関係は、ヘレニズムの他の勢力との接近をもたらした。マケドニア、シリア両王国に圧迫されていたエジプト王国と、シリア南部、黒海南部の諸国・諸地域がローマに救援を要請したのである。前二〇〇年、ローマは軍をバルカン半島に送って、マケドニアに宣戦布告した（第二次マケドニア戦争）。

この戦争は、前一九七年にローマ側の勝利で終わった。マケドニアとローマは講和した。それ以降、マケドニア王フィリッポス五世はローマとの友愛関係を築いた。ローマに対して友好的姿勢を見せつつ、国内の鉱山開発など経済成長に注力した。しかしローマは、フィリッポス五世との友愛を尊重しつつも、マケドニアが対外的に再度進出することを厳しく監視した。

フィリッポスが死去した後、王位に就いた息子のペルセウスが黒海沿岸に進出しようとすると、ローマはマケドニアに宣戦布告した（第三次マケドニア戦争）。かつての勢威を失ったとはいえ、マケドニアの反撃は激しく、また戦況が長引くなかで周辺諸国・諸共同体からマケドニア側につくものも現れて、この戦争は決してローマの圧倒的優位で進んだわけではない。しかし前一六八年、ついにバルカン半島北部のピュドナにおいてローマ軍はマケドニア軍に決定的勝利を収めた。王ペルセウスはローマ軍に捕らえられた。その時の様相をリウィウスが次のように語っている。

パウルス（著者註：ピュドナの戦いで勝利したローマ側の将軍）は彼に自らと自らの所有物をすべてローマ市民団の信義と寛恕に委ねる（in fidem et clementiam populi Romani permitteret）ことを要求した。

（リウィウス『ローマ建国以来の歴史』第四五巻第四章第七節）

前章でこの文章と同様の表現を取りあげたことを、思い出していただきたい。まさしく、これはデディティオを意味する文言なのである。戦いに敗れたマケドニア王ペルセウスに、ローマの将軍パウルスは無条件降伏を要求したのだ。

ペルセウスはこの要求を受け入れ、自らと息子、そしてすべての財産とマケドニアの神々とをローマに引き渡した。

パウルスはローマに帰還後に華々しく凱旋式を挙行し、大国マケドニアに対する大勝利を祝った。凱旋パレードではローマ軍がマケドニアや各地で得た大量の掠奪品と並んで、捕虜となったペルセウスとその家族が歓呼する市民の前に晒された（図23）。その後、ペルセウスはローマで生きたが、数年後に病死した。

図23 「アエミリウス・パウルスの凱旋」
凱旋パレードでは、戦勝将軍とその麾下の兵士が、歓呼する市民に戦利品や捕虜を示しつつ凱旋門をくぐり抜けてカピトリウムのユピテル神殿まで進む。絵の右よりで白馬の引く馬車に座るのが、将軍アエミリウス・パウルス。その後ろを歩く一群が、敗れたマケドニア王ペルセウスと彼の家族である　ヴェルネ C.（1789）メトロポリタン美術館所蔵（写真提供：アフロ）

こうしてマケドニア王家は断絶した。

しかしマケドニアという国そのものは消滅しなかった。王朝は途絶しマケドニア王国はもはや存在しなくなったが、ローマはこの国を四つの共和国に再編したのだった。これらの国々にはローマへの貢納が要求され、またマケドニア王家が従事していた鉱山経営はローマの手に渡った。

つまり、戦争で敵国を打ち負かし、事実上征服したといってよい状況であるが、しかしローマはここに属州を設置することはしなかったのである。四つの共和国はむ

ろん現実にはローマの支配下にあったが、建て前としては自立した国家であった。

2 「ギリシアの自由」

アイトリア同盟とシリア王国

話を第二次マケドニア戦争直後に戻そう。マケドニアがローマに敗れ、ギリシアの諸ポリスやその他の国々は外敵から侵略されるおそれから解放されたかというと、そうではなかった。これらの国々は、マケドニアに勝利したローマが、今度はバルカン半島やその他の軍事上、経済上重要な地域を支配せんとすることを危惧したのである。そのような現実のなかに当時のヘレニズム諸国・諸地域はあったということだ。

この状況で前一九六年、マケドニアに勝利したローマ軍の将軍フラミニヌスは、ギリシア世界の主だった人びとが集まるイストミア祭の会場で、ギリシア世界に自由を与えることを宣言したのだった。ポリュビオスが伝えるその布告を挙げておこう。

「ローマ元老院と執政官権限保有者ティトゥス・クィンクティウス（著者註：フラミニヌスのこと）は、フィリッポス王とマケドニア軍を戦争によって破った者として、コリントス、ポキス、［東］ロクリス、エウボイア、プティオティスのアカイア、マグネシア、テッサリア、ペライビア（著者註：以上、ギリシアの各地・各ポリスの名）の人々に、自由独立し、外国軍の駐留なく、貢租負担なく、父祖伝来の法の下に生きることを認める」（ポリュビオス『歴史』第一八巻第四六章第五節。城江良和訳。一部表記を変えた）

この布告を聞いた人びとは、喜びのあまりにその場にいたフラミニヌスに駆け寄って、彼をもみくちゃにした、という。

これは「ギリシアの自由」として知られた有名なできごとである。しかし、多くの研究者が指摘していることだが、これ以後ローマがヘレニズム世界から手を引き、ギリシア人が自分たちの意思のままに国政や外交に携わることができたのかというと、そうではなかった。ローマは第二次マケドニア戦争後のギリシアを自国に利するかたちで再編した。そしてこの時期以降、ヘレニズム世界への干渉を強めていくことになった。

第二次マケドニア戦争でローマ側についたアイトリア同盟は、戦争の勝利によってギリシア世界で勢力を拡張することを期待していた。しかし戦後もギリシアでの決定権を手放そうとしなかったローマに対して警戒心を強めた。他方、「大王」と呼ばれたアンティオコス三世に率いられ、ギリシアへの進出をめざしたシリア王国をローマは強く牽制し、その結果、前一九二年には両国の間で戦争が勃発した（シリア戦争）。この時、マケドニアはローマ側につき、アイトリア同盟はシリア側についた。この戦争はローマの勝利に終わり、シリアは厳しい条件を呑んでようやく講和を実現できた。

ちなみにこの時アンティオコス「大王」のもとには、あのハンニバルが身を寄せていた。彼は自ら艦隊を率いてシリア側の一員として戦った。しかしシリアがローマに敗北した後はビテュニア王国へ逃れた。だがビテュニア王プルシアスのもとにはローマからハンニバルを引き渡すよう要求が届き、逃げ切れないことを悟ったハンニバルは自ら命を絶った。第二次ポエニ戦争でローマを震撼させたカルタゴの将軍は、果たして遠い地中海東部までローマの威力が及び、それが自身の命取りになろうと予想していただろうか。

「信義に身をゆだね」

さてアイトリア同盟はシリア敗北の後、ローマと講和しようとして、かつて「ローマ人の友」として果たしたさまざまな貢献を取りあげた。だがローマ軍の将軍は、ただローマの寛恕を願い出るしか道はないと突っぱねた。

アイトリア人はなお長い弁論を展開したが、結局、ローマ人の信義に身をゆだねて、マニウス（著者註：ローマの将軍グラブリオ）にすべてを預けることを決定した。（中略）しかしローマ人にとって、「信義に身をゆだねる」とは「自身にかんする決定権を勝者に差し出す」というのと同義なのである。

（ポリュビオス『歴史』第二〇巻第九章第一〇〜一二節。城江良和訳）

この後、ローマの将軍グラブリオにさまざまな要求を突きつけられたアイトリア側が抗弁すると、グラブリオは「お前たちはローマ人の信義に身を委ねたにもかかわらず、まだギリシアの慣習や正義について語るのか」と彼らをなじり、鎖につなぐぞと恫喝した。もうお気づきだろう。ここでもまたローマはアイトリア同盟にデディティオを要求したのである。アイトリア同盟の人びとは、ローマの信義に身を委ねた以上、もはや自分たちにはなんらの決定権もないことを思い知らされたのだった。

ローマがヘレニズム世界に認めた「自由」とは、こうしたものであった。第一章で述べたことだが、ローマ人は「自由」がすべての人間に均質にあるとは考えなかった。人はそれぞれの立場や能力に応じた自由を備えている。もともとローマの社会内部にあるこのような「自由」観は、国外での諸関係にも当てはめられた。

ヘレニズム世界の国際関係のなかで、当初はアイトリア同盟やマケドニア、シリアと同等かそれ以下の立場にあったローマは、こうした勢力と「同盟者にして友」という関係を積極的に構築した。しかしやがて優位に立ったローマにとって、自国は今やそれらの国々が従うべき「権威」があった。そのローマの庇護の下で、ローマの意思に従うことが、アイトリア同盟やシリア、マケドニアが持ってしかるべき「自由」であったのだ。

前二世紀を通して、ローマはヘレニズム諸国・諸共同体を「ローマ人の友」と呼びつづけた。そして通常は実際に友愛的な関係が持続しているかのように振る舞いつづけた。しかし、現実には早くも前一九〇年代末頃以降、ローマはこれらの諸国・諸共同体が自国の意思に逆らうことを想定していなかった。

実際、前一九〇年代末頃からギリシアのポリスのなかには、「ローマの権威に従わずにいかなる国とも同盟を結ばない」と言明するものがいくつも現れてくる。また、ローマの指示に従わずに勝手に他国を攻撃したポリスを、ローマの将軍が「私の権威を無視してこのような行為に及ぶとは」と譴責した例も知られている。

ただ、ローマ人の「自由」観に基づくこうした権威は、ローマの国力が現実に強大となったからこそ実効性を持ったのであった。いくら「我々の権威に従え」と叫んでも、ローマがマケドニアやシリアに勝利できなければ、誰もそのような要求に耳を貸すわけがないことは自明であろう。前一九〇年代中葉頃になってようやく、ローマの権威はヘレニズム世界における現実の桎梏となりえたということである。

シリア王への恫喝

端的に言えばローマの軍事力がその権威の裏付けであるだけに、第三次マケドニア戦争の勝利は、ローマの権威をさらに高めることになった。戦後、マケドニア陣営に加担した、あるいは密かに加担することを約定していたポリスの有力者たちの多くが、ポリス自体によって処罰されたり、ローマに引き渡されたりした。とりわけ戦争中ローマとマケドニアの間で立場を明確にすることを躊躇したアカイア同盟は、主な指導者一〇〇〇人を人質としてローマに差し出すことを命じられた。この人質がギリシアに帰還することが許されたのは、一六年後のことである。

余談だが、そのうちの一人が、あのポリュビオスだった。彼はアカイア同盟の著名な政治家であったため、人質のなかに加えられたのだ。ポリュビオスはローマに送られると将軍パウルスの家に留め置かれた。そこで親交を結んだのが、パウルスの息子、後の小スキピオであったのだから運命とはわからないものだ。ポリュビオスは小スキピオの信望厚く、後には彼に従って各地の戦場にも出向いた。かつてローマと厳しい外交関係を展開していたアカイア同盟の指導者であった彼は、後にはすっかり親ローマ的になっていた。

第三次マケドニア戦争終結と同じ前一六八年、シリア王アンティオコス四世（「大王」の息子）は、エジプトへ侵攻した。ローマ元老院は侵攻を止めるべく特使を派遣した。アンティオコス四世はローマの「友」であり、特使のポピリウスという元老院議員とも既知の間柄であったため、王は彼を見かけると挨拶の言葉をかけて歩み寄ろうとした。ポピリウスはそれをおし留め、先ずその場で即時停戦せよという元老院の決議を読むことを命じた。

そして王が決議に目を通したあと、この件については廷友たちに相談したいと答えたとき、それを聞いてポピリウスのとった行動は、きわめて峻厳でしかも尊大なものだった。手に持っていた葡萄の木の杖を使って、アンティオコスの回りの地面に円を描いたうえで、書状への回答を示すまではこの円から出るのを許さないと言い渡したのである。王はこの居丈高な言動に虚を突かれ、しばらくのあいだためらったあと、ローマ人の命令にはすべて服すると返答した。するとポピリウスの一行はこぞってアンティオコスの右手を取り、次々に親愛のこもったあいさつを交わした。

（ポリュビオス『歴史』第二九巻第二七章第四～七節。城江良和訳）

一国の、それも大国シリアの王に対して、ローマの元老院議員はこれだけの要求（あるいは恫喝）を突きつけることができたのである。

「救い主である神々よ」

一方ヘレニズムの君主や諸国もこの時期になると、ローマの権威によって自分たちの立場を守ろうとしていた。前一六三年、エジプトでは王国が二人の王子に分割される決定が下された。その時、弟のプトレマイオスはこの分割案を不服として、元老院に自分に有利な分割を行って欲しいと請願した。ポリュビオスによると、元老院はプトレマイオスの言い分に非があることを知りながら、ローマがエジプトの内政につけいる好機と考えて、あえてプトレマイオスの要望をかなえたという。

黒海南部のビテュニア王国からの使節は、元老院に対して隣国ペルガモンのエウメネス王が自国の領土を奪おうとしていると訴え、さらにエウメネスが国内の親ローマ派の人びとを抑圧していると告発した。

ビテュニア王プルシアスは、かつて頭を剃り、白い帽子をかぶり、ローマ人の衣服であるトガをまとってローマからの特使（元老院議員）を出迎えたという人物である。これはローマでは解放奴隷の身なりであった。そして特使に向かって「このとおり、私はあなたがたから解放された奴隷でございます。あなた方のお気に召すように努めます」と呼びかけたという。また彼が元老院を訪問した時には、地面に這いつくばって「救い主である神々よ」と元老院議員たちを拝んだ。

一方、プルシアスに讒言されたペルガモン王エウメネスもローマ元老院を訪問しようとしたが、元老院はすべての王は元老院を訪問すべきでないという通達を出して、彼の訪問を拒んだ。

地中海西部であるが、別の例を挙げよう。アフリカでは南のヌミディア王国がカルタゴの領土の一部に侵攻した際、両者が元老院に使者を送り、自国の正当性を主張した。元老院はヌミディアに有利な裁定を下し、カルタゴはその裁定に服した。あのカルタゴですら、今やローマ元老院の決定を受け入れるしかなかったのである。この時のローマの裁定の理由は、それがローマの国益に利するからというものであった。

こうした事態を見ると、前二世紀中葉にはこれらの国々は事実上ローマの支配に服していたと言わざるをえないのではあるまいか。

事実、これら諸国・諸共同体との関係について史料はしばしば「ローマ人が命令する」という表現を用いていると、指摘する研究者もいる。この「命令する imperare」という動詞の名詞形がインペリウム imperium である。これが、ここまでくりかえし言及してきた上級政務官の軍命令権であることは言うまでもない。上級政務官が総督として属州を管轄していた範囲がインペリウム・ローマーヌムであり、それが「ローマ帝国」という表現に通じるということを、私は「はじめに」で述べた。だがローマ人のインペリウムは軍命令権というその法的な意味を越えて、現実には他者に命令として受け取られる意思表明という意味でも用いられていたのである。

ローマの自信と自負

このような状況を踏まえると、「はじめに」で述べたように、ローマ帝国とは属州の範囲だけにはとても収まりきれず、むしろそのはるかに外側の、ローマの意思に従う諸国・諸地域までを含んだ広がりを指す、というのは妥当な見方だということになる。ただし、こうした意味でのローマの支配とは法制度的なものではなく、ここまで見てきたように、軍事力を背景としたローマと諸国・諸共同体の間の、現実の政治や外交関係に立脚している。そしてさまざまな価値や慣習によって左右されつつ、個別の力学によって生み出され行使されるものであったため、その全体像を把握することは非常に難しい。とはいえ、全体としてマケドニア王国が解体された前一六八年頃までに、ヘレニズム世界におけるローマのこうした「支配」は揺るぎないものになったと言ってよいだろう。

ヘレニズムにはローマの意思にあえて逆らう国・共同体はなくなった。ほんの数十年前にはローマという国のことを歯牙にもかけていなかったであろう諸国・諸共同体のなかに、今やローマに比肩する権威を備えるものはない。それらの諸国・諸共同体と従前の「友」なる関係を持続させつつも、事実上の「支配」をふるうことができるという自己認識を、前二世紀中葉のローマは持っていたことは疑いない。

この自信と自負が前章で見たように属州統治においては、ローマの新たな支配観をもたらすことに作用したのではないだろうか。

ところが、ローマ人が権威を大いに増大させたヘレニズム世界における諸関係自体が、前二世紀中葉頃以降は変質しはじめる。続いてその様相を見たうえで、それと属州統治体制との関わりについて考えてみたい。

3　紀元前一四六年

前二世紀中葉の三つの戦争

ここまで見てきたように、前二世紀初頭以降、ヘレニズム世界の諸国・諸地域はしだいにローマの権威に服さねば存続できない立場に追い込まれてしまった。ローマによる事実上の支配がヘレニズム世界を覆ったのである。

その一方で、前二世紀中葉までローマはここに属州を設置することはなかった。たとえば第三次マケドニア戦争で大敗北し、王朝が途絶してしまったマケドニアですら、四つの共和国に分割されはしても属州化はしていない。シリア王国もエジプト王国も、前一八〇年代以降はローマに逆らうことはできなかったし、アイトリア同盟やアカイア同盟もかつての影響力を失った。それでもこれらの諸国・諸同盟は政治的自立性を失うことはなかった。現実にローマの権威に服するとはいえ、王国では君主による統治が、ポリスでは市民による政治体制が存続した。そしてこれら諸国・諸同盟は依然として「ローマ人の友」でありつづけた。

しかしその状態は前二世紀中葉に大きく変わりはじめる。この時期、ローマはほぼ同時に三つの戦争に突入した。第四次マケドニア戦争、アカイア戦争そして第三次ポエニ戦争である。

属州マケドニアの設置

第四次マケドニア戦争は、ローマに大敗したペルセウス王の遺児を名乗るアンドリスコスなる人物が、王朝を再興して自らマケドニア王位に就くことを要求したことから始まった。マケドニアの共和国でも、しだいにアンドリスコスを推して王朝を復活させる気運が高まる。アンドリスコス率いるマケドニア軍は、一度はローマの鎮圧軍を壊滅させるほどの勢いを得たが、最終的にローマ軍に敗北し、アンドリスコスはローマ側に捕らえられた。

問題はこの先だ。戦後の前一四六年、ローマはマケドニアの四つの共和国を解体して、属州マケドニアを設置したのだ。

コリントの破滅

一方、アカイア同盟とローマとの関係が再び悪化し、前一四六年に両者は戦争に突入した。軍事的には両者の優劣はあまりにも明らかであった。ローマ軍はアカイア同盟の主要ポリスであるコリントを一気に攻め落とした。長い歴史を持つこの都市は徹底的に破壊されて焼き払われた。住民の多くは殺され、また奴隷として売却された。かつてアカイア同盟の指導者の一人であったポリュビオスは、戦闘後のコリントに入り、数々の文化遺産が無知なローマ兵によって蹂躙されるさまを目撃し、悲しんでいる。また彼はコリントのかつての指導者の名誉を守るため、元老院から派遣された委員団と交渉した。しかしその一方で、彼はコリントの破滅を「ギリシア人は自らのとった行動が原因で破滅したのだと見なさざるをえない」（ポリュビオス『歴史』第三八巻第一章第三節。城江良和訳）と述べている。

戦後、アカイア同盟の独立自体は残った。だが、同盟の勢力圏は縮小され、ローマへの貢納が課せられた。アカイア同盟はこれ以降、ヘレニズム世界の国際関係で役割を果たすことはなかった。

カルタゴの申し開きと謝罪

そして第三次ポエニ戦争である。

第二次ポエニ戦争後、カルタゴはその富によって国力を回復しつつあった。しかし、もはやローマの意思に逆らう姿勢を持っていなかったことは、前に挙げたヌミディアとの衝突の例からも明らかである。そのカルタゴにローマは三度目の戦争を仕掛けた。仕掛け人は、あの大カトであったと伝えられる。

（著者補足：大カトは）元老院で、トガをたくし上げて、リビュア産の無花果《いちじく》をわざと落とした。その大きさと見事さに一同が驚いていると、大カトは言ったそうである、「これを産するのは、ローマから船で三日の所だ」。さらに激しかったのは、何を述べても論じても、締めくくりには必ず、「カルタゴは滅ぼさねばならぬ」とつけ加えたことであった。

（プルタルコス『英雄伝』「マルクス・カトー」第二七節第一〜二。柳沼重剛訳。表記を一部変えた）

第二次ポエニ戦争の講和条件の一つに、カルタゴはローマの承認なしにアフリカにおいて戦争を行ってはならないというものがあった。ところが前一五〇年代に入って再びヌミディアと領土をめぐって戦争が勃発し、ローマはそれを条約違反と咎めた。カルタゴはいくども元老院に使節を送って、申し開きと謝罪を行った。それを冷たくはねつけたローマにカルタゴは追いつめられていった。カルタゴの指導者たちは事態を憂慮して、全権を与えた使節をローマに送った。

ところがカルタゴを出た使節の一行がローマに着いてみると、すでに開戦決議が行なわれ、二人の司令官が軍隊を率いて出発した後だったので、使節たちはもはや思案していられる状況ではないと判断し、祖国をローマの信義にゆだねることを申し出た。

（ポリュビオス『歴史』第三六巻第三章第九節。城江良和訳）

ここでまたもやデディティオが現れる。しかもまだ実際に戦闘が始まる前の段階においてだ。カルタゴがいかに強く戦争回避を願い、そのためには無条件にローマにすべてを委ねることすら辞さなかったかということが見てとれる。

ローマはカルタゴのデディティオを受け入れた。そしてカルタゴ人に自由と法と財産の所有を認めた。ところがその後、ローマはカルタゴ名士の息子たち三〇〇人を人質として差し出すこと、ついですべての武器を放棄することを要求した。カルタゴはそれらすら呑んだ。

その後、ローマはカルタゴ全市を海岸から内陸へ移動させることを命じた。

カルタゴは海上交易で繁栄した国である。海から離れ、港湾を失うことは致命的であった。この時点で、自国をどうあっても滅ぼそうとするローマの意図を悟らざるをえなくなったカルタゴは、前一四九年ローマに宣戦布告した。

属州アフリカの設置

カルタゴはよく戦った。三年もの間、ローマに包囲されながらもローマ軍を何度も危機に陥れた。宿敵であったヌミディアへ支援を要請し、マケドニアのアンドリスコスに協力してローマと戦うことを呼びかけさえした。

前一四七年、元老院は慣行を破って、まだ就任資格年齢に達していなかった若い人物を執政官に選ばせた。小スキピオである。これは元老院が戦況に危機感を持っていたことを示唆している。小スキピオは元老院の期待に見事に応えた。海側に巨大な要塞を建造し、カルタゴの食糧補給路を遮断した。カルタゴ住民は飢餓に追いつめられた。前一四六年春、小スキピオは総攻撃をかけた。その容赦ない攻撃と勝利後の厳しい戦後処理は、「はじめに」冒頭で述べたとおりである。

戦後、この地には属州アフリカが設置された。

このように前一四六年には地中海の東西で三つの戦争が終結し、結果として二つの属州が設置された。前一九七年のヒスパニア両属州の設置からじつに五〇年以上過ぎてのことであった。

4　ローマの新しい支配

前一六八年時点の地中海

ここであらためて、第三章冒頭で紹介したポリュビオスの言葉を思い出してみたい。彼は前二二〇年から世界のローマの覇権の下に屈する過程が始まり、それは五三年後に達成されたという。すなわち、ローマ帝国は前一六八年のマケドニア王国の敗北によって最終的に成立すると、ポリュビオスは考えているのだ。

たしかに前一六八年のマケドニア王家の解体以降、ヘレニズム世界では諸国家・諸共同体がローマの意思に抵抗することができなくなった。また地中海西部には、すでにシチリア、コルシカ・サルディニア、そして両ヒスパニアという四つの属州が広がっている。こうしてみると、ポリュビオスが言うように前一六八年の時点でローマの覇権が世界（＝地中海沿岸一帯）を覆い、ローマ帝国が成立したと言うこともできそうに思える。

しかし、ほんとうにそうだろうか。

ヘレニズム世界では、すでに前一八〇年代から、「ローマ人の友」である諸国家・諸共同体は、ローマの意思を命令として受け取るようになっていた。そして前一六八年のマケドニア王国の敗北によって、ヘレニズム世界の最後の大きな抵抗が頓挫した（実際には、前一世紀になってもヘレニズム世界でローマを苦しめる戦いが続きはするが）。

しかし、属州ではどうか。少なくともヒスパニアでは前一八〇年代には未だにローマ側が多様な先住民に対して、圧倒的に優位と言える状況はなかった。当時のヒスパニアではローマのプレゼンスはヘレニズム世界における以上に弱かったのだ。そのなかで、ローマが利用できた支配の形態とは、ローマ人がイタリアにおいて実績を挙げ、またヘレニズム世界においても成功した、表向き水平な関係に基づくものであった。前一七〇年代初頭にグラックスは、打ち破った相手を「ローマ人の友」と位置づけ、各共同体に基本的に従来どおりの自律性を認めることで、ようやくヒスパニア統治に安定を生み出すことができた。このことは、これまでの章で見てきたとおりである。

前一六八年時点では、ローマの覇権は、属州においては達成できていなかったのだ。

「滅ぼさざるべからず」

前一六八年以降も、ヘレニズム世界はローマの権威に諸国家・諸共同体が服するというかたちでの支配が続いた。それは現実の軍事力に裏打ちされたものではあったが、表向きはローマの権威に他者が自ら服しているのであり、したがってローマはこれら諸国家・諸共同体を、信義をもって守るべき、という価値観を伴っていた。しかし見てきたとおり、こうした価値観は前一四〇年代頃には失われていたようである。この頃のローマは、ヘレニズムのみならず地中海各地の諸国家・諸共同体を軍事的に制圧しはじめる。

その数年前、ヒスパニアでは二つの厳しい戦争が始まった。そのうちケルトイベリア人とローマとの間には戦争前の段階から対立があったと考えられる。それは「ローマ人の友」という立場の内実が変わってきていたことから生じたものではないかと、前章で指摘した。その背後に他者がローマに従属することが正当であるという、新しい支配観がローマ側で醸成しつつあったということも述べた。そして、そこには属州統治の現実が作用した可能性を指摘した。さらに本章でここまで見てきたことから考えて、ヘレニズム世界での「同盟者にして友」の立場の変化もまた、属州民に対するローマの姿勢を変えた要因であった可能性がある。

今や地中海の東と西、属州とそうでない地域について、差違よりもローマによる支配と抵抗への制圧という共通性の方が顕著となっている。

前一四〇年代初頭に地中海の東西で起こった三つの戦争のうち、少なくとも二つは決してローマにとって楽な戦いではなかった。しかしローマは結局三つすべてにおいて勝利した。現実にそれだけの軍事力を備えていたということであるし、また戦争中もローマから離反せずに援軍を送る諸勢力が各地に多数あったということでもある。こうして三つの戦争に勝ったローマは、従来のようにデディティオをとりつけた後に厳しい条件をつきつけたうえで敵を存続させる方法はとらなかった。そのかわりに、敵を徹底的に壊滅させ、焼き払い、生き残りを売却し、前一四六年には三つの敵地のうち二つには属州を設置した。

前一四六年以降もローマが前二世紀初頭以降ヘレニズム世界に対して用いてきた権威による支配形態を、そっくり捨ててしまったわけではない。現にシリアやエジプトなどは弱体化しつつも、前一世紀まで存続している。だが、いくつかの敵は、かつてなかったほどの徹底ぶりで叩き潰され、自律性どころか存在すら奪われたのである。

カルタゴについて、大カトはことあるごとに元老院で主張したという。「カルタゴ滅ぼさざるべからず」と。そのカルタゴのように、あるいはコリントのように、マケドニアのように、前二世紀中葉以降、いくつもの国や共同体がローマによって地上から消滅させられた。属州ヒスパニアでも、ヌマンティアが同じ目にあった。

属州での経験

前二世紀中葉、ローマは、変わりつつあった。

こうした変化の原因はなんだろうか。

むろん何度も述べたように、ローマの現実の国力が圧倒的に強大となったという点が、先ず挙げられる。

また、周辺諸国・諸地域からの要請に応えることが増え、それを果たすためには従わぬ相手を排除する必要が生じた、ということもあるかもしれない。

しかしむしろ、こうした支配関係の変化が起こった背後には、属州でローマが得た経験があったと、考えることができるのではないだろうか。それを示唆する事例を、ヒスパニアに関して私たちは見てきた。

命令権保持者たちはヒスパニアで富と名声を得るチャンスを認識した。そもそもヒスパニアが属州となる前に、大スキピオはそこでの勝利と凱旋によって、未だに執政官就任資格年齢にはるかに届かない年齢で輝かしい政治的名声を獲得し、前一九九年には監察官に当選した。

大カトは低い出自で、貴族フラックスの引き立てによって政治キャリアを上げた、と第二章で述べた。だが彼がそれに加えて、前一九五年のヒスパニアでの戦功で政治的名声を得たということも第四章で見てきた。前一六八年にマケドニアに勝利した将軍パウルスも、その前にヒスパニアでめざましい戦功を挙げ、前一八二年に執政官に選出されている。

そして小スキピオである。前一五一年に彼が初めて将校として従軍したのは、ヒスパニアにおいてのことであった。この時、彼はいくつもの軍功を挙げている。小スキピオは、前一四七年に最初の執政官に就任した時にはまだ就任資格年齢に達していなかった。前一四六年のカルタゴ陥落後、小スキピオは元老院で誰もが一目置く影響力をふるいつづける。前一四二年には監察官に就任した。そして前一三四年に、泥沼化していたケルトイベリア戦争の終結を期待されて執政官に再選された。同じ政務官職への再任は、前二世紀初頭以降禁止されていたにもかかわらず、である。小スキピオが共和政の政治ルールを破りつづけて、大きな権力を得ることができたのは、なによりも彼の属州で打ち立てた軍事的声望が大きかったからである。

ローマの「国益」

属州はまた、莫大な富をもたらした。

総督による搾取については、すでに何度か言及した。そしてまた富を獲得する可能性が属州総督のみではなく、商人たちにも、そして国家にもあったことも前章で見てきた。その際、鉱山経営の事例を挙げた。前二世紀以来、ヒスパニアの鉱山からは莫大な収益が期待されていたのである。こうした鉱山経営は、ヒスパニアと同じく初期に属州となったサルディニアでも展開した。

属州が教えてくれた鉱山開発のうまみは、属州外にもあてはまる。前二世紀のヘレニズム世界でも、ローマは各地の鉱山経営に介入していった。直接イタリア人、ローマ人が所有したか、あるいは国営鉱山経営を請負業者が請け負ったかはケースバイケースであるが、鉱山からの富をローマが吸い上げていったことには変わりがない。

鉱山資源だけではない。第三次ポエニ戦争前、カルタゴについての大カトの言動を思い出そう。彼はふところから見事なイチジクを取り出してみせては、人びとに「こんな見事なイチジクが、船でたった三日の場所に産している」とくりかえした。つまり、カルタゴ勢力圏の肥沃な土地を、ローマのものにすべきだという訴えだ。

それ以前に、ヌミディアとカルタゴの領土争いをローマはヌミディア有利に裁定した。「両者の正当性の是非ではなく、その方がローマの国益にかなうからという裁定役の判断であった」（ポリュビオス『歴史』第三一巻第二一章第六節。城江良和訳）。その少し前、エジプトの二人の王子の争いに関しても、ローマ元老院はローマがつけいる可能性を得るために、正当な理由もなく弟の王子の肩を持った。

このように、おそらくさまざまな要因を背景に、前二世紀中葉頃以降のローマの対外姿勢は変化し、そして「国益」のために他者と戦うことを躊躇しなくなったのであろう。

その国益とは、ローマの対外政策におけるものであったり、あるいは国庫を潤したりする場合もあり、また個々の軍命令権保持者たちにとっての益であった場合もある。私たち現代人からすれば、それは公私混同である。しかし思い出していただきたい。より大きな貢献を社会になす者は、より大きな自由を持つのがローマなのだ。属州やそれ以外の海外で軍を率いて戦う命令権保持者たちが、そこから大きな益を得ることは当然のことであった。

新しい支配の原則

前二世紀のヒスパニアにおいて、ローマ人は属州が富と声望をもたらすことを学んだ。そしてそれを可能とする合法的、効率的な属州統治体制を、しだいに確立していった。法的に自分たちの支配下に置かれたこの空間を、権威や信義によってではなく、合法的に制度的に統治し富を吸い上げることが正当である、という認識がローマ人のなかに醸成されたのが、前二世紀中葉頃のことであった。ケルトイベリア人に対して、「ローマ人の友」の再定義がその頃なされたと考えられることも、その変化と一致している。属州は今やローマ人にとって支配し、搾取する対象としての「友」となった。

この時期のローマ人は、貧しいルシタニア人に「友」と呼びかけて土地を与えると約束して虐殺した。敵に贈賄して、仲間を暗殺させた。あるいは餓死寸前に追い込んだ敵からデディティオを受け入れておきながら、その町を焼き払い、人びとを殺戮し、生き残りを売却した。ここに見られるのは、ローマの権威に従う「自由」を与える、「ローマ人の友」を尊重する、あるいは「信義に身を委ねた」相手を相応に扱う、かつてのローマ人とはもはや大きく異なる姿勢であった。

他者を支配し、搾取することから利益を得ようという姿勢は属州から始まったが、属州だけに留まらなかったのではなかろうか。現実にローマに従わざるを得ない状態に置かれていた地中海世界の他の部分についても、ローマはやがて同じ方法の支配と搾取をあてはめようとした。しかし属州ではない諸国家・諸共同体を、属州と同じくローマが統治することはできない。ローマにできたことは、ローマに刃向かってくる相手と戦うか、あるいは相手を刃向かわせるかであった。どちらの場合も結果は等しい。徹底的に攻め、デディティオをとりつけた後、都市を攻め滅ぼし、住民を奴隷として売り払い、土地を属州とすることであった。

前二世紀中葉には、地中海の東も西も、自立した相手であっても属州であっても、ローマのこの新しい支配の原則が当てはめられた。カルタゴに起こったことは、ヌマンティアでも起こった。それをもたらしたのは、同じ小スキピオであった。

新しい属州

ここまで見てきた経緯の最後に、前二世紀中葉以降の属州設置を挙げておく必要があろう。前一四六年に属州マケドニアと属州アフリカが設置された。その後、前一二九年に黒海沿岸のペルガモンに属州アシアが設置された。ペルガモン王が国土をローマに遺贈した結果である。前一二一年には現在の南仏に属州ガリア・ナルボネンシスが設置された。前一世紀になると、シリア、キリキア、カッパドキア、ガリアと、地中海沿岸から内陸にまで属州化が進行する。前七四年には、ビテュニア王国がローマに遺贈された。かつて争いあった黒海沿岸の二つの王国ペルガモンとビテュニアの遺贈は、狭まりつつあるローマの軛のもとで、ヘレニズムの小国がどのような方法で生き残りを図ろうとしたのか、ということを私たちに教えてくれる例であろう。

もちろん一円的に属州化がローマの支配形態となったわけではない。現に、前一世紀になっても紀元後になっても、自立した国家との外交関係も残る。とはいえ、ヒスパニア両属州以後は長らく属州設置がなかったことから比較すると、たしかに状況は変わってきていた。その変化はローマが属州ヒスパニアで経験したことから生じたと考えられる(図24)。

以上をふりかえっておこう。属州ヒスパニアにおけるローマ人の統治の確立過程と、へ

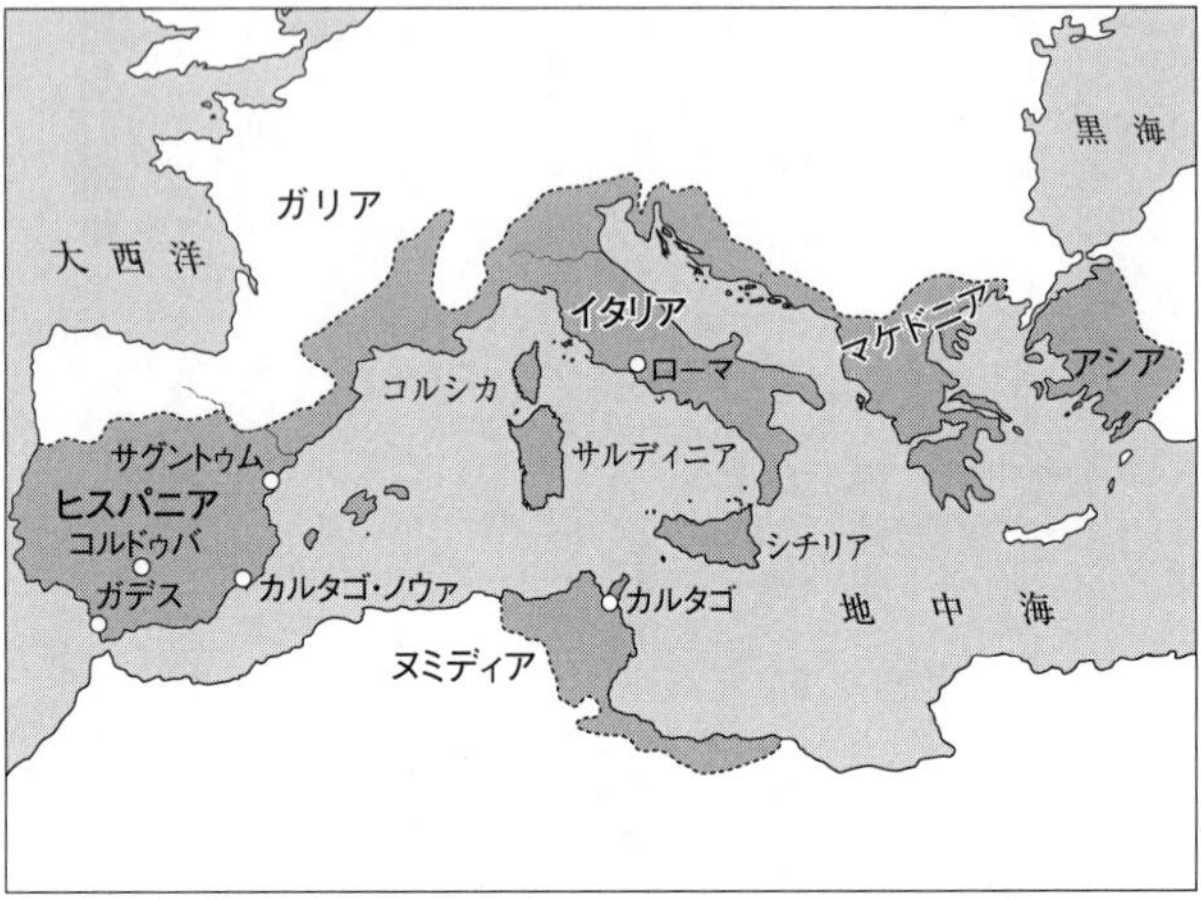

図24　前2世紀末頃のローマ帝国版図

Map of 2nd Century Roman Expansion (Illustration) - World History Encyclopedia (public domain)

レニズム世界におけるローマのプレゼンスの強化は並行していた。ヘレニズム世界における事実上の支配と、元老院議員の「神々」とまで称えられる権威の増大は、それまで他者との間に敵か同盟者という関係しか持たなかったローマ人の対外認識を変えていったと考えられる。そのことが、属州統治にも作用したと考えられる。この自信を背景に、すでにヒスパニアにおいて統治体制を拡充しつつあったローマは、前二世紀中葉頃までに属州民に対する態度を、「友」のそれから支配者のそれへと変えていったのではあるまいか。

　しかし、最終的にヘレニズム世界における、いやむしろ地中海世界全域におけるローマの支配形態の変化には、逆にヒスパニア両属州でローマが得た経験から多くの影響が及んだと考えることができる。属州という法制度的な支配の形態に、上下の関係という現実が追いつくなか、ローマはもはや地中海各地を制圧することを躊躇せず、各地への属州設置が推進されはじめたのである。そこから「属州の総体」としてのローマ帝国は出発する。つまり、ローマ帝国は前二世紀中葉頃に誕生したと、私は考えている。

第七章　ローマ帝国に生きる

前二世紀中葉頃、ローマ帝国が誕生した。それは、この国がたいへんな広がりの空間を支配下に収めたということだが、それ以上に重要なのは、この国の支配の原理がそれまでとは決定的に異なってしまったということである。

都市国家であったローマにとっては、他者との関係の原理は市民対市民の水平なものであり、ローマ市民団の意思は(その実体は元老院の意思なのだが)、ローマの権威に他者が従うことによって実現されるべきであった。法制度的に考えれば、それは支配=被支配の関係ではなかったのだ。前二世紀前半頃では、属州に対してさえその原則が適用されていたことは、「ローマ人の友」という属州民の立場が示している。しかし新たに生まれたローマ帝国においては、明確にローマ人が支配者であり、属州民は被支配者であった。

この支配の原理の変質は、ローマの社会構造の変質をも意味する。そして社会構造の変質は、さまざまな新しい問題や混乱を引き起こした。本章では、誕生したばかりのローマ帝国に生きる多様な人びとがどのような法的・社会的立場に立ち、そしてそこからいったいどのような諸問題・諸矛盾が生じたのか、そして人びとが困難な状況においてどうやって自分たちの生活を守ろうとしていたのかを見ていきたい。そのうえで、帝国の支配者――それもその頂点に立つことになった元老院が、これらの変化にどう対処しようとしたのか、という点を検討しよう。

1　変質する社会

都市国家ローマの社会構造

都市国家ローマの初期段階の社会構造については、第一章でごく簡単に言及した。ここであらためて少し丁寧に説明しておこう。

前三世紀前半頃までの身分闘争の結果、ローマ社会からは身分格差がほぼなくなった。ただし、旧来の貴族身分（パトリキ）が消えたわけではない。平民との政治的格差は解消されたとはいえ、パトリキの多くは平民を上回る経済力を保ちつづけたと考えられる。このパトリキの成員と平民富裕層成員が経済力を基盤に政務官職に就き、そのなかから元老院議員となる者が出た。経済と政治を事実上掌握したこのエリート集団を貴顕貴族などと呼ぶ。

一般の市民は、理屈のうえでは貴顕貴族と同じ政治的権利を持っていた。しかし現実には大半が中規模、小規模の農民であり経済力を持たない彼らが、政務官に就任したり元老院議員になったりするチャンスは限りなく小さかった。

このように、現実には市民社会内部には大きな格差があった。しかしそれでも、すべてのローマ市民が平等であるという理念自体は、やはりローマ市民社会の基本であった。そしてそのローマ市民の下に、古い時期から奴隷の存在があった。

こうした都市国家ローマの社会を簡単にモデル化すると、右上のような図になろう（図25）。この社会構造は、ローマ帝国の誕生によって左上の図のように変わった（図26）。

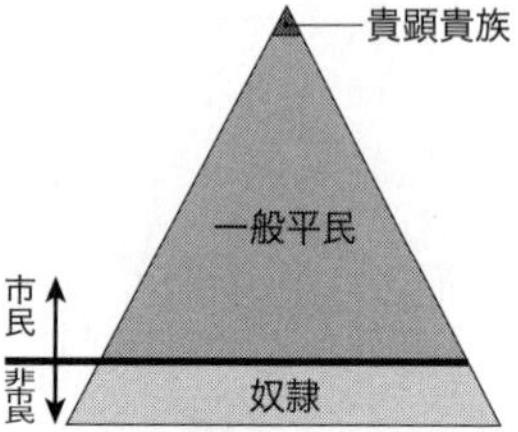

図25　都市国家ローマの社会

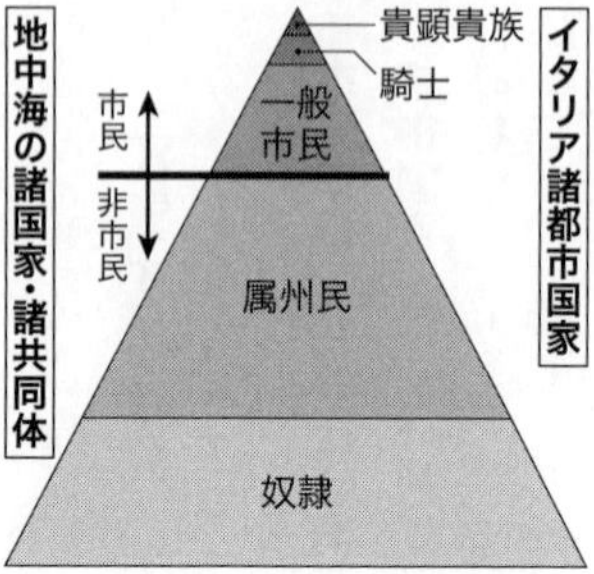

図26　ローマ帝国の社会

複雑化する社会

まず社会全体が膨張した。その最大の要因は、属州民という新しい要素がローマ社会に加わったことである。また、奴隷の数も大きく増加したと考えられる。なぜなら度重なる対外戦争や属州内の戦いにおいて生じた大量の捕虜は、多くの場合奴隷として売却されたからだ。奴隷の需要も増えた。この時期になると富裕な市民は各地で大々的に農場を経営するようになる。そこでは奴隷が労働力として使役された。またここまでで何度か取りあげた鉱山経営でも、多くの奴隷が用いられた。

ローマ市民内部では、貴顕貴族の下に「騎士層」が出現する。「騎士」というとヨーロッパ中世の戦士を思い浮かべるかもしれないが、この時期以降のローマにおいて「騎士」と呼ばれるのは、属州や周辺諸国における商業、請負業、金融業などの経済活動によって富を蓄えた人びとである。彼らはやがて政治的にも上昇し、貴顕貴族の地位に接近するようになる。

ローマ帝国の外に目を向けよう。前章で見たように、地中海一円の諸国・諸共同体がローマの権威に従うようになっている。他方、イタリアにはまだ多くの都市国家が存続していた。ローマと同盟関係にあったこれらイタリア諸都市国家も、現実にはローマに従う立場であった。本書ではローマ帝国を属州の総体として捉えている。しかし、帝国形成以降のローマが、その外側のイタリア諸都市国家や海外の諸国・諸共同体の利害と深く結びついていたという現実は看過できない。

このように、ローマ帝国形成期の社会は肥大化し、その構造は以前に比べてたいへん複雑になっている。そこにはさまざまな立場の違いを持った人びとが関わるようになっていた。

この重層的で複雑な帝国社会の支配者が、ローマ市民であることは間違いない。そのなかでも、市民社会のエリートである貴顕貴族は帝国社会全体の頂点に位置することになった。そして、貴顕貴族の成員が大きな部分を占めている元老院が、共和政の政治体制のもとでローマの国政を牽引していた。元老院は今や、都市国家時代のローマとは桁違いに巨大で複雑となったこの国の国政を動かすことになったのだ。

帝国住民の要請と元老院

だが帝国を牽引するというまさにその立場のゆえに、元老院にはたいへんな課題がつきつけられることになった。なぜなら、ここまで見てきたように帝国社会が非常に重層的で複雑になってしまったからだ。帝国の事実上の統治者として、元老院は社会のさまざまな部分に目を配り、それぞれの利害に配慮せねばならなくなった。

端的に言えば、それまでの元老院はローマ市民の利害のみを考えればよかった。しかも、利害といっても当時のローマには、私たちが考えるような社会政策や福祉といった概念はなかった。第一章で見たように、市民の生活は基本的に個々の家に任されていた。元老院が牽引する国政とは、立法や国庫の歳入出、対外関係、軍事、そして宗教（これは古代世界においては決定的に重要）といった社会の大枠に関わるものであった。そうした枠組み自体は帝国形成期にも変わらない。

しかし、この時期になると市民社会内部でさまざまな問題が生じ、市民の一部が請願したり、元老院の決定に従わなかったり、場合によっては騒乱を起こすといった事態となる。元老院は当初、このような事態に対しても、「自分のことは自分で」という伝統的な姿勢を崩そうとしなかった。しかし、現実はやがてそうした認識を覆し、元老院は一般市民のさまざまな要請に向き合わなくてはならなくなる。

元老院はさらに、属州について検討し決定せねばならない。すでに見てきたように、それは総督の派遣から始まって、先住民との戦い、先住民と総督の関係調整、税の徴収、現地での経済活動のあり方など多岐にわたった。

帝国の外の諸国・諸共同体との外交関係や、場合によっては戦争も重要な課題となった。前章で見てきたのでここでくりかえすことはしないが、各国・各共同体は元老院に対してさまざまな請願をなし、彼らの事実上の支配者である元老院はその請願に応えねばならなかった。これら諸国・諸共同体の利害はしばしば相互に対立していたので、それをうまく調整することは至難の業であった。

イタリア諸都市国家との関係も複雑であった。これらの都市はローマが地中海一円を支配下に収める過程でともに戦った同盟者である。こうした諸都市国家からのさまざまな不満や要求と対峙することが、元老院の大きな課題となっていった。

騎士層の台頭

このようにさまざまな難題を抱えることになった元老院であるが、それに加えてその立場自体が不安定となっていった。一つの要因は騎士層である。すぐ前で述べたように、騎士は貴顕貴族に近い立場を獲得しはじめていた。これは貴顕貴族からすれば、既得権を危うくされることを意味する。なにしろローマでは政務官は選挙で選出されるのだから、経済力を武器に政務官選挙に当選すれば、騎士層の成員も政務官に就任できるわけだ。そのことは、彼らに元老院議員への道を開くことをも意味した。早くも前二一八年、元老院議員とその息子に大型船舶の所有を禁止するクラウディウス法が成立した。元老院議員に大規模商業活動を禁止するこの法によって、商業や請負業などを経済基盤とする騎士層は元老院入りが難しくなり、結果として元老院と対立する政治要素となっていった。

突出した政治家と元老院

これに加えて、元老院はその地位を揺るがすもう一つやっかいな問題を抱えることになった。それは当の元老院自体の内部で生じたものである。ここまで何度か取りあげた事態を、ここで思い出してみよう。対外戦争や属州での軍事行動によって得た軍功をバネに、多くの軍命令権保持者が政治的影響力を強めた。彼らのなかには、元老院内部において抜きん出た発言力を得る者が現れる。大スキピオがそうであったし、大カトも、小スキピオもしかりであった。その他にも本書で取りあげなかった多くの者が同様の立場を得た。あるいは得ようとした。

この動向自体は、目新しいものではなかった。元老院内部には、常に突出した影響力を求める政治家がいたのだ。しかし問題は、この動向と対外関係とが結びついたことにあった。今や多くの政治家が立場を強化するために命令権を求め、積極的に戦地に出ては、場合によっては同じローマ人からも非難されるような無体な方法で勝利を得ようとした。あるいはもっと極端な場合、戦争を起こそうとさえした。これと並んで属州総督たちは、ローマでの政治活動に必要な富を求めて、属州民を搾取した。個々の議員がうまみのある場所での命令権を狙って、他の議員に抜け駆けしようとした。そのことを、私たちは属州ヒスパニアにおいて多くの事例を通して見てきた。

有能な将軍や政治家が元老院内部に多くいること自体は、望ましいことであったはずだ。だが、命令権保持者がローマの外で暴力や搾取をくりかえすことは、帝国社会に生きるさまざまな人びとの、帝国に対する不信を募らせることになりかねない。また、このようなやり方で声望や富を獲得しようとし、またそのために互いにしのぎを削っては、時に他の政治家を追い落とそうとする者たちが多数現れることは、元老院の調和を乱すことになった。

このように、ローマ共和政の政治と社会の要であった元老院は帝国形成期以降、二重の意味で危機に直面することになった。一つは多様で複雑な社会の要請に応えなければならなくなったことであり、もう一つはさまざまなレベルで現れてくる権力闘争によって安定した統治を維持することが難しくなっていたということであった。

元老院の置かれた危機的状況は、やがて帝国の政治危機へと通じることになる。その引き金となったのはなによりも、ローマに生きる人びとの抱えていた諸問題・諸矛盾であった。ついでその点を詳しく見てみよう。

2　市民社会の動揺

経済格差の拡大

貴顕貴族成員は、今や帝国社会の頂点に立っていた。彼らは政務官として、また元老院議員としてかつてなかったほどの政治権力を握ったが、経済的にもかつてないほどの豊かさを得ることになった。何度もくりかえすことになるが、属州総督として、あるいは戦場に出た命令権保持者として勝利を収めれば、時に莫大な富が彼ら個人の掌中に入った。これら貴顕貴族成員の多くは、今や広大な広がりを持つローマの国土において農地を買い、ないしは公有地を借りて、農業経営を行うようになった。

これと並んで騎士層成員からも、商業・金融業等で得た利益を農地に投下する者が現れた。彼ら富裕者は広壮な農園《ウィッラ》で多くの奴隷を使役して大規模な農業経営を展開する。こうした形態の農業経営は、当然市場向けの作物栽培を主眼とした。

ウィッラ villa というラテン語を語源とする現代のヴィラは、どちらかというと贅沢なしつらえの保養用別荘のイメージがある。ローマ時代のウィッラにもそういったものもあるが、農園としてのウィッラは、所有者の邸宅、農場、生産品加工用の作業場、倉庫、厩舎、奴隷居住棟などの設備が備わった農業経営用の複合施設であった。こうした農園で地中海の気候・土壌等に適した農作物――ぶどう、オリーブ、柑橘《かんきつ》、麦など――が生産・加工されて輸送・販売される。

富裕者によるこうした大規模農業経営は、ローマ史研究では「大土地所有制《ラティフンディア》 latifundia」と呼ばれ、それが帝国形成期以降に地中海の農業全体を変えるまでに展開した、と説明されてきた。最近の研究では、かつて信じられていたほどローマの農業が大規模農園経営のみとなってしまったのではないと考えられている。しかし貴顕貴族ら一部の富裕者が、帝国形成期以降の農業経営で大きな富を得たことは疑う必要がなかろう。彼らがさまざまな農業生産品をローマ市ばかりでなく、帝国各地に輸送・販売していたことが知られている。また農園だけでなく、各種の手工業品の生産も専用の作業所で行われるようになり、その製品も交易の対象となった。前にクラウディウス法が、元老院議員とその息子の大規模商業活動を禁止したと述べた。しかしじつは元老院議員は代理人を用いて、遠距離交易にも事実上従事していた。帝国の形成は富裕者の経済活動の幅を広げ、彼らの富を増したのである。

他方、多くのローマ市民には帝国化による経済的な恩恵はなかった。そのため一部富裕者層とその他の市民の経済格差は拡大した。いや、むしろ一般の市民たちのなかには、帝国化の過程のなかで経済状態が悪化した者たちも多かったと考えられる。帝国の支配者となったはずのローマ市民であるが、彼らの生活はむしろ困窮したという側面もあったのだ。

中小農民の没落

ローマ市民社会は中規模・小規模農民によって大半が占められていた。つまり、市民の多くは都市内に住んではおらず、農村部に住んでいたのである。

都市国家ローマは市民軍団制をとっていたということは覚えておられよう。ここまで見てきたローマの対外戦争その他の軍事行動の主軸は、市民によって編制されたローマの市民軍団であった。

しかしローマの帝国化の過程のなかで、この軍役の負担が市民に重くのしかかるようになった。かつて、戦争はローマ周辺の都市国家や共同体との間に起こった。このため、兵士として戦う市民たちは農閑期に戦場に出向き、数日から長くても数ヵ月戦って農繁期までには家に戻ることができたのである。

ところが多くの戦争がイタリアの外で起こるようになった。すると兵士たちは故郷を遠く離れて長期にわたって戦地で戦うことになった。たとえばヒスパニアでの戦いに従軍した兵士たちは、平均して六年間戻ってくることができなかった。また先住民との戦いの有無にかかわらず、属州には軍が常駐していた。つまり属州の数が増えれば、その分多くの兵士が必要となったのである。

家族のみ、またはわずかな奴隷をそれに加えての中小農業経営で、おそらく最大の労働力であったろう成人男性が、長い年数を留守にするのだ。むろん、なかには結局帰って来なかった兵士もいよう。残された家族にとって農業を続けるのは至難だったということは想像にかたくない。

さらに富裕者の大規模農園経営との競争に、中小農民は負けていった。大農園での農業労働者としての機会も、大量に使役された奴隷によって奪われた。その程度についてはさまざまな説があるが、大規模農園経営の出現によって、中小農民の自立した農業経営が困難となったこと自体は疑う余地があるまい。

この事態が農村出身者のローマへの流入を招いた。この頃、ローマ市では二度にわたって新たな水道の建設が進められた。これは都市で生活することを選んだ人口の増加が起因していると考えられる。

しかし都市に住みついた人びとが容易に職に就き、新生活を打ち立てられたわけではない。前二世紀中葉以降、ローマではしばしば穀物を入手できない住民が騒乱を起こすようになっている。貧民の増加が、このことの背後にある。

ローマがマケドニアやカルタゴ、アカイア同盟といった敵に勝利し、富を獲得したといっても、その富は一般市民の手にはほとんど入ってこなかった。豊かになったのは貴顕貴族や騎士層であり、実際に戦場で命を賭けて戦った市民はむしろ困窮に陥りさえした。しかしこの状況は、市民の生活の窮状という問題のみには終わらなかったのである。すでに述べたとおり、ローマ軍の主力は市民であった。市民の困窮はローマ軍の問題でもあった。

装備を自弁できない歩兵――市民軍団制をめぐる問題

正規軍はいくつかの軍団に編制されていた。一軍団はこの時期は、約二五〇〇人の歩兵と、数のうえではるかに少ない騎兵、工兵、楽士などの兵士によって成り立っていた。

一般市民の多くは歩兵であったから、彼らが軍団の大半を担っていたことになる。

前にも述べたように、ローマ軍は装備自弁であった。したがって、それぞれの市民の財産が、軍団における彼らの役割を決めた。一般市民の多くは歩兵としての装備――通常、剣と短槍、短剣、鎧、兜、盾――を自弁できる程度の財産を持っているという前提があったのだ。ところが、一般市民のなかに従来の生業であった農業経営を捨て、都市に流入したが生活が困窮して日々の食糧すら入手できない者が現れるとどうなるか。彼らはもはや歩兵としての装備を自弁できなくなる。それは軍団の要となる兵士の減少を意味した。

募兵忌避の動き

だが歩兵の減少だけが問題であったのではない。前二世紀中葉になると、都市住民が募兵を拒むという事態が伝えられるようになる。たとえば前一五一年、ヒスパニアに新兵を送るために執政官が募兵を行おうとした。すると反発した市民が騒乱を起こし、なんと護民官が執政官を投獄するという事態に進展した。

護民官という政務官のことを思い出していただきたい。身分闘争のなかで、この職は平民を守るために設立された。このため護民官には平民しか就任できなかった。また身体の不可侵および拒否権という、他の政務官にはない特殊な能力が備わっている。さらに護民官は平民会を主宰した。前三世紀のホルテンシウス法が、平民のみ参加する平民会の議決に国法としての効力を与えた、ということもすでに見てきた。

このように護民官はもともと、パトリキに対して平民を守り平民の利益を代弁するという闘争的な性格を備えていた。しかしこの性格は身分闘争後には必要なくなった。むしろ元老院は、護民官職が政務官階梯の下部に位置するという特徴を利用して（43頁図4参照）、この職に就いた若い政治家に、平民会で元老院の意思に沿った提案をさせた。若い政治家たちはこうして元老院の覚えめでたく、その後順調に政務官職キャリアを上昇することができたわけである。

少し説明が回りくどくなった。要は、このように長年元老院と協力関係にあった護民官が、前一五一年には、元老院の指示に従って募兵を行おうとした執政官を投獄したというのだ。同様の事件は、前一三八年にも起こった。これは一般市民のなかに募兵を忌避する動きがいかに強くなっていたのかを示唆している。この時期から、再び護民官のなかにこのような闘争的な動向を示す者がしばしば現れてくる。前一三八年には護民官が執政官を市民集会に呼び出して、不足している穀物の特別買いつけを元老院に提案するように迫るという事態も生じた。執政官が拒否しようとすると、集会の場の市民は彼をやじり倒した。

前一三〇年代以降にはグラックス兄弟が元老院と対立する。前一世紀には有名な反元老院的護民官のクロディウスが政局を混乱に陥れた。身分闘争とは異なり、彼らが代弁するのはすべての平民というよりも、貴顕貴族や騎士層といったエリート以外の市民であり、彼らが対立するのは元老院と、元老院の意思に沿った政策を打ち出そうとする上級政務官であった。

このように、市民軍団制をめぐる問題は、前二世紀中葉以降の政治問題へと展開したのである。

ローマ帝国の形成期以降、多くのローマ市民をとりまく状況は厳しいものとなっていったのだ。帝国の支配者であるはずの彼らの暮らしが、以前に比べて悪化していったというのは、帝国の誕生がもたらしたなんとも皮肉な結果と言えよう。

この点に関して、もう一つ重要なことを加えておきたい。帝国の支配者であるローマ市民のなかに困窮者が増えていった傍らで、被支配者である人びとのなかには一般のローマ市民よりも社会的・経済的に優位な立場に立つ者もあったのだ。次節で、属州およびイタリアとローマとの関係を概観しておきたい。

3　属州とイタリア

属州の先住民エリート

前章まで見てきたように、属州の支配体制は、実態面でも理念面でも前二世紀中葉にほぼ確立したと考えられる。この時期以降は、地中海一円に属州が矢継ぎ早に設置されていくことも述べた。こうしてローマ帝国を牽引する元老院は、属州を枠組みとした帝国支配を推進していく。

この属州統治のための装置として、属州の先住民エリートと総督、元老院議員との関係が構築されていったのである。いくら属州支配の理念が確立したとはいっても、わずかな下僚や側近のみを率いて現地に入った総督が属州を統治するという制度自体は変わらない。その総督にとっても、ローマにある元老院からしても、顔の見えない多数の属州民に直接働きかけるよりも、属州先住民の共同体や居住地における富裕者や名望家を手なずけ、彼らを通して間接的な支配を行うことの方が現実的だったのだ。属州の先住民居住地にはローマが認める限りにおいて自治が認められ、そこではこのような先住民エリートがローマ側の意思に沿うかたちで政治、行政を担ったのである。

先住民エリートの方にも、積極的にローマ側に接近し、ローマ風の生活様式を取り入れる人びとがいた。こうした人びとが指導的立場にあった居住地では、前二世紀末から都市空間の改変が見られる。それまでの居住地の構造や景観のかわりに、ローマ都市に似た構造が取り入れられ、ローマ風の大型建造物が建築される。

ローマ文化への接近

たとえばヒスパニア・ウルテリオルのコルドゥバを挙げよう。この都市は、ローマ総督によって前二世紀前半に建設されたと述べた。建設当初の景観は隣接する先住民居住地のそれとほぼ変わらなかったことが、考古学調査によってわかっている。居住者もおそらく前二世紀中は多くが先住民であったと考えられる。そのコルドゥバは前二世紀末頃に都市を大規模に改修して、ローマ風の姿に変わっていった。

居住空間の変化は、人びとの暮らしの変化に結びついた。一部地域では、やがて先住民はラテン語を話し、ローマ風の衣食住に親しむようになった。居住地の行政組織も、ローマのそれを模倣したかたちに整備されていった（図27）。

図27　コルドバのサン・ミゲル広場
コルドゥバはカエサル派とポンペイウス派の戦いの際にポンペイウス派を支持したため、カエサルによって徹底的に破壊された。したがって前1世紀中葉以前の建造物の遺構は地上に残っていない。今は教会とアパートに囲まれた小さく静かなこの広場には、前2世紀末にはコルドゥバの中央広場（フォルム）が置かれていた。広場周囲からは当時の住居、公共建造物の遺構とそれらを飾る装飾が出土している（著者撮影、2018年10月20日）

ストラボンは、次のように語っている。

　特にバエティス河流域に暮らすトゥルデタニ人は、ローマ風の生活をあまりにも全面的に受け入れてしまったために、もはや自分たちの言語を忘れてしまった（中略）こうしたイベリア人たちは、その生活様式からして「トガを着る人びと togati（著者註：ローマ人の意）」である。（ストラボン『地理』第三章第二節一五。ラテン語は原文からの著者の挿入）

このようなローマ風の生活様式や

制度の流入と定着は、ローマ史研究の場では「ローマ化」と呼ばれてきた。この概念については長い議論の歴史がある。それを踏まえて述べると、こうした「ローマ化」は、かつて考えられていたようにローマの先進的な文化によって先住民が「文明化」されたというものではないし、ローマ側からの押しつけによってローマ文化が先住民の文化に取って代わったわけでもない。

ローマ文化への接近は、各属州内のそれぞれの先住民共同体や居住地が自律的に選んだ結果であったと考えるべきであろう。ならば先住民の暮らしや制度がローマ風、イタリア風の特徴を帯びるようになっていったということは、それだけ属州民のなかにローマ風の生活様式を受容するのが得策という考えが広がったということになる。こうした意味での「ローマ化」が本格的に進展したのは前一世紀末以降のことであるが、すでに前二世紀後半から一部でその傾向が見られる。

属州エリートと元老院議員

この動向は、属州エリートの立場を上昇させることになった。

たとえば前二世紀末のヒスパニアでは、イタリア商人、ローマ商人と肩を並べて商業や流通、また鉱山関係の業務に従事する属州民が見られる。また少し時期が下るが、前一世紀前半にキケロが、属州シチリアで激しい搾取を行ったウェッレースを属州不当搾取金返還要求法廷で訴えた時、彼は有力な元老院議員の支援を受けてローマ市民権を獲得したシチリア属州民について言及している。

属州の先住民エリートのなかに、社会的、経済的に力をつけ、ローマ市民権を与えられるという一つの社会上昇パターンが生まれたのである。彼らのなかからは、やがてローマの政務官に当選し、ついには元老院議員に上り詰める者も現れる。が、それはまだ少し後の時期のことである。

一方、属州の居住地や共同体がエリートに牽引されてローマとの関わりを深めていくなかで、ローマ側の激しい搾取や弾圧が起こった時は、それを直接くらうのも多くの場合、エリートであった。前に挙げた総督ウェッレースによるシチリアの搾取において、彼はシチリアのエリートを恫喝して投獄している。このように総督の搾取や弾圧を受けた属州エリートは、自分たちの利害を代弁してくれる元老院議員を探し、自分たちの窮状を訴えるようになった。

また、エリート層はローマの元老院議員と友誼を結んでいるがゆえに、しばしばローマ人同士の闘争に巻き込まれた。次章で詳しく述べるが、前一世紀のローマ人有力者間の武力抗争は属州にまで及び、属州内の居住地、共同体が二つの陣営に分かれて戦い合うようになる。

こうした状況のなかで、属州エリートと元老院議員との間には、一蓮托生とも呼べそうな関係が生じてくることになった。

属州と政治

ローマ元老院にとって今や属州の、特に属州エリートの利害に配慮することは、看過できない重要課題となった。

しかし元老院にとっての属州が持つ政治的意味は、属州民との関わりに留まらない。すでに述べたように、属州には常に軍が駐留していた。統治が安定している属州には一軍団が駐留するに留まったが、政情が不安定な属州や外敵との戦いに直面している属州にはより多くの軍団が駐留した。駐留する軍団の内実にも差違があった。大半が新たに募兵された新兵で構成されている軍団もあれば、すでに一定程度の戦闘を経験している軍団もある。どの属州にどの軍団をいくつ送るのか、それは通常元老院の決定に委ねられた。

また属州に派遣される政務官ないし政務官格の保持者、つまり総督の問題がある。まず属州の数が増えたことが、困難をもたらした。

前にも述べたように、属州総督はもともと軍の命令権を持つ執政官か法務官であったが、やがて政務官格の付与が導入された。属州総督の派遣には元老院の意思が働いた。執政官を送るのか、法務官なのか、一年という政務官職の任期満了後、ローマに引き揚げさせるのか、それともそのまま政務官格保持者として総督の任務を継続させるのか、それとも誰か別の者に政務官格を与えて派遣するか。このような決定事項は、各政務官が属州での軍功と声望、そして富の獲得を期待するようになったがゆえに、単純に各属州の情勢のみによって決められるものではなかった。

第五章で見たことを思い出そう。前一四四年の二人の執政官はどちらも、ルシタニア戦争中のヒスパニア・ウルテリオルに派遣されることを願ったが、小スキピオがどちらもふさわしくないと切り捨てたために、結局前年の執政官であったファビウスが執政官格で総督に留任した。ファビウスが小スキピオの実兄であったことは述べたとおりである。このように、属州への総督派遣にはさまざまな利害関係や思惑がからみ、個々の元老院議員の立場や力関係に左右される政治要素となった。

この点に加えて、さらに属州に派遣される兵の徴募をめぐって争いが起こるようになったのだ。属州に関わる諸相は、帝国形成期以降の元老院にとって頭の痛い問題であった。

イタリア同盟都市のエリート層

イタリアには前二世紀中葉の時点で、未だに多くの都市国家が存続していた。同盟都市《ソキイ》である。これらは同盟の名のもとで現実にはローマの意思に服していたとはいえ、法的には自立していた。

したがって、ローマは表向きイタリア諸国家の内政に介入することはできなかった。しかし元老院議員は各国の貴族をはじめとするエリート層と友誼やパトロネジ関係を結び、彼らを通じてローマの対外政策を推進していた。他方、イタリア諸都市のエリート層成員は、ローマ人との関係によってさまざまな特権を得ていた。その一つがおそらくローマの公有地を占有できたことと考えられている。公有地は古くからローマ市民、特に富裕な貴族層に貸し出されており、時の流れとともにこれが占有者の所有物であるかのような状態を呈していた。それがローマ市民でないイタリア諸国家のエリートにも許されていたと、史料は示唆するのである。

こうして見ると、自らも都市国家のエリート層出身であったローマの元老院（と、その議席の大半を占めたであろう貴顕貴族）の成員が、名もない中小農民である一般のローマ市民よりも、イタリア諸国家の政治家や富裕な人びとの方に、ずっと親近感を持ったとしても不思議ではないかもしれない。

ローマ市民権を求める声

しかしローマとイタリア諸都市の関係は、前二世紀頃から変化した。第二次ポエニ戦争中にハンニバルの誘いをイタリア諸国家の大半が蹴って、結局ローマとの同盟関係を固持した時点では、ローマとイタリア諸国家は、理屈上は水平な関係にあった。前二世紀に入って対外戦争の拡大を経て、ローマの国力が強大になる。その頃のローマとイタリア諸国家の関係について、ポリュビオスはイタリア諸国家相互の関係にローマが干渉するということ、またローマが非常事態と判断した場合は、都市国家の内政にも介入するということを述べている。

ローマの対外戦争に同盟軍を供出してきたイタリア諸国家と、大帝国の支配者となったローマの得る富と権力にあまりに大きな差が生じてしまったのもこの頃からである。諸国家の人びとからすれば、ローマ人と肩を並べて戦ったというのに、勝利がもたらす果実はローマが独占したというわけだ。ローマ人は帝国の支配者であり、諸国家の市民はその同盟者にすぎなかった。

こうした変化を経て、前二世紀中葉頃からイタリア諸国家のなかにはローマ市民権を求める声が高まる。第二章で言及したムニキピウム、すなわちローマ市民権を獲得した都市となることを望んだのである。前四世紀にラティウム地方にムニキピウムが作られた時点では、自国の市民権を失ってローマ市民団に統合されることは、都市国家市民にとって受け入れがたかっただろう。しかし、今やローマ市民権の持つうまみは大きなものとなったのである。

だがローマの元老院は、個別の諸国家のエリートへのローマ市民権付与は認めたものの、それ以上の規模では要求を受け入れようとせず、彼らの不満に対しても真摯に向き合おうとしなかった。そのため、両者の関係は緊迫したものとなっていった。またローマ人の政治家のなかにもイタリア諸国家の要求を支持する者もあり、元老院の内外でイタリア問題が政治的対立の要因となった。

4 「父祖の諸慣習」

小スキピオの風紀取り締まり

ここまで見てきたように、ローマ帝国の誕生は都市国家ローマの社会的、経済的、政治的特徴を大きく変えることになった。つまり、従来の社会、経済、政治に矛盾が生じてきた、ということである。社会的格差の増大、ローマ市民の困窮、ローマ市民と属州民との立場の逆転、属州民やイタリア諸都市国家成員とローマとの関係の変化といったさまざまな変化が帝国化したローマにのしかかり、帝国に生きる人びとの暮らしを不安定なものとした。

当初、元老院はこうした諸矛盾を深く理解していなかったように見える。そのことを示す例として、ここでは前二世紀後半にローマ市民に向けられた、「父祖の諸慣習 mores《モレス》 maiorum《マイオールム》」への回帰という訴えについて考えてみたい。「父祖の諸慣習」とは、一言で言えばローマ人が先祖伝来守ってきた、伝統的価値観と道徳のことである。

前一四六年のカルタゴに対する大勝利の後、声望を増していた小スキピオは、前一四二年に監察官に就任した。彼は監察官在任中に、ローマ市民団に向けて、「父祖の諸慣習」を逸脱する行為を非難し、「父祖の諸慣習」に立ち返ることを求める演説を行った。

監察官についてはすでに簡単に触れているが、もう少し詳しくこの職の特徴を説明しておこう。監察官職は、ローマの政務官階梯のなかで執政官の上位に置かれていた。だが執政官やその下級の法務官とは違って、軍の命令権を備えていない。監察官の職務内容はまず五年に一度、ローマ市民の人口調査を執り行うことにあった（この作業に時間を要するため、監察官は例外的に任期が一年半）。現在の日本でも五年に一度国勢調査が行われているが、これを英語でセンサス census と呼ぶことをご存じの方も多いだろう。この語の語源は、ローマの人口調査（英語と同じcensusと書くが、ラテン語ではケンスス）である。
ただ現代とは異なって、当時の人口調査は単に国勢を明らかにするためだけが目的ではなかった。ケンススはローマ市民の総体（＝ローマ市民団）が五年ごとに再生し、それを神々によって浄めてもらうための、共同体にとって最重要の手続きだったのだ。それだけに監察官は政務官のなかでも特別に重要で神聖な存在と見なされ、政治的・軍事的手腕よりも、誰の目から見ても家柄の高さと人格の高潔さにおいてふさわしいと認められる人が選出されたのである。

そして、神々に市民団が瑕疵のない存在と認めてもらうために、監察官は市民の風紀取り締まりという職務をも負っていた。とはいえ、実際にすべての市民について風紀取り締まりを行うことはできない。現実には通常、監察官の取り締まりは貴族と騎士層の成員にのみ向けられた。

小スキピオも風紀取り締まりを行った。具体的には、華美な服装と同性愛で知られた若い貴族、第三次ポエニ戦争中に不真面目な態度と奢侈を隠そうとしなかった騎士、偽りの宣誓を行った騎士、そして第三次マケドニア戦争中に戦線離脱した百人隊長（歩兵小隊の長のこと）が罰せられた。これは監察官としては相当に厳しい取り締まりである。

かつて小スキピオと同様に厳しく風紀取り締まりを行った監察官が、約四〇年前にいた。

前一八四年に監察官に就任したあの大カトが、柔弱と奢侈、性的堕落を理由に多くの貴族、騎士を罰したのだ。その後、彼にはカト・ケンソリウス（監察官のカト、の意）という添え名がついたほどである。しかし、このように厳格さで知られた大カトも、市民団に向けてなんらかのアピールを行ったことは知られていない。

それだけに、小スキピオが市民団に厳しい非難を向け、呼びかけを行ったということは特筆に値する。では彼が「父祖の諸慣習」への回帰を市民団に向けて要求した背後には、どのような理由があったのだろうか。

市民団への警鐘

彼の風紀取り締まりの事例からヒントが得られる。第三次ポエニ戦争中の騎士の言動である。小スキピオの監察官在任期間は前一四二年から前一四一年であるから、第三次ポエニ戦争終結からすでに四年ほどが過ぎていた。にもかかわらず、この騎士は戦時の柔弱と奢侈を理由に罰せられている。もっと極端なのは第三次マケドニア戦争中の行動で罰せられた百人隊長の例であった。前一六八年に終結したこの戦争から、すでに二〇年以上たっているのだ。しかも百人隊長は貴族でも騎士でもない、一般市民である。

これらの例からは、戦争に対する消極的姿勢を許さないという、小スキピオの決意が読み取れよう。そのような言動を示す者は、騎士のようなエリートであろうと、百人隊長のような一般市民であろうと、そしてどれほどの時間が過ぎた後でも、ローマ市民団が神々からの承認を得るためには決して認められるものではないという、彼の強烈なアピールであったと考えることができる。

無事に人口調査を終えて、新たな共同体として再生したローマ市民団のための浄め儀式を最後に行った時、小スキピオは「市民団がさらに良きもの、さらに偉大なものとなるように」という従来の祈禱文を、「市民団が永遠に損なわれないままになしたまえ」と変更したと伝えられる。彼の目には「父祖の諸慣習」から逸脱しつつあると映ったローマ市民団に対する、小スキピオからの警鐘だったように思える。

監察官としての小スキピオの姿勢は、彼の他の言動とも一致している。前一五一年に募兵をめぐって執政官と護民官が対立し、執政官が投獄されたという事件を紹介した。この事件には続きがある。この騒ぎを知って憤慨した小スキピオが、すでにマケドニアへの使節に任命されていたにもかかわらず、それを辞退してヒスパニアでの軍団将校勤務を志望したのだ。

ポリュビオスによると、彼のこの申し出はたちまち大きな称賛を呼び、多くの若者が軍団将校としてヒスパニアに派遣されることを願い出た、という。募兵を恐れる多くの市民に対する小スキピオの見方は明らかであろう。なぜ市民は募兵を忌避するのか。それは、彼らが「父祖の諸慣習」から逸脱し、つまりはローマ市民の伝統的価値観を忘れ去って、奢侈と柔弱に溺れ、戦うことを恐れているからだと、まだ若かった（三〇代前半であった）小スキピオは考えたのであろう。そのため、自らローマ市民のあるべき姿を示そうとした。その彼を称賛し、彼と行動をともにしようとした若者たちは、貴顕貴族と騎士層の出身者であった（一般市民は軍団将校にはなれない）。前二世紀中葉、困窮する一般市民に対して、ローマ帝国を牽引する者たちは、こうした理解に留まっていたのではないだろうか。

しかし、そうでない者たちもエリート層のなかに現れつつあった。小スキピオが監察官職を無事に終えてから一〇年たたぬうちに、一般市民の救済を標榜する一群の政治家が出現する。このことは、都市国家的、共和政的な伝統的価値観に立脚した元老院による帝国統治に、混乱と対立を生み出すことになった。そして、しだいにローマ共和政は機能不全に陥りはじめるのである。

第八章　「内乱の一世紀」

前二世紀中葉頃、さまざまな難問の続出にもかかわらず、全体として元老院統治は安定していたと言ってよいように思う。しかしその足下で深刻な政治闘争の芽が生じようとしていた。元老院と貴顕貴族が「父祖の諸慣習」からの逸脱としか見なそうとしなかった社会問題を政治問題に転換し、新しい政策を打ち出す政治家たちが登場するのである。

この新しいタイプの政治家たちの主張と行動は、多数の元老院議員と貴顕貴族成員から反発を呼んだ。政治家相互の非難の応酬や対立が強まり、それは政治闘争、暴力、集団的な抗争へと通じることになった。

こうした動きは前一三〇年代から顕著になり、前一世紀末頃まで約一〇〇年続いたので、この時期は「内乱の一世紀」と呼ばれる。

この章では、帝国の成立後にローマが内乱を経て新しい体制に移行するまでの約一〇〇年を見通し、そこで何が起こったのかを概観していくことにする。まずは、前一三三年に始まったグラックス兄弟の政治改革と、そのローマの政界への影響から始めよう。

1　グラックス兄弟の改革

一般市民の救済

グラックス兄弟の政治改革は、高等学校の世界史Bの教科書には必ず取りあげられているので、知っているという方も多いだろう。ただ教科書では彼らの改革の目的、方法、結果についてあまり具体的に説明はされていない。それを明らかにするために、ここではまずグラックス兄弟自身について見ておこう（図28）。

図28 「グラックス兄弟」
この彫刻完成の前年、フランスではルイ・ナポレオンのクーデタによって第二共和政が倒れ、ナポレオン3世の第二帝政が開始された
ウジェーヌ＝ギョーム J-B.C.（1853）。オルセー美術館所蔵（Jean-Baptiste Claude Eugène Guillaume, Public domain, via Wikimedia Commons）

グラックス兄弟の父親については、ヒスパニアの歴史を語るなかで取りあげたことを覚えておられよう。あの、先住民と「グラックスの条約」を取り交わし、彼らを「ローマ人の友」とした将軍である。この父からもわかるように、グラックス家はパトリキではないが貴顕貴族の一員として代々執政官や元老院議員を輩出している。

ローマの貴顕貴族は、お互いに密接

な婚姻関係を持っていた。じつは本書でここまで紹介してきた人びととグラックス兄弟とは、さまざまな血縁関係や姻戚関係で結ばれているのだ（図29）。

特にグラックス家とスキピオ家の間には幾重もの関係が結ばれていた。小スキピオとグラックス兄弟は（小スキピオの養子縁組により）従兄弟関係にあたり、また兄弟の姉は小スキピオの妻であった。兄のティベリウスはキャリアの最初の一歩を、小スキピオ麾下の軍団将校として第三次ポエニ戦争で踏み出している。

だが貴顕貴族の典型とも言える家柄と人的関係にもかかわらず、兄弟は小スキピオとは反対に、一般市民の救済をめざして政治改革を推進しようとした。彼らの動機はなんだったのか。この問いについては、研究者の間に長い議論があり、決着をつけるのは簡単ではない。グラックス兄弟の政治改革についてはっきりと言えることは、その内容が一般市民の利害に強くコミットしていたということである。そして彼らが訴えた一般市民の窮状は、現実のものとして社会のなかで一定程度認知されていたはずである。そうでなければ、何をめざしたにせよ、彼らの改革は人びとの支持を集めること自体ができず、単なる空回りに終わった可能性が高い。

では、兄弟の改革の中身はなんだったのか。兄のティベリウスと弟のガイウスが打ち出した改革案の内容は一部重なるが、一部は異なっている。

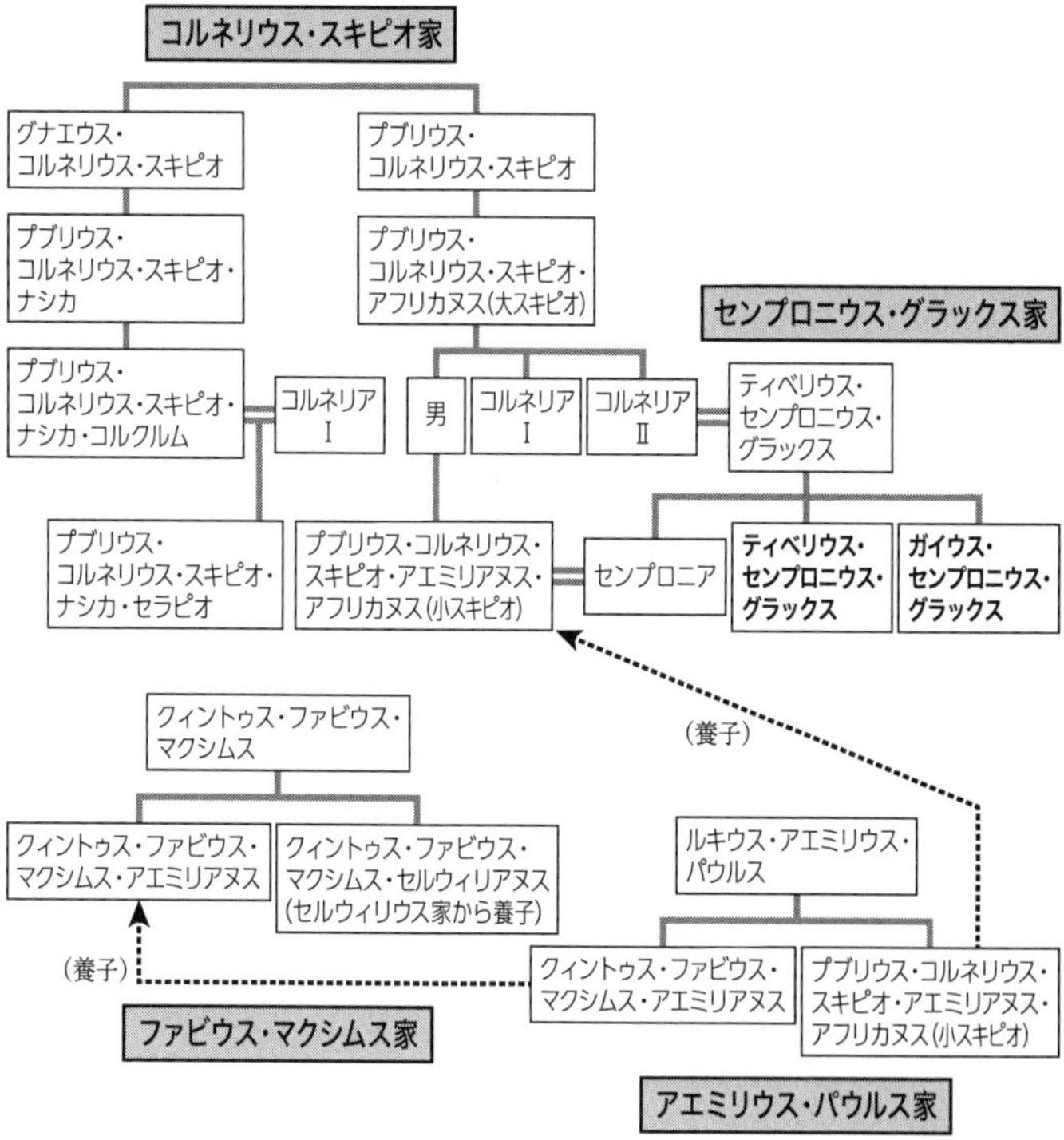

図29　グラックス周辺の家系図

＊ローマ人男性の名は通常、個人名・氏族名・家名の３つで構成される。しかしこれに加えて、しばしばなんらかの特徴を示す（たとえば大きな功績。あるいは養子となった場合は実の親の名など）、添え名が加えられることがあった。たとえば小スキピオの場合は、①プブリウス（個人名）・②コルネリウス（氏族名）・③スキピオ（家名）・④アエミリアヌス（実家の氏族名から）・⑤アフリカヌス（カルタゴに対する勝利を称えて）と、なっている。④と⑤が添え名。これに対して、女性の名は氏族名を女性形に語尾変化したものだけだった。したがって、たとえば大スキピオの２人の娘の名はどちらもコルネリアである

公有地の分配――ティベリウスの改革案

前一三三年に護民官に就任したティベリウスの改革案の最大の目玉は、非合法に占有されている公有地を国家が回収し、それを市民に分配するというものであった。

ここで、第一章で取りあげたリキニウス＝セクスティウス法（前三六七年）を思い出す必要がある。この法は、市民一人あたりが公有地を五〇〇ユゲラ（約一二五ヘクタール）までしか借地できないことを定めた。ところがこの法は前二世紀には有名無実化していたとみえ、実際にははるかに広い公有地を借地し、しかもそれをあたかも私有地であるかのように占有していた者たちが多数いた。ティベリウスはそこに目をつけ、法の定め以上に占有されている部分を返還させて、それを市民に再分配するという法案を平民会に提出しようとした。

元老院はこの法案提出に反発した。公有地を大規模に占有していた者の多くは、他ならぬ貴顕貴族だからである。ティベリウスは反発を予想しており、五〇〇ユゲラに加えて息子一人につき二五〇ユゲラ、最大一〇〇〇ユゲラの占有を認め、それ以上を国家が買い上げる、という提案を行う。相当の妥協と見てよい。しかし元老院は、ティベリウスになんとか法案提出を思いとどまらせようと説得に努めた。ティベリウスが説得に応じないと、次に彼の同僚護民官に、法案提出への拒否権を発動させようとした。

護民官は身分闘争後にかつての闘争的な性格を失って、むしろ元老院の道具として機能し、時に元老院の意向に従って他の政務官に拒否権を発動した、ということを前章で述べた。今回もその手法で、元老院はティベリウスの改革を潰そうとした。

ティベリウスは拒否権を行使しようとする同僚護民官オクタウィウスを説得して、拒否権発動をやめさせようとしたが、不調に終わった。この先が、大問題となる。ティベリウスは、平民会にオクタウィウスの護民官職からの罷免を提案したのだ。これは前代未聞であった。政務官は民会で選出されるとはいえ、神聖な存在である。罷免できるのは、選出および任命手続きにおける宗教的手順が正しくなかったことが明らかになった場合のみであった。オクタウィウスの場合、むろんそれにあたらない。

ティベリウスにも強い躊躇いがあったとみえ、彼は平民会の壇上でオクタウィウスを抱き、拒否権発動を思い直してほしいと、涙ながらに懇願したという。オクタウィウスの方も涙を流しながら、ティベリウスの願いを断った。こうしてローマの歴史で初めて、護民官が罷免された。

その後、公有地分配法が可決した。「農地に関するセンプロニウス法 lex《レクス》 Sempronia《センプロニア》 de《デ》 agraria《アグラリア》」である（ローマの法律は一般に、その法案を提出した政務官の属する氏族の名で呼ばれる。グラックスの氏族名はセンプロニウス)。そして非合法に占有されている公有地の査定と回収および市民への再分配の作業を担当する、三人の公有地分配委員が選出された。ティベリウス本人と、彼の岳父であるプルケル、そしてティベリウスの弟のガイウスの三人だ。

ティベリウスの殺害

ティベリウスはさらに元老院を刺戟する法案を平民会に提出した。ちょうど同年に死去したペルガモン王がローマに遺贈したペルガモンの国土を売却して、占有地分配のための資金に使うことを求めたのである。

そしてもう一つ。ティベリウスは前一三二年の護民官職に立候補した。政務官の再選は原則ない。たしかに執政官についてはこのルールが免除されることがあった。しかし膠着したヌマンティアとの戦いを終わらせるために小スキピオが執政官に再選された時には、元老院内部からは強い反対があった。政務官が再任できないからこそ、通常は政務官格という方法がとられる。いずれにしても軍命令権のない護民官の再選はまったく前例がない。

ティベリウスが再選されることが決定的と予想されていた護民官選挙当日、数名の元老院議員が執政官に対して、選挙を中止させるように求めた。執政官はこれを拒んだ。するとこの数名の元老院議員たちと彼らの取り巻きは、議場におしかけてティベリウスと彼の支持者の多くを殺害した。

穀物の配給――ガイウスの改革

ティベリウスの死の一〇年後、前一二三年に弟のガイウス・グラックスが護民官に就任した。彼は再び公有地分配に関する法を導入した。

一〇年の間に、公有地分配は遅々として進んでいなかった。そもそも占有地の査定がうまくいかなかった。無理もないだろう。占有地は長い間、私有地のように扱われ、最初の借地人がそれを分割して第三者に譲渡している場合もあった。どの土地を誰が借地したのかを洗い出す作業だけでも、おそらく気が遠くなるほど困難であったろう。むろん占有者が協力的であったはずがない。

この状況を踏まえて、ガイウスは兄の改革を再確認するために、「農地に関するセンプロニウス法」を再び可決させたのである。

しかしガイウスの改革は、それで終わらなかった。彼は「穀物供給に関するセンプロニウス法」も導入した。この法は都市ローマに住む一定数の市民（人数は不明）一人あたりに、毎月五モディウス（一モディウスは約九リットル）の小麦を、市場価格より安価に国家が販売することを定めたものである。前にも述べたとおり、元老院はよほどの非常時でない限り、食糧政策を持たなかった。ここでローマ史上初めて、国家が市民の基本食糧である穀物の配給を開始したのだ。この政策をキケロは次のように厳しく非難している。

ガイウス・グラックスは穀物供給法を提唱した。民衆にとっては喜ばしいことだった。苦労もせずに食糧の豊富な配給を受けることができるのだから。優れた市民たちは抵抗した。市民が努力せずに怠惰になると考え、国庫が空になるように思われたからだ。（キケロ『セスティウス弁護』第四八章第一〇三節。宮城徳也訳。一部表記を変えた）

また、「軍事に関するセンプロニウス法」が定められた。これは一七歳未満の募兵を禁止するとともに、伝統的な装備自弁を改めて、装備を国庫負担とするものであった。

さらに新しい植民市《コロニア》の建設を決定した。また、あの破壊されたカルタゴの跡地に新たに建設される植民市へ、六〇〇〇人のローマ市民を選定して送り出した。植民市に送り出された市民には、現地で農地が割り当てられた。

騎士の経済活動の保証

以上の施策は、明らかに市民の救済という方向を示している。しかし、翌前一二二年に護民官に再選されたガイウスは、別の法も導入した。属州不当搾取金返還要求法廷を改革する法である。ここまでも言及したように、この常設法廷は属州総督による属州民からの不当な搾取を裁くために設置された。審判人は元老院議員であったが、新法は騎士層から審判人を出すことを定めた。従来、被告（元総督）と審判人がともに貴顕貴族成員であったこの法廷は、うまく機能しなかったようなのである。グラックスの新法以降、騎士層成員が審判人となることで、当該法廷はようやく元総督を公正に裁くものとなった。

しかしこの法には、それ以上の意義があった。多くの騎士層成員が、属州で請負業者や商人、金融業者などとして活動していたが、その活動範囲や内容は、元老院と、とりわけ現地での属州総督の決定・監督下にあった。それは、属州の騎士層成員の経済活動が、貴顕貴族出身者によって阻害される可能性を意味していた。今や騎士層が属州総督を裁判で裁けるようになって、属州における騎士の経済活動が法的に保証されえることになった。こうしてクラウディウス法以降、元老院議員から疎外されていた騎士層成員は、元老院と対峙しえる政治権力を握るようになったのである。

さらにガイウスは、ラテン権を持つイタリア人にローマ市民権を付与する法案を提出した。

これらの試みは、元老院に対抗して、新たな政治的グループを開拓する試みであったと考えられる。ガイウスは、兄の政治改革の経緯を目の当たりにして、元老院に対抗しうる支持者を集め、法的に、また社会的に（ラテン権諸都市市民は、ローマの民会にも元老院にも決定権は持たないが、影響力は発揮しえた）元老院の介入を防がなくては改革を推進することができないと考えたのであろう。

「専制独裁者の排除」

騎士層やラテン権諸都市市民が実際にガイウスを支持するようになったかどうかは、史料からはわからない。しかし元老院がガイウスを危険視したことは間違いない。元老院は前一二二年の護民官にガイウスの法案に対抗する法案を提出させ、さらに執政官オピミウスにガイウスの立法を廃止させようとした。この手続きの場で、執政官の先導吏が激高したガイウスの支持者の一人に殺害された。

元老院は、「あらゆる手段を使って国家を護持し、専制独裁者を排除すること」（プルタルコス『英雄伝』「グラックス兄弟」第三五節三。城江良和訳）を、執政官に命じた。後に内乱のなかでいくども、元老院から危険視された人びとに向けられた元老院最終議決が、ローマ史上初めて発動されたのである。オピミウスは兵を率いてガイウス一派を追いつめた。ガイウスをはじめ三〇〇〇人もの人びとが殺害され、財産を没収され、家族は服喪を禁じられた。

ティベリウスとガイウスの違い

こうしてみると、「グラックス兄弟の改革」といっても、ティベリウスとガイウスの改革には違いがあり、その最期も相違している。ティベリウスにはおそらく元老院統治に対抗する意図はなく、公有地分配によって市民を救済することのみを目的としていた。

だがティベリウスが殺害された理由は公有地分配にあったのではない。それはまず護民官の罷免であり、ついで海外の土地・財産の平民会による処理を試みたことであり、最後に護民官の再選であった。この三つはすべて従来の共和政の政治慣行を逸脱していた。この三つを前提に、彼を殺害した数人の元老院議員らは、彼が王冠を要求していると主張したと、伝えられる。しかし元老院も執政官もそのような非難に同調はしていない。彼の死はリンチであったのだ。ティベリウスの殺害者であるナシカ・セラピオは元老院によって追放刑に処された（彼はティベリウスの従兄だった）。

しかしティベリウスの死が、元老院とその統治体制に対抗する政治家という構図を生み出したことは否定できまい。

ガイウスも兄と同じく市民の利益を重視する改革をめざしたが、同時に元老院の政治的影響力を弱めるさまざまな方策をとった。改革を推進するためには、元老院統治体制を弱体化させる必要があることを、彼はおそらく認識していたのだ。元老院の反応も、ティベリウスに対するそれとは明らかに異なっている。元老院はガイウスに国家を転覆させる意図を見出し、専制独裁者と呼んだ。彼は反逆者として元老院から糾弾され、事実上処刑された。「元老院はガイウス・グラックスと彼の支持者を、元老院統治に対抗する反体制派と位置づけたのである。

門閥派と民衆派

グラックス兄弟の死後、前二世紀末から前一世紀にかけてローマの政界では、市民の救済と市民軍団制の再生をめぐって元老院の内外で厳しい対立が続いた。その対立は史料のなかで常に、元老院による集団統治体制を維持しようとする人びとと、民会決議によって元老院に優越する決定権を行使しようとする人びととの闘争という構図を伴って描かれる。そこでは、元老院統治を維持しようとする人びとは自分たちを「優れた市民」「最良の人びと optimates《オプティマーテース》」と称し、これに対抗する人びとを「民衆の人気を得ようとする者 populares《ポプラーレース》」と呼んでいる。日本語ではよく前者を門閥派、後者を民衆派と訳す。

キケロは、次のように述べている。

この国には常に、国家の利益《レス・プブリカ》に関わって、そこで卓越した業績をなそうとする二つのタイプの人々がいたのだ。そのうち一つは民衆派、もう一つは門閥派と見なされて、どちらもそう見られることを自ら欲していた。自分たちの行為や言動が民衆から良しとされることを望む者たちが民衆派であり、自分たちの意図が最良の人々に認められるように行動する者たちが門閥派である。

（キケロ『セスティウス弁護』第四五章第九六節。宮城徳也訳。一部表記を変えた）

こうした史料を踏まえて、グラックス兄弟の改革から先のローマは門閥派と民衆派という二つの党派の抗争の時代に突入した、とかつては説明されてきた。

しかしこの説明は、さまざまな方面からの批判によって現在はほぼ受け入れられていない。ここでは、特に重要ないくつかの批判点のみを紹介しておこう。まず、「党派」という用語に誤解を招く面がある。この用語は私たちに近現代の政党を思い起こさせるが、門閥派も民衆派も政治団体ではない。ただ、ローマの社会や政治についてある程度同じ方向性を持つと見なされる人びとが、門閥派とか民衆派と呼ばれただけのことであった。

もう一つ。民衆派と名指しされた政治家たちは、決して民衆の出自であったわけではない。グラックスがそうであったように、彼らの多くは貴顕貴族であるか、それより低い出自であっても騎士層成員であった。

　最後に、史料自体の問題に触れよう。民衆派や門閥派という語を私たちに伝える主な史料はキケロの著作である。キケロはまさに内乱の時代を生き、自らも政争のなかで重要な役割を果たした政治家なので、現存するその膨大な文章が一級の史料であることは間違いない。その一方で、彼自身がもともと強硬な守旧派、つまり元老院統治の信奉者であったので、元老院の意向に反する政治家や政策に対してはきわめて敵対的な傾向があるのだ。彼にとって門閥派とは、「数え切れない」人びと、すなわちごく当たり前のローマ市民であった。そして国政においてそうしたローマ市民の意思、利害また信念を守ろうとする政治家が、門閥派の政治家なのだ。対して、現体制を良しとしないわずかな人びとと、彼らの意思を代理する政治家が民衆派ということになる。この政治家たちは、体制を逸脱した民衆に迎合することで元老院統治に対抗し、集団統治に対置される単独の権力を掌握しようとする。そのためには、共和政の慣行を破ることも、暴力をふるうことも、また国庫を枯渇させることも辞さない、とキケロは激しく非難する。

　このように、もともと門閥派と民衆派という語にはバイアスがある。特に民衆派の方は、あくまでも門閥派（をもって自らを任ずるキケロのような人びと）から、ネガティヴな意味でそのように呼ばれた人びとであって、彼ら自身が自らを民衆派と名乗ったわけではない。

したがってグラックスの改革以降のローマの政局を、政治団体間のものであれ、階層や身分間のものであれ、門閥派と民衆派の闘争として説明すると現実から乖離してしまうことになりかねない。

しかし、それなら門閥派、民衆派という用語はまったく役に立たないのかというと、そうはいかない。現実にキケロのような人びとの残した史料がこの表現を用いつつ、当時のさまざまな政策や闘争を説明している以上、私たちがその表現を度外視して当時の情勢を理解しようとすることもまた、政治の現実から目を背けることになろう。要は、党派対立の時代といった硬直的な理解は避けつつも、史料が党派の対立と抗争として描く当時の政治で、具体的には何が起こっていたのか考えてみる必要があるということではなかろうか。

穀物供給法に関する元老院の意思

たとえば穀物供給法の変遷を見てみよう。ガイウス・グラックスの法の後、前一〇〇年頃に典型的な民衆派と呼ばれた護民官サトゥルニヌスが、再び穀物供給法を導入しようとした。それについて、かつてキケロの著作と信じられていたある文章が次のように述べている。

ルキウス・サトゥルニヌスが、六分の五アスにて（穀物を販売することを定める）配給法を可決させようとしたとき、都市の財務官であったクィントゥス・カエピオが元老院に、こうした大盤振舞いに国庫は堪えられないことを報告した。元老院は、サトゥルニヌスがこの法を市民団に提案したならば、彼は共和政に敵対する行為をなすものとみなされる、と決定した。サトゥルニヌスは提案を開始し、彼の同僚たちが拒否権を発動したのに、投票箱を設置した。カエピオは（中略）「最良の人びと」と共に暴力に及び（中略）この妨害によって（立法は）妨げられた。

（『ヘレニウスのための弁論』第一章第二一節。括弧内は著者の補足）

この後も対立は続き、サトゥルニヌスは元老院最終議決によって逮捕、殺害された。しかしその数年後に再び穀物供給法が提案され、キケロはその法案を称賛しているのである。

ガイウス・グラックスは穀物の大盤振舞いをして、国庫を枯渇させかけた。それに比較して、マルクス・オクタウィウス（の配給法）は穏健かつ共和政にとって耐えられるものであり、また民衆にとって必要なものでもあった。つまり市民たちにとっても、国家にとっても健全なものであった。
（キケロ『義務について』第二巻第七二節。括弧内は著者の補足）

この法は護民官オクタウィウスによって、穀物受給者数をセンプロニウス法よりも狭めることを目的として提案された。そしてオクタウィウスの背後には元老院の指示があった。つまり前一世紀初頭段階では、元老院はセンプロニウス法に制限を加えようとしたとはいえ、穀物供給法自体を廃止する意図を持っていなかった。

前九一年には護民官ドゥルススが再び穀物供給法を提案した。この人物の父親は、前一二二年にやはり護民官として元老院の指示に従い、ガイウス・グラックスに対抗する法案をいくつも提出している。息子のドゥルススの方も、門閥派政治家の支持を得て、属州不当搾取金返還要求常設法廷の審判人を元老院議員に戻そうとした。ところがその一方で、彼は新しい穀物供給法で、配給穀物の価格を下げようとした。

前八〇年代後半に門閥派の領袖と言われるスッラが穀物供給法を廃止した。前七八年にスッラが死去した後、平民派政治家と呼ばれた執政官レピドゥスが法を復活しようとして失敗した。その後、イタリア諸都市と結託してローマに進軍しようとしたレピドゥスに対し元老院最終議決が発され、彼は逃亡先で病死した。

前七三年、護民官ではなく両執政官が民会を通して、穀物供給法を復活させた。内容は、受給者数が明示された以外は、センプロニウス法と同じであった。この二人の執政官の立法の背後には元老院の意思が働いていた。

そして前六二年、穀物受給者の数を増やすことを定める元老院議決が行われた。この議決のイニシアティブをとったのは、典型的門閥派として有名な政治家小カト（大カトのひ孫）であった。

このように、穀物供給法はある時点以降、元老院（と、門閥派）が推進するようになったということがわかる。

政治的手法の違い

こうした動きは、おそらく穀物供給法だけではあるまい。ドゥルススは元老院の望む改革を推進する一方で、公有地のさらなる分配、イタリアとシチリアでの植民市建設など、一般に民衆派の政策として知られている政策をつぎつぎに打ち出している。そして、当時ますます強まっていたイタリア諸都市国家の要求に応えて、イタリア人にローマ市民権を付与することを約束したところで暗殺されてしまった。

こうしてみると前一世紀頃には、かつて元老院が一般市民に迎合するとして忌み嫌った政策は、もはや民衆派の政策と特化することはできなくなっている。元老院も同じ方向の政策を打ち出しているのである。その理由は、かつて元老院が「父祖の諸慣習」からの逸脱としか見なさなかった一般市民の窮状を今や無視できなくなっていたからなのか、それとも門閥派も民会決議を武器とする民衆派的手法を用いはじめたのか、見極めることは難しい。史料が語ることから見えてくるのは、前一世紀前半までには、門閥派と民衆派との違いを政策面から見出すことは難しくなっているということである。

それでも、元老院の多数の議員は自分と対立している政治家を民衆派として非難した。逆に一部の政治家は、元老院が民会の決定に従わないとして非難した。双方のとっている政策が大差ない場合においてすら、である。門閥派や民衆派という呼び方は、政敵を非難して自身の立場を正当化するために叫ばれる表現であり、政治家たちが追求していた目的を示すものではなかったと考えるべきだろう。

しかし、そういう非難の仕方が成り立つということ自体、たしかに政治的手法の差違が当時の政界にあったということを示唆している。そこには原則的に元老院統治体制の維持に努める者と、逆に元老院統治体制に対抗する傾向の強い者の違いが反映されていたことは疑いない。

そしてこの相違は、やがて軍事力を行使して政敵を排除するという方向へ動きはじめた。

2　軍命令権保持者と元老院

軍命令権を保持しつづける政治家

話を少し前に戻そう。前二世紀末以降の民衆派の領袖と一般に呼ばれるマリウスは、前一〇七年に執政官に就任した後、前一〇四年から連続して六回執政官に当選した。

当時、ローマ帝国は各方面で軍事的危機に直面していた。アフリカではヌミディア王国が蜂起し、北からはゲルマン人がアルプスを越えてイタリアに侵入してきた。またシチリアでは大規模な奴隷反乱が起こっていた。

マリウスは低い出自であったが、軍事的能力には優れていた。彼は最初の執政官在職中に、ヌミディアとの戦争に勝利した。その後彼が前一〇四年から連続して執政官に就任することを元老院が黙認したのは、マリウスしかゲルマン人との戦いに勝利することができないという認識に立ってのことであった。このマリウスが先例となって、その後は同じように執政官や法務官へのくりかえしの就任が行われるようになる。一人の人物が何年も命令権と軍を保持しつづけることになるのだ。こうなると、政治家たちのなかには理由を見つけては積極的に数年にわたる執政官職（あるいは執政官格）をめざす者が現れるようになった。

さて、マリウスはゲルマン人に対しても勝利を収め、この後ローマの政界で大きな影響力をふるうことになった。そして彼は市民軍団制の改革を推進した。

まず一軍団の定員を六〇〇〇人程度に拡大し、その内部構成を階級制から一律の歩兵部隊へと改編して訓練も統一した。装備は国家支給とし、従来の募兵と並んで志願制度を導入した。これは大きな意味を持っていた。つまり個々の市民の財産に関わりなく、誰でも軍団の主軸である歩兵に応募し、採用されることになったのだ。採用されれば、装備を与えられて十分な訓練を受けられる。ローマの市民軍団制に職業軍人的な要素が加わったのである。ただ、これでローマ軍がすべて職業軍人によって編制されるようになったわけではない。従前の募兵も続けられたが、しかし十分な装備を伴って長期にわたって戦うことに支障がない兵士が出現したことが、市民軍団制の危機を解決する一つの糸口となった。

この軍制改革はしかし、たいへんな危険をローマの政治にもたらした。

これ以降、兵士となった者たちが長年ローマを離れて戦うことがますます一般的となった。これに加えて、一人の政治家が数年にわたって軍命令権を保持するようになる。結果として、特定の軍命令権保持者が特定の兵士たちを長期間その指揮下に置くことになった。

こうなると、そんな将軍と兵士たちの間に緊密な感情が生まれることは自然であろう。しかもそれは、単に信頼や好意の問題では終わらなかった。

こうした兵士は、一般にこれといった財産を持っていない。したがって、軍を退役する時に、将軍が彼らに一定の広さの農地を与えることが慣例化していった。すると兵士たちは退役後の生活のために、特定の将軍に強い忠誠を捧げるようになる。将軍たちと兵士との関係は、一種のパトロネジの性格を帯びていくのだ。将軍たちは——マリウスのように軍事的能力に優れ、長年戦場で戦う者は特に——正規軍の一部であるはずの特定の軍団を、自分の政治的目的のために用いるようになった。

彼らはそうした軍を、政敵に対してぶつけるようになる。政治的対立は軍事的抗争へと展開していくことになった。ほんとうの内乱が始まるのである。

ローマへの攻撃——スッラ、マリウス、キンナの権力闘争

最初の大規模な軍事対決は、マリウスとスッラとの間に起こった。スッラは一般にマリウスに対する門閥派の領袖と言われる。たしかにスッラの政策は元老院統治の強化を図るものであったが、かといって彼は自分に敵対する元老院議員を虐殺することに躊躇うことはなかった。

マリウスと同じくスッラも優れた軍事能力を備えていた。彼はマリウスと同じくヌミディア、ゲルマン人との戦いで頭角を現し、その後イタリア同盟市戦争で大きな戦功を挙げた（後述）。そして前八八年、ヘレニズム世界でポントゥス王国の王ミトリダテスがローマに対して戦争を起こすと（第一次ミトリダテス戦争）、執政官として軍を率いてローマを出立した。

このタイミングで、マリウスが護民官にスッラの軍命令権を奪う提案を平民会に提出させた。それを知ったスッラはミトリダテスに向けるはずだった六個軍団を率いて方向を転じ、ローマを急襲した。

第一章で見たように、都市ローマは神聖な空間であり、軍は入ることが許されていない。その掟を破っての暴挙であった。しかもこの時、スッラは執政官なのだ。さらに彼の同僚執政官もスッラ軍に合流していた。これは重大な意味を持っている。ここまでのローマの政局から見えるように、執政官は元老院の意向を受けて、既存の体制を維持するために、護民官の扇動（と、門閥派が非難する言動）に対抗する、というのが常道であった。しかしローマ市への攻撃など、元老院が認めるはずがない。門閥派の領袖と言われるスッラのこの時の行動は、そのような党派的な理解ではもはや説明できない。ここに見られるのは、権力をめぐって牙を剝き合ったマリウス派とスッラ派の抗争と言うべきである。

軍を率いてローマを占拠したスッラを止めることは、もはや誰にもできなかった。マリウスは逃亡し、彼の支持者の多くがスッラの軍に殺害された。

目的を達したスッラが軍を率いて地中海東部に出立した後、再びローマが攻撃されることになった。スッラの支持を宣誓して執政官に就任したキンナという人物が、逃亡していたマリウスと合流して、ローマを攻めた。元老院はローマ市内で政敵の粛清を行わないことを条件にマリウスとキンナの軍を迎え入れたが、たちまち市内ではスッラ派の大虐殺が起こった。その後、マリウスとキンナは執政官に就任した。両者はスッラの導入した法をすべて帳消しにし、スッラを国敵と宣言した。

前八六年にマリウスが病死した後も、キンナは執政官に在職しつづけた。その間スッラは地中海東部でミトリダテスと戦ったが、前八五年に和平を成立させる。キンナはスッラのローマ帰還を阻むべく軍を率いて出立したが、途上で軍の反乱によって殺害された。

スッラによる元老院統治体制強化

スッラが軍とともにイタリアに戻った時、彼の支持者とキンナ派の者がイタリア各地で戦闘を展開した。結果的にはスッラ側が勝利して再びローマを占拠した。スッラは前八二年に独裁官に就任した。独裁官の出現は、第二次ポエニ戦争以来、じつに一〇〇年以上たってのことであった。

前にも述べたことだが、独裁官に就任した者は単独で強力な権力を行使できた。それだけに独裁官の任期は六ヵ月と短い。ところがスッラの独裁官職には任期がなかった。ローマに独裁政権が出現したのである。

権力を掌握したスッラは、手始めに国敵のリストを作成して、数百名におよぶマリウス・キンナ派を処刑した。彼らの頭部はローマ市内に晒され、身体はバラバラにされてティベリス河に投げ込まれた。家族は財産も、ローマ市民権も没収された。

彼は、その後矢継ぎ早に新しい体制を導入した。元老院議席を三〇〇から六〇〇に増やした。また護民官の元老院に対する拒否権を奪い、さらに護民官経験者に他の政務官への立候補を禁止した。執政官と法務官はローマに留まることが定められ、属州総督を執政官格ないし法務官格保持者に限定した。常設法廷の審判人を騎士から元老院議員に戻した。これらの、明らかに元老院統治体制の強化をめざした改革に加えて、前で述べたとおりに穀物供給法が廃止された。他方イタリア各地に植民市が設置され、入植した大量の退役兵士に土地が分配された。

スッラは、前八〇年に独裁官を辞し、前七九年にはすべての政務から退いて、地方に隠棲した。だが彼が導入した新体制はその後の共和政の枠組みとなり、ローマの政治は門閥派の勝利に終わって、元老院統治体制は維持されるかに見えた。
しかし前七八年にスッラが死去した直後から、政局は再び急変した。

ポンペイウスの異例の命令権

キケロは前四九年、親友アッティクスに宛てた書簡のなかで、イタリアに混乱と危機をもたらしたポンペイウスとカエサルの対決について語り、次のように述べている。

その中で繰り返されていたのは、「スッラにできたことが私にできないだろうか」という言葉だ。（キケロ『アッティクス宛書簡集』第一七七書簡、第二節。高橋英海・大芝芳弘訳）

スッラは死んだが、彼が行ったことは前七〇年代以降のローマでくりかえされることになった。野心的な政治家は、再び執政官職への就任とその後の有望な戦地への派遣をめぐって争いあった。政治家同士の暴力的な抗争がくりかえされた。それどころか、国家転覆を狙う反乱すら起こった。ポンペイウスとカエサルだけではなく、この時期の政治家たちの心中には常に、キケロが取りあげた台詞が渦巻いていたのかもしれない。あいかわらず門閥派は自らを「最良の人びと」と誇り、民衆派は市民の歓心を買っていると非難されている。しかし、どちらの側で呼ばれようと、どんな方法を用いようと、権力を掌握しようという姿勢をこの時期の幾人かの政治家たちは露骨に示した。

それはつまり、元老院統治体制が従来通りのかたちで維持されえることを、もはや誰も信じていなかったということではなかろうか。

元老院が、完全に弱体化したわけではない。未だに元老院の権威は絶大であり、多くの場合は、元老院が国政を牽引していることに変わりはなかった。しかし、そこには強力な誰か――強力な軍事力を背景に、その声望と指導力で民会の支持を得ている誰か――の存在が加わっている必要が生じはじめていた。スッラによって元老院の権威が守られたように。

キケロのように強固な元老院統治体制の信奉者ですら、前七〇年代以降に頭角を現したポンペイウスに接近し、彼の力量で元老院の威信を保つことが最善の道だと考えていた。

ポンペイウスはイタリアのピケヌム地方の出自であり、家柄としてはさほど際だってはいない。しかし若い時から優れた軍事的才能と戦功の数々で知られていた。彼はスッラに従って前八二年にローマを占拠した。しかしスッラ亡き後は必ずしも元老院統治の模範的な守護者ではない。たとえば前六七年、地中海東部で跳梁していた海賊掃討のために、護民官がポンペイウスに異例の命令権を付与する法を平民会で通過させた。これは地中海全域および海岸線から内陸約七五キロメートルまでの軍命令権と、国庫から軍資金調達する権利をポンペイウスただ一人に与えるものであった。さらにポンペイウスは自分で一五人の副官を選び、戦艦二〇〇隻を使うことができた。

このとてつもない法律を護民官が提出しようとした時、激高した元老院議員数名が彼に危害を加えようとして、逆に民衆に追い回されるという事件があった。ポンペイウスはこの異例の命令権を得て、短期間で海賊を掃討した。そして地中海東部に留まっていた彼に、翌前六六年の護民官が、ローマと三度めの戦争に突入していたポントゥスのミトリダテス王と戦うために（第三次ミトリダテス戦争）、再び異例の強大な命令権付与を提案した。この時も元老院は渋ったが、民衆の要求の前に引き下がらざるを得なかった。

じつはすでに前七四年、海賊掃討のために元老院が法務官アントニウス（第二次三頭政治のアントニウスの父）にやはり異例の命令権を付与していた。つまり元老院が反対したのは、こうした共和政の慣行に反した強大な軍命令権を一人に与えること自体ではなく、それをポンペイウスに与えることであったのだ。元老院は、ポンペイウスという軍事力と声望を持った人物が、人びとの支持を得て政治的影響力をふるうことを恐れていた。実際、ポンペイウスが権力を掌中に収める方法は、民衆派的手法と一般に呼ばれる、民会を利用したものであった。その彼を、キケロは支持したのだった。

権力を希求する人びと

ポンペイウスの例が教えてくれるように、民衆派と呼ばれた人びとを非難する際に常套的に使われた政治手法は、今やどんな政治家がとってもおかしくはなくなっていた。そうした政治家たちが皆、元老院統治を打倒しようとしていたわけではない。たとえばポンペイウスはおそらくそんなことは考えていなかった。ただ彼らは、元老院統治体制を維持しつつ、自身がより大きな権力を掌握することを求めていた。そのためには元老院の意志に反することも躊躇しなかったし、場合によっては元老院を自身の意志に従わせようとしたのだ。ポンペイウスは後に、カエサルとクラッススという二人の政治家と手を結んで、元老院を自分たちの意志に従わせようとした。

このような、軍事力と民衆の支持を背景に権力を希求する政治家たちが、第二のスッラとなるべく相互に戦いあっていたのが、前七〇年代以降のローマであった。元老院は、彼らの動向を見定め、そのうちの誰かを味方に引き入れて、権威と権力を維持しつづけていた。たびたびローマ市内で抗争が起こった。多くの人が殺され、また追放され財産を没収された（キケロすら前五八年に追放された）。

闘争に巻き込まれたのは、エリートたちばかりではなかったであろう。一般市民やローマに住んでいたはずの多くの非市民たちのことは、史料にほとんど上がってこないので、実情はよくわからない。しかし、彼らがしばしば特定の政治家を支持して騒いだり暴れたりしたことはわかっているし、対立する政治家の支持者が互いに死闘を繰り広げた事例も知られている。おそらくパトロネジがここで役割を果たしたと考えられる。一般市民は自分の庇護者のために抗争に飛びこんだのであろう。

しかし、それればかりではなかった。ローマの有力政治家相互の闘争は、ローマの外、帝国の各地、いや帝国の外部にまで影響を広げたのである。ローマ帝国の形成が呼び起こした内乱が、ローマ帝国を巻き込んだのは、考えてみれば当然であろう。帝国全土が内乱によって大きく動揺し、また変化していくことになった。

3 内乱と帝国

政敵と戦うために欠かせない属州

まず、属州が内乱に巻き込まれた。

前八二年にスッラがローマを掌握し、マリウス・キンナ派の処刑の嵐が吹き荒れた時、ヒスパニア総督であったセルトリウスという人物がいた。彼はマリウスと近い立場にあったため、スッラの国敵リストに名が挙がっていた。だがセルトリウスはヒスパニア総督としての職務があるという理由で、イタリアに帰還することを拒んだ。スッラは軍をヒスパニアに送った。するとヒスパニアのいくつかの都市がセルトリウスに援軍を送り、スッラが派遣した軍と戦った。

スッラの死後も、セルトリウスは一部ヒスパニア属州民の支持を受けながら、じつに前七三年までローマ軍と戦いつづけた。その間に反スッラ派の元老院議員たちがヒスパニアに逃れてきた。セルトリウスはヒスパニアで元老院を設立して、正当なローマの政権であることを主張しさえした。ポンペイウスが鎮圧軍の将軍として派遣されるに至って劣勢となったが、セルトリウスを止められたのは、彼自身の支持者による暗殺であった。

属州のエリートや属州民都市は、ローマの有力政治家と個人的な関係を結び、それによってさまざまな恩恵を享受していたのである。彼らにとって、自分たちの保護者である有力者の趨勢が、自分たちの行く末に通じていた。ローマの有力政治家たちにとっても、政敵と戦うために属州の支持はなくてはならない存在となっていた。

属州の存在は、今やこれほどに強まっていたのだ。ローマ帝国は政治的にも軍事的にも、属州なくしては立ちゆかなくなっていたのである。

同盟市戦争――イタリア

時間を戻そう。前章で見たとおり、イタリア諸国家のローマに対する不満は膨らんでいた。ローマが帝国化する過程が生み出した問題である。

民衆派と呼ばれた政治家たちのなかには、イタリア人にローマ市民権やそれに準ずる権利を付与することを提案した者も多かった一方で、元老院はそれをはねつけていた。それどころか、前九五年にはローマ市民権を持っていない者をローマから排除する新法が導入されたのである。

そのなかで、前九一年の護民官ドゥルススが、公有地分配を再び提案した。これはイタリア人を怒らせたであろう。ローマ人だけでなく公有地を占有していたイタリア人からも占有分が回収されるからである。ドゥルススはおそらくイタリア人を宥めるために、彼らにローマ市民権を付与することを提案した。ところがその提案が平民会で可決されるはずだった日の前夜、彼は自宅で暗殺されてしまう。犯人は結局わからなかったが、イタリア人のローマに対する不信は決定的となった。法案が通過しなかっただけではない。ドゥルススがローマ市内で暗殺されたことは、ローマ市民のなかにイタリア人への市民権付与に対する反発が強いということを示していた。

前九一年末、イタリアのいくつかの地域の人びとが、ローマに宣戦布告した。同盟市戦争と呼ばれるこの戦争で、当初ローマ側はたいへん苦戦した。考えてみれば、長年ローマ軍とともに戦ってきた人びとである。ローマ軍の戦法は知り尽くしていたはずだ。イタリア人側はローマのすぐ近くまで進軍した。

前八九年になってようやく戦況はローマ側に有利になった。その理由はしかし、ローマ側がイタリア人側に与しない都市に、ローマ市民権付与を認めるという譲歩をしたからであった。効果は絶大で、つぎつぎにローマ側に寝返る都市が生じた。

国家形態の変質と元老院統治の弱体化

同盟市戦争は結局ローマの勝利に終わった。しかし結果としてイタリアの全自由人はローマ市民権を獲得したのである。これは歴史的転換と言ってよい。ここまで見てきたように、ローマは帝国化したとはいえ、未だにイタリアにあっては他の都市国家との同盟関係を継続していた。つまり、都市国家としての原理を保ちつづけてきた。しかし同盟市戦争を経て、ローマの都市国家としての性格は消失した。これ以降のローマ帝国は、被支配地である属州と、支配者であるローマ市民の地であるイタリアという構造を持つようになった。

国家形態の最終的な変質という意味と並んで、同盟市戦争はまた元老院統治の弱体化を示唆する。この戦争中、元老院の承認を得て軍を指揮した命令権保持者では、戦況を改善することができなかった。それどころか前九〇年、前八九年と執政官が戦死している。ローマ軍はイタリア軍の前にくりかえし敗北を喫した。この状況を救ったのは、執政官の副官として従軍していたマリウスとスッラだった。特にスッラはいくつもの勝利を収め、ローマ側の形勢を好転させた。イタリアとの戦いは、従来のように軍命令権保持者を元老院が背後から操作することで状況をコントロールすることが、もはや困難であることを示している。

なおスッラは前八二年以降の体制でイタリア各地に植民市を設置し、多数の退役兵を入植させた。イタリア諸都市では、新たにローマ市民となったばかりの人びとと、入植したローマ市民とが暮らすことになった。このイタリア統治の新しい体制を、元老院ではなくスッラという一人の政治家が打ち立てたのである。

しかしこうした状況は、イタリアに限ったことではなかった。属州の外、ローマと外交関係を持っていた諸外国・諸地域でも、特定の有力者が各地の再編を行うようになっていった。

強大な権力の行使――諸外国・諸地域

ポンペイウスが前六七年に地中海東部の海賊掃討のために、また翌前六六年はポントゥスとの戦争の打開のために異例の命令権を得たことは述べた。元老院の反対にもかかわらず、なぜこうしたことが可能だったのだろうか。端的に言えば、元老院にはもはやこのような事態を解決する能力がなかったか、あるいはないと判断した市民団に抵抗することができなかったからに他ならない。

海賊の跳梁は、ローマにとって死活問題であった。多くの商船が襲われ、特に地中海各地からイタリアに運ばれる穀物が奪われたからである。ローマ市内では、たびたび民衆が穀物の不足や価格高騰のために騒乱を起こすようになっていた。これを抑えようとした執政官が民衆に市中で襲われ、命からがら元老院議場に逃げ込んだといった事態も生じていた。他方、地中海沿岸各地の人びとも、ローマ帝国に対して海賊問題の解決を要請していた。元老院が反発しても、平民会がポンペイウスに異例の命令権を与え、それによって彼は海賊を討伐した。ポンペイウスは前六三年まで地中海東部に留まった。

しかし元老院が常にこのような軍事的声望を持つ政治家を危険視したわけではない。ポンペイウスの前に、前七四年の法務官アントニウスに海賊掃討のために異例の強大な命令権が執政官提案で与えられている。彼は法務官、ついで法務官格として三年にわたって海賊と戦った。それと並行して、前七四年の執政官ルクルスはポントゥス軍と戦い、その後七年間も執政官格で地中海東部に留まった。

つまりは、元老院が率先して求めようと、平民会（あるいは民会）が決定しようと、もはや対外的困難を解決するためには、軍事的能力のある者の存在が欠かせなくなっていたのである。そして彼らの方もその立場を十二分に活用したのであろう。彼らはかつてなかったほどの長期にわたって、軍命令権を保持しつづけた。

単独の権力者の出現へ

前五八年から前四九年にかけて、カエサルは新たにローマが征服しようとしていたガリア（現在のフランスからドイツ西部一帯）で軍命令権を保持しつづけた。ついにガリア征服に成功して、カエサルがイタリアに帰還しようとした時、彼の指揮下の軍は、彼に強い忠誠心を持つようになっていた。カエサルがルビコン川を越えてイタリアに侵入した時、その軍が彼に従ったのである（図30）。

こうした有力政治家は、各地の新たな編制に携わり、また各地で支配者のように振る舞った。ポントゥスとの戦争に勝利したポンペイウスは、第一次三頭政治によって地中海東部を再編する権限を獲得し、シリア王国を廃して属州シリアを設置した。また、イスラエルに新体制を置いた。そしてこれら地中海東部の諸国・諸共同体はポンペイウス個人に対して忠誠を誓うようになった。後にポンペイウスを追ってエジプト王国に来たカエサルは、

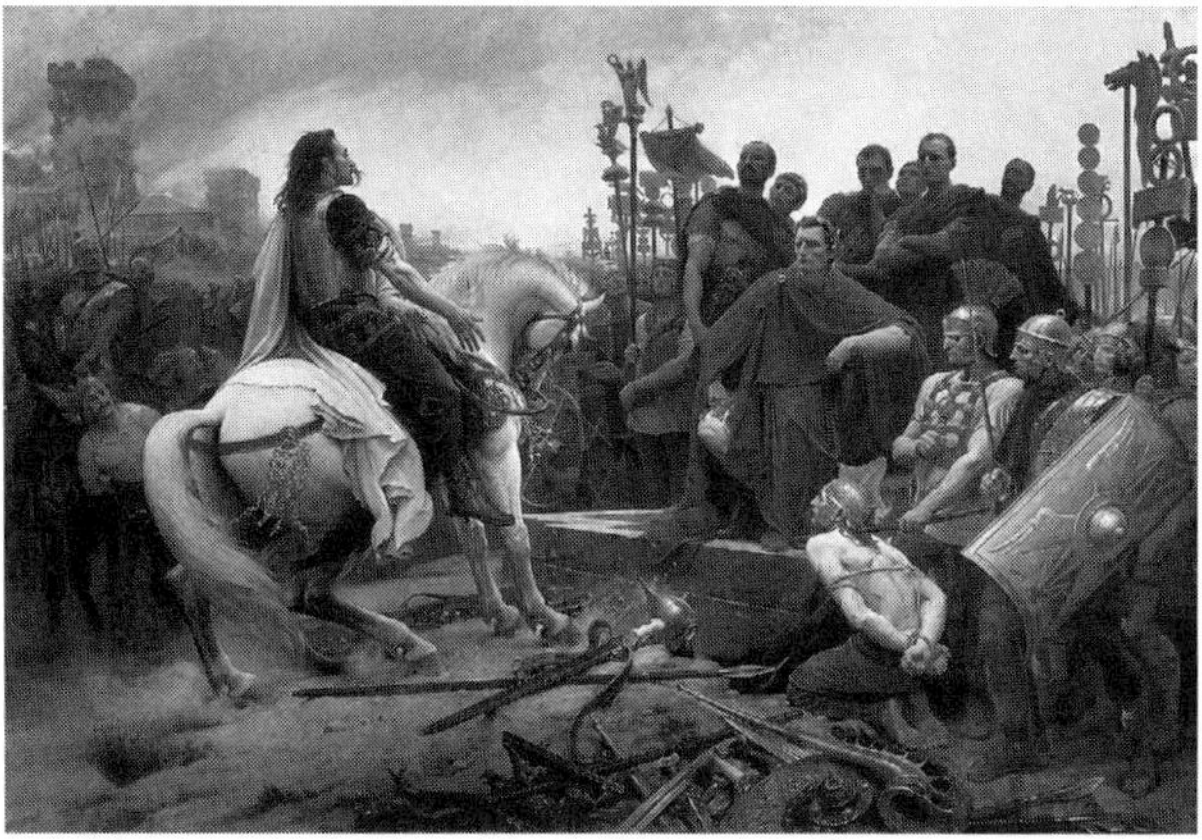

図30 「カエサルに投降するウェルキンゲトリクス」
現在のフランスからドイツ西部一帯のガリア人（ケルト人）は、部族単位の勢力圏に分かれ、統一国家を持たなかった。しかしカエサルの侵略に対して、アルウェルニ族の有力者ウェルキンゲトリクスの呼びかけで部族共闘が実現し、ローマ軍を苦しめた。ローマ軍は前52年の「アレシアの戦い」でようやくガリア連合軍を撃破することができた。ウェルキンゲトリクスは捕虜の安全を条件にローマ軍に投降した。この時点で、カエサルのガリア征服はほぼ終結したが、カエサルはその後もガリアに留まり、属州の編制を行った。
19世紀になるとウェルキンゲトリクスはフランスの自由と誇りを守ろうとした英雄として称えられるようになり、ナポレオン3世によって巨大な銅像が建立された。また第二次世界大戦後の脱植民地化の時代には、彼をモデルに帝国支配と戦う自由な民の活躍を描いたコミックがヨーロッパ諸国で人気を得た
ロワイエ L.（1899）。クロザティエ美術館所蔵（写真提供：アフロ）

エジプト女王クレオパトラの宮廷に迎え入れられた。カエサルの側近アントニウスにいたっては、クレオパトラとともに地中海東部の君主となることをめざしたという。

このように、元老院統治体制というローマ共和政の根幹は、前一世紀中葉頃までに揺らいでいった。それに代わって、新しい体制が出現しつつあった。軍事力と帝国に生きる人びとからの支持を背景に権力闘争を勝ち抜き、単独で権力を掌握した者が帝国を防衛し、帝国の政治を動かす体制である。

そのなかから前一世紀末に、ローマ帝国を統治する単独の権力者が出現する。これを私たちはローマ皇帝と呼ぶ。ローマ帝国の形成が、皇帝による帝国統治の政治体制、帝政を生み出したのである。最後の章で、ローマ皇帝の出現にいたる最後の過程をかいつまんで述べることにしたい。

第九章　ローマ皇帝の出現

前一世紀中葉には個別の有力政治家の影響力が増大しつつあるといっても、元老院の権威がなお帝国統治の要であることに変わりはなかった。元老院に優越して自身が国政を動かすために、スッラのように圧倒的な軍事力でローマ市を襲い、すべての敵を粛清して独裁政権を掌握するという方法はたしかに一定の効は奏したかもしれない。しかしスッラの死後、彼の体制はあっという間に揺らいでしまった。

スッラ後の有力政治家たちのなかには、権力を行使するために別の方法を選んだ者もあった。それは単独ではなく、数人の有力な政治家が手を結ぶ、というやり方である。共和政の最末期、ローマでは二度、三人の有力政治家が政治同盟を結んで、帝国の政治を動かそうとした。これを私たちは三頭政治と呼んでいる。この三頭政治が瓦解した後に最終的に単独政権を掌握する者が現れる。

だが、単独政権が樹立したからといって、それをただちに帝政の成立と見なすことは難しい。

ではローマ帝政とはどのようなものだったのだろうか。最終章で、帝国がもたらしたこの新しい政治体制の本質について考えたい。

1　カエサルの政権

第一次三頭政治

前六〇年、ポンペイウスとクラッスス、カエサルの三人が政治同盟を結んだ。有名な第一次三頭政治である。

ポンペイウスとクラッススはもともとスッラ派だが、ポンペイウスはこの時期、元老院との関係が不安定であった。他方、彼には誰もが認める軍事的功績と市民からの人気があった。クラッススは家柄と元老院での影響力、そしてなによりも莫大な富を持っていたが、軍事的な功績はない。また地上げに近い方法で蓄財したため、市民からは不人気であった。

カエサルはマリウス、キンナと姻戚関係にあり、民衆派の新しいリーダーと目されていた。これが裏目に出て、家柄は良かったが政界では芽を出せずにいた。後に知られるようなめぼしい軍事的功績も挙げていない。しかし翌年の執政官に立候補しており、当選すれば民会を味方にポンペイウス、クラッススの利益にかなった施政を打ち出すことができた。

この三人が手を結んで元老院の権威をかわしつつ、各自が望むものを手に入れようというこの政治同盟は、表沙汰になれば元老院統治に対する反抗と受け取られる秘密の盟約であった。

ポンペイウスとクラッススの支持を得て、カエサルは前五九年の執政官に当選した。カエサルの提案で、ポンペイウスはミトリダテス戦争後のヘレニズム世界の再編と、また自軍の退役兵の新しい植民市への入植を実現した。前五八年以降、ヒスパニア・ウルテリオルの総督職を担当することも決まった。カエサルは、クラッススの支持母体である騎士層に有利な改革も推進した。執政官の任期が終わると、カエサルは属州ガリアの総督に就任し、ガリアの未だローマに服属していない地域の征服に着手した。

このように当初、三者の関係は良好で、それぞれが望むものを手に入れた。同盟はやがて公然の秘密となり、前五六年には三人とその支持者が北イタリアに集まって、次なる政策に合意した。前五五年にはポンペイウスとクラッススが執政官に就任した。カエサルはガリア総督に留任し、他の二人も翌年には望む属州を獲得した。またポンペイウスは、当時内乱状態であったヘレニズム最後の大王国エジプトの調停役を任じられた。元老院には、三人の取り決めに異議を唱える余地がなかった。

しかし、前五三年にクラッススが赴任先のパルティアで戦死すると、ポンペイウスとカエサルの関係は悪化した。

元老院は巧妙にこの機を利用した。ポンペイウスに接近し、カエサルに対抗して彼と手を結んだ。前四九年、ガリア征服に成功して翌年の執政官選挙に立候補しようとするカエサルに対し、元老院はイタリアに帰還する前に軍を解散すること、従わなければ国敵と見なすという元老院最終議決を突きつけた。ポンペイウスもこの議決を支持した。三頭政治は決裂した。

カエサルとポンペイウスの内戦

ここから先の経緯はあまりにも有名であろう。当時、イタリアとその外の境界は北イタリアのルビコンという小さな川であった。カエサルはルビコン川を軍とともに渡り、イタリアに侵入した。その際に「賽は投げられた」と叫んだという逸話が残っている。ほんとうに叫んだかどうかは怪しいところだし、おそらくカエサルはとっくに元老院およびポンペイウスとの決戦を決意していたと思われる。しかし、だからといってかつてスッラが行ったように、軍を用いて同胞を——それも元老院を攻めるのには、やはり相当の覚悟が必要だったろう。しかも元老院側には、軍事の天才ポンペイウスと彼の軍がついている。

ところが、カエサルのイタリア侵入の知らせが届くや、当のポンペイウスがローマ市を脱出してしまったのである。いや、ローマどころかイタリアを出て、ギリシアへ渡ってしまった。自身の権威に服している地中海東部においてカエサル軍を迎え撃つというのが、ポンペイウスの戦略だった。しかし元老院は震撼した。多数の主だった議員がローマ市を捨てて、ポンペイウスを追ってギリシアに渡った。何人かはイタリアにおいてカエサル軍を迎え撃とうとした。また何人かは、どちらにもつかず固唾を呑んで情勢を見守った。キケロがそうであった。彼は終始ポンペイウス支持者であったが、ただちにポンペイウスに従おうとはしなかった。

カエサルは地中海東部のポンペイウス・元老院軍をすぐに追わず、逆にヒスパニアに進軍した。ヒスパニアもまた、セルトリウスの反乱を鎮圧して以来ポンペイウスの支持者が多かった。ヒスパニアでポンペイウス支持者の軍を破った後にローマに帰還し、前四八年の執政官に選出された。

前四八年、ポンペイウス討伐軍を編制したカエサルはギリシアに進軍した。ギリシアでポンペイウス軍に大苦戦したが、最終的には勝利を収めた。この時点で、キケロをはじめとする多くの元老院議員が、カエサルに降伏した。ポンペイウスはエジプトに逃れて再起を図ったが、エジプト王は彼を殺害してその首をカエサルに差し出した。

ポンペイウス派の残党は、その後もヒスパニア、アフリカ北部などで抵抗を続けた。カエサルは前四七年に独裁官に就任して、彼らとの戦いを継続した。内戦を終結させたのは前四五年になってからである。

カエサルの改革

前にも述べたが、独裁官という特別職は通常任期が六ヵ月しかない。カエサルもいったん独裁官を辞任した。しかし前四六年に再び独裁官に就任した後は終身在職した（図31）。これに加え、カエサルは前四七年を除いて前四八年以降、毎年執政官にも就任している。ポンペイウスへの勝利後、自分の同僚執政官の権限を縮小した。政務官各職の定員を増員した。民会と護民官の権限を縮小した。

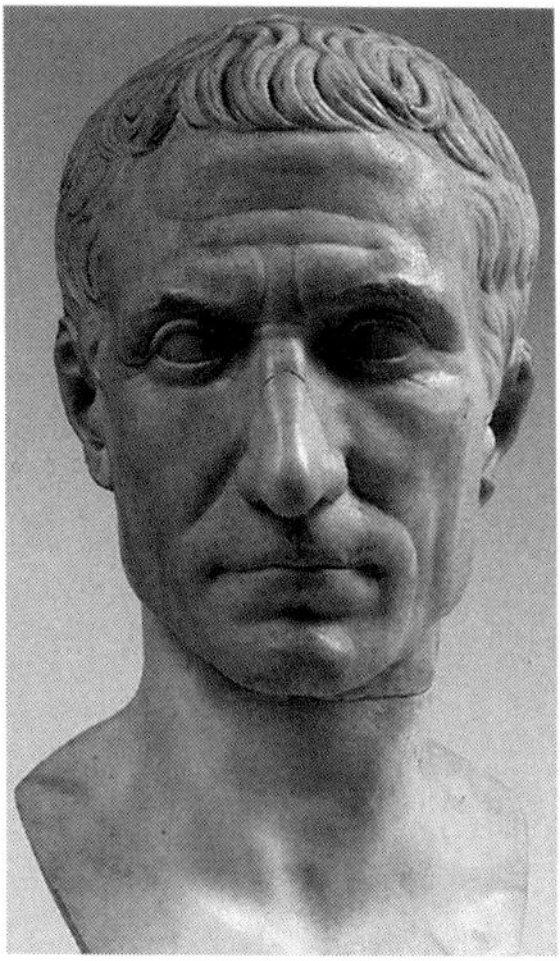

図31　カエサル像
前1世紀頃。バチカン博物館所蔵（Musei Vaticani〈Stato Città del Vaticano〉, Public domain, via Wikimedia Commons）

元老院に対しても改革の手を入れた。元老院議席を六〇〇から九〇〇に増やしたが、属州出身者を参入させた。最初の属州出身の元老院議員はヒスパニア出身のカエサルの腹心やカエサルが征服したガリアの部族長だった。

紀元一世紀末の著述家スエトニウ

スによると、彼は次のように言ったという。

共和政は名のみ。実体も外観もない。（スエトニウス『ローマ皇帝伝：カエサル』第七七章）

ほんとうにカエサルがそのような発言をしたのかどうか、鵜呑みにはできない。しかしカエサルが行った改革を見ると、彼が共和政の政治体制を弱体化しようとしていたことはたしかなようである。もはや門閥派や民衆派の対立などといったものではない。元老院も政務官も民会も、共和政のあらゆる政治機関が権限を奪われるか縮小されるかした。カエサルただ一人が、すべてにまさる権力を保持した。

カエサルはまた、属州を再編して合計一八とした。属州に多くの植民市を建設し、ローマ市民を属州に入植させた。そしてイタリア周辺の属州住民にラテン権やローマ市民権を付与した。ローマ市にあっては中心部で大々的に造営事業を進め、従来の中央広場《フォルム》に隣接して新しい広場を造った。

新しい暦、ユリウス暦を導入した。

穀物受給者数を二三万人から一五万人に減らした一方で、穀物配給のための専門公職を設置した。

敵に対しては寛容であった。ポンペイウス側についてカエサルと戦った元老院議員たちを許し、イタリアへ帰国することを認めた。キケロもその一人であり、彼は以後カエサル支持者に転じた。

軍事独裁者の死

しかし、カエサルが政権を維持することは許されなかった。

前四四年三月一五日、元老院がポンペイウス劇場で開催された。開会直前、カエサルは数名の元老院議員たちに取り囲まれ、短剣で二〇ヵ所以上を刺されて絶命した。この劇場を造営したポンペイウスの立像の足下で起こった事件だったと伝えられている。カエサルを襲った元老院議員の指導者の一人にブルトゥスという人物がいた。彼をたいへんに買っていた（彼の母とかつて密通していたという説もある）カエサルは、自分を取り囲む者たちのなかにブルトゥスを見出すと、「お前もか、小僧」と叫んだというスエトニウスの伝えは、後世シェークスピアの「お前もか、ブルトゥス」という名台詞に活かされた。もっともプルタルコスは「カエサル伝」で、彼が一言も漏らさずに死んだと述べているが。

カエサルの権力掌握と死は、共和政最末期の状況をよく伝えてくれる。帝国へ変質したローマではもはや共和政は機能しえないことを、おそらく彼は認識していたであろう。元老院統治体制が共和政の要であるが、都市国家的社会のなかから育ったエリート集団である元老院は、いくら帝国各地におよぶ権威と長年の巧緻な政治技術を備えていても、巨大な存在となった帝国の社会をコントロールしえなかったのである。

帝国統治の前提は今や、強大な軍と、莫大な富、そしてなによりも人びとの支持だということをカエサルは認識していた。それもかつて民衆派に対して向けられた非難にあるような、民会や平民会の支持だけではない。つまりローマ市民だけに支持されても帝国の統治者にはなりえない。重要なのは属州だった。そして帝国周辺の諸国家・諸地域だった。帝国の大半を占める属州民および帝国周辺の広大な空間に生きる人びとによる支持が、帝国統治には不可欠であった。そのことをカエサルが、そしてポンペイウスも熟知していたことは、両者が内戦において属州や諸国家・諸共同体の掌握にたいへんな努力を払ったことが示している。

その点からすると、じつのところ二人のうちどちらが単独政権を掌握するか、運や偶然を除くと決定的な相違は一つしかなかったように思える。それは、ポンペイウスは共和政の解体をおそらく望んでおらず、時に敵対しながらも元老院の一員という自己認識に留まっていたのに対して、カエサルは元老院を屈服させて単独の支配者となることをめざしたという違いであった。そのために彼が選んだ方法が、終身独裁官という、非常時の、軍事色の強い地位に就くことであった。

しかし、カエサルは殺された。軍事政権を樹立し、元老院を弱体化しても、またそのうえで敵を許し寛恕を示しても、カエサルのやり方では、単独政権を持続することはできなかった。共和政はもはや機能しえないとはいえ、未だその存続を求める意思は抑えがたかったのだ。いかに帝国内外の人びとの支持を得てはいても、カエサルの権力は軍事独裁であった。軍事独裁では共和政にとってかわる新たな体制を生み出せないことを、その死は示している。

2 「内乱の一世紀」の終結

第二次三頭政治

カエサルの死によって独裁は終わった。とはいえ、共和政がかつての盤石な元老院統治体制を回復したかというと、そうはならなかった。再び強力な軍隊を背景とした有力政治家が相互に抗争を繰り広げる事態に陥ったのである。

そのなかで、特にアントニウス、レピドゥス、オクタウィアヌスの三人が抜きん出てい

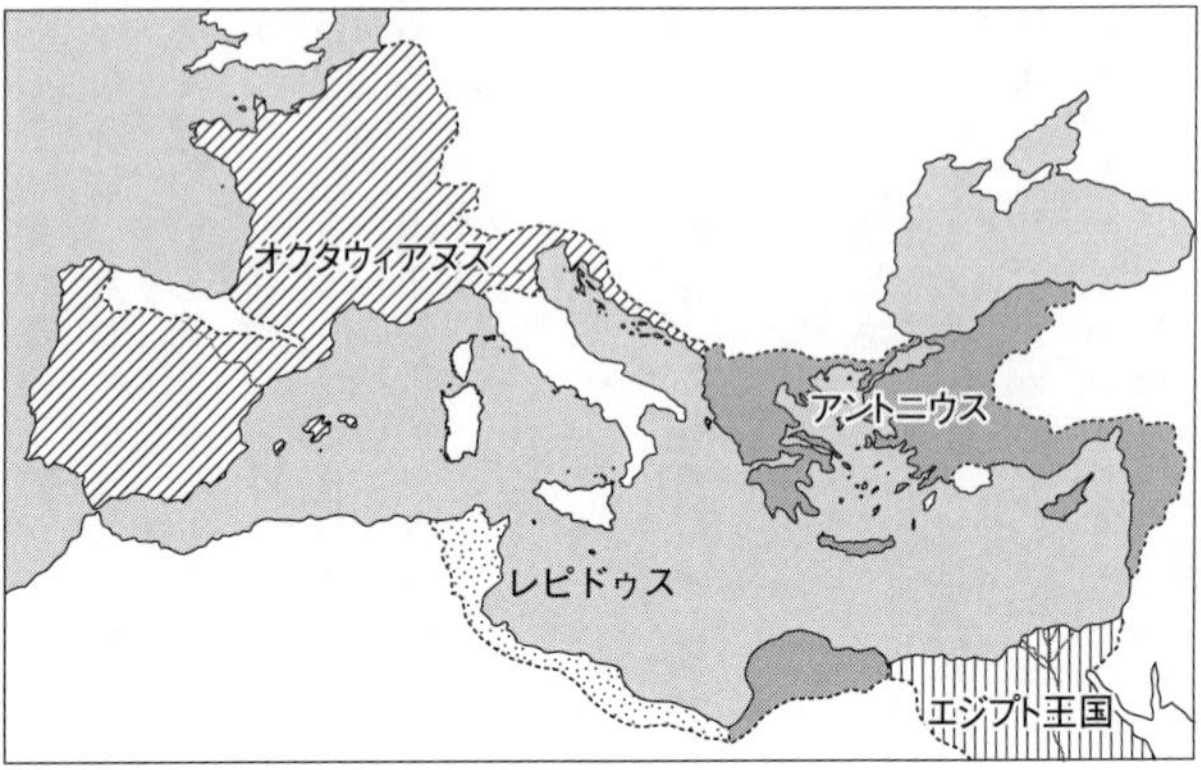

図32　第二次三頭政治期の勢力図

（https://upload.wikimedia.org/wikipedia/commons/thumb/0/03/Roman-Empire-39BC-sm.png/800px-Roman-Empire-39BC-sm.png?20201123163258をもとに作成）

た。アントニウスとレピドゥスはカエサルの側近であり、ともに執政官まで上り詰めていた。オクタウィアヌスはカエサルの姉の孫にあたり、まだ一八歳のなんら経歴のない若者であった。しかしカエサルの死後に息子のなかった彼の養子となったため、カエサルの後継者という立場に立った。これ以後の彼の正式の名は、ガイウス・ユリウス・カエサルすなわち死んだカエサルその人とまったくの同名である。

オクタウィアヌスという名は、実父がオクタウィウスということを示す添え名であるが、二人のカエサルを区別するために、彼をオクタウィアヌスと呼んでおこう。

さてこの三人は権力をめぐって激しく戦ったが、前四三年に同盟関係を築くことで手打ちとなった。第二次三頭政治である。今回は秘密の政治同盟ではない。三人はカエサル殺害後の動乱を収束するための国家再建三人委員という特別職に就いたのだ。

その職務の一環として、彼らは約三〇〇人の元老院議員と約二〇〇〇人の騎士を殺害した。共和政の敵という名目であったが、実態は三人それぞれの政敵であった。オクタウィアヌスを支持し、アントニウスを激しく非難していたキケロもその一人だった。彼はアントニウス側の追っ手によって殺害され、その首と、アントニウスを非難する文を書いた手はローマ市内で晒された。徒手空拳だった自分を政界に引き上げてくれたキケロの殺害を、オクタウィアヌスは黙認したのだった。

三人委員はカエサルを神格化した後、彼の暗殺者たちをギリシアで打ち破った。

その後、三者は自身や自分の支持者のために帝国各地の属州総督職を独占した。それはつまり、それらの属州に駐留する軍を独占したことにもなる(図32)。オクタウィアヌスが主に帝国西部、レピドゥスがアフリカ、そしてアントニウスが帝国東部の諸属州を勢力下に置いた。アントニウスは地中海東部諸国に対しても影響力を持った。特にヘレニズム世界最後の大国エジプトにおいて、女王クレオパトラと個人的にも深い関係を結んだ。クレオパトラは先にポンペイウスを追ってきたカエサルとの間にも関係を持ち、二人の間には息子カエサリオンがいる。アントニウスとの間にも、三人の子を生した。彼女はローマでは悪女

図33　クレオパトラ像

前1世紀頃。ベルリン旧博物館所蔵（Louis le Grand, Public domain, via Wikimedia Commons）

と憎まれたが、ローマ帝国に呑み込まれゆくヘレニズム世界において、エジプト王国が存続するためには、カエサル、そしてアントニウスといったローマ人有力者とのパトロネジ関係を必要としていたとも考えられる（図33）。

このように三者は、自分の権力を確立するところまでは協力関係を保った。しかしそれ以外の面では、単独で優位に立つことをめざして、いがみあった。

オクタウィアヌスとアントニウスの闘争――閉じられた神殿の扉

前三六年にオクタウィアヌスとの抗争で敗れたレピドゥスが政界から退くと、オクタウィアヌスとアントニウスの関係が悪化した。

アントニウスはローマに戻ることがなくなり、地中海東部からローマの元老院に向けて、オクタウィアヌスがレピドゥスを不当に扱い、権力を独占しようとしているという非難の書簡を送った。オクタウィアヌスの方は、アントニウスがエジプトや東方世界に対してなんらの権限も持っていないにもかかわらず、権力者として振る舞っていることを非難した。前三三年末、二人は国家再建三人委員を辞職した。

アントニウスは妻であったオクタウィアヌスの姉を離縁した。オクタウィアヌスはこれをアントニウス攻撃の好機と捉えた。元老院内部にはアントニウス支持者が多くいた。そこでオクタウィアヌスは、アントニウスの遺言書を、委託されていた神聖なウェスタ神女の手から奪い、元老院と民会で読み上げさせた。そこにはローマの支配下にある東方世界をクレオパトラと自分との子に遺す、と記されていた。

元老院はアントニウスを変節させたという理由でクレオパトラを国敵と宣言し、エジプト王国に宣戦布告した。オクタウィアヌスはこの戦いを権力闘争ではなく、ローマに敵対する国家との戦争と位置づけることに成功したのである。そして彼はイタリア全土およびガリア、ヒスパニア、アフリカ、シチリア、コルシカ・サルディニアといった西部諸属州から忠誠の誓約を受けた。

前三一年九月、バルカン半島南西部のアクティウム沖で、エジプト軍およびアントニウス指揮下のローマ軍が、オクタウィアヌスと彼の盟友アグリッパ指揮下のローマ軍と決戦した。その経緯はここで詳しく述べる必要はあるまい。結果はオクタウィアヌス側の勝利に終わり、アントニウスとクレオパトラは自死した。エジプトはローマの属州となった。

こうしてアントニウスとオクタウィアヌスの権力闘争は終わった。しかしこれは両者の闘争の終わりだけを意味してはいなかった。約一〇〇年続いたローマ内部の動乱、「内乱の一世紀」がここに終わったのである。

ローマでは、全支配域が陸海にわたって平和に満ちている時は、ヤヌス・クィリナリス神殿の扉を閉じるという慣習があった。ここまでのローマの歴史でその扉が閉じられたのは二度しかなかったという。しかしアントニウスとエジプトに対する勝利の後、神殿の扉は閉じられた。

アウグストゥスという添え名

前三一年に最終的に政敵を打ち破り、それ以後は彼の権力に挑戦する者はいなくなったのであるから、事実上オクタウィアヌスはこの年に単独政権を樹立したと言ってよい。しかし、私たちがローマ皇帝と呼ぶ存在が出現し、帝政が開始されるには、あと少し時間を要したと考えるのが一般的である。なぜなら、オクタウィアヌスの権力は前三一年時点では誰からも——元老院はもちろん市民団からも、そのほか帝国内外の人びとからも——公式に帝国を統治しうると認められる性格のものではなかったからである。

オクタウィアヌスは前三二年以降、国家再建三人委員ではない。前四三年に執政官職に就き、前三三年、前三一年と再選した後は毎年ずっと執政官でありつづけた。しかし執政官以外にはなんらの法的根拠も、彼の権力にはないのだ。むろん彼は誰も比肩しない強大な軍事力を行使しえたし、莫大な富も持っていた。さらにアントニウスとの内戦に際して、「全体の同意のもとに consensus universorum《コンセンスス ウニウェルソールム》」という名目で、全権と軍を与えられていた。しかしそれだけでは国家を統治できないことを、カエサルの死が教えてくれている。カエサルは曲がりなりにも終身独裁官という、元老院にも他のすべての政務官にも優越した権力を得ていたが、それはむしろ彼の死を早めたに過ぎなかった。

　前二七年、オクタウィアヌスは突如、内戦以降保持していた全権と軍を、元老院と市民団に返上することを宣言した。元老院と民会は彼に感謝を表明し、オクタウィアヌスにアウグストゥスの添え名を贈った。

　ここで気をつけねばならないが、ローマの添え名とは、ある人の肉体的特徴や戦争での大勝利、あるいは養子となった場合の実の親の名など、その人の個人的な特徴を表すものであって、肩書や称号を示すものではない。「アウグストゥス」も同じで、この名によって彼はなにかの地位や特権を得たのではない。では彼の権力に関して、この添え名がまったく意味を持たないかというと、そうとも言えない。「アウグストゥス」とはもともと「増大させる、拡大させる」といった意味に由来した語であり、ここから転じて「崇敬される」

という意味を備えている。つまりアウグストゥスという添え名には、オクタウィアヌスが元老院と市民団から見て、「崇敬されるべき人」であるという意味がこめられている。人びとから崇敬される人物であるということは、やはり特別な、他の人びとから卓越した存在として、元老院とローマ市民団が彼を認めたということになる。

本書でも以下、彼のことをアウグストゥスと記すことにしよう。そして、続いてアウグストゥスがローマ皇帝と呼ばれる所以を述べておきたい。

3　元首の時代

つぎつぎと認められた権限

アウグストゥスは前二七年にすべての権限と軍事力を返上したが、元老院はその彼に属州統治を引き受けてくれるように要請した。内乱は終結したとはいえ、未だ帝国内には元老院とアウグストゥスに抵抗する分子も多い。また内戦で翻弄された元老院には、二〇に近い数の属州を統治するに足る総督も軍も用意することがおそらく現実に困難だった。

アウグストゥスは、全属州のなかでも特に情勢が不安定な部分の統治を引き受け、そのために一〇年間の執政官格命令権を得た。この年限は、後にくりかえし延長され、最終的に期限なしとされた。

このことの結果は重大であった。情勢が不安定な属州を引き受けたという理由で、アウグストゥスは全ローマ軍のうち約二〇軍団を掌握したのである。翻って、情勢が安定している属州に従来通りの総督を派遣した元老院側は五、六軍団のみしか動かせなくなった。今や公式にアウグストゥスは軍の大半に対して権限を持つ地位に立った。

前二三年、アウグストゥスはそれまで毎年就任していた執政官職を退いた。代わって彼は護民官職権を与えられた。護民官に就任しないが、護民官の職権を行使できるということである。これ以降、彼は平民会を招集することができ、また元老院と政務官に対して拒否権を発動できた。

さらに同年、彼は上級執政官格権限を得た。通常の執政官格権限と異なり、これによって彼は自身が管轄する属州だけでなくすべての属州に関して（つまりすべての属州総督に優越して）、決定権を行使できることとなった。

前一九年、執政官に許される標識や名誉が彼に認められた。すなわち緋色のトガと頭飾りを帯び、一二人の先導吏を従えて、元老院では両執政官と同席した。

前一二年、大神官職に就任した。

図34（右）　将軍としてのアウグストゥス

前１世紀末から紀元１世紀初頭。バチカン博物館所蔵（Vatican Museums, CC BY-SA 4.0 〈https://creativecommons.org/licenses/by-sa/4.0〉, via Wikimedia Commons）

図35（中）　大神官としてのアウグストゥス

前１世紀末から紀元１世紀初頭。ローマ国立博物館所蔵（Palazzo Massimo alle Terme, Public domain, via Wikimedia Commons）

図36（左）　政務官としてのアウグストゥス

前１世紀末初頭。ルーヴル美術館所蔵（写真提供：アフロ）

前五年と前二年、再び執政官に就任した。

前二年、元老院と市民団は彼に「国父」の称号を贈った。

長々と列挙した。こうしてアウグストゥスに、元老院と民会がつぎつぎに政務官および政務官格権限を認め、名誉を贈ったのである。結果はどうだろう？　彼は執政官権限、上級執政官格権限、護民官職権を持ち、大神官であった。したがって政治面で、軍事面で、宗教面であらゆる政務官に優越する権限を行使でき、元老院に対して拒否権を発動できた。謂わばローマ帝国全域に関してオールマイティな力をアウグストゥスは持ったのである（図34・35・36）。

共和政の再建？

しかしこれらの諸権限には、新たに創設されたものは何一つなかった。すべてが共和政期から存在した権限である。しかもカエサルが得た独裁官のような非常時の特別職ではない。すべてが国政の常態において、何百年も用いられつづけてきた権限なのである。そして元老院と民会が承認する範囲において、彼はそれらの権限を得て行使しただけであった。

共和政などもはや名実ともにない、と高言した養父とはずいぶん違うではないか。むしろ共和政はかつてのありように立ち戻ったとも言える。長い内乱と、スッラやカエサルのような事実上の独裁者の出現で息も絶え絶えになった共和政を、アウグストゥスが再建した、とも言えるのだ。

アウグストゥスは、紀元一四年に七五歳で死去する少し前に自分の業績をまとめて、帝国内の主な都市にその写しを碑文として掲げさせた。その末尾で、彼はこう述べている。

私は権威においては全ての者に優越しても、権限においてはいかなる政務官にも、私の同僚にも優越することはなかった。

（『神君アウグストゥス業績録』第三四節）

ローマ市民は平等、という共和政の原則どおり、自分は他の市民の上に立つ権力を持ってはいなかったと、彼はその長い権力者としての人生が終わろうとしている時に主張したのである。

ローマ市民のなかでも最も権威ある者は、古くから市民の第一人者《プリンケプス》と呼ばれ、敬意を受けていた。また元老院においても、最も権威がある者がやはりプリンケプスとして最初の発言を行うことができた。アウグストゥスは元老院のプリンケプスであり、かつ市民のプリンケプスでもあった。「崇敬される者」「国父」といった栄誉の名が、それをさらに補強した。そんな彼の立場を元首《プリンケプス》と呼び、そして彼が開始した新しい政治体制を元首政《プリンキパトゥス》と呼ぶこともある。

しかし、ではほんとうに共和政は再建され、アウグストゥスはほんとうに共和政の原則に従って正規の権限を行使したに過ぎないのだろうかというと、それはやはり違う。

「権力の束」

アウグストゥスの得た権限は、たしかにどれも共和政において既存のものだった。しかしそこにはかつてさまざまな制約があった。同僚制、一年任期（監察官と独裁官を除く）、兼任禁止、再任禁止などである。アウグストゥスはその多くを破った。執政官に一三回就任した。政務官を兼任はしなかったが、執政官格権限と護民官権限をともに終生保持した。上級執政官格権限という権限さえ獲得した。

ブライケンというドイツの研究者は、こうした状態を「権力の束」と呼んでいる。言い得て妙であろう。

最初のローマ皇帝と私たちが呼ぶこの権力者は、「皇帝」という地位に即位したわけではない。ローマにはそのような地位も権力も存在しなかったし、創設されもしなかった。もともと「皇帝」と日本語で訳されているラテン語自体、インペラートル（英語のエンペラーの語源）という語なのである。それはインペリウム保持者のことなのだ。すなわち、ここまでにいくども言及した軍命令権の保持者、古くは執政官と法務官であり、後にはこれに加えて執政官格、法務官格を持つ者のことである。ローマ人は昔からこれら将軍のことをインペラートルと呼んでいた。アウグストゥスも軍命令権保持者であったから、インペラートルと呼ばれたのである。

元老院と並立した帝国統治機構

このように、ローマ最初の皇帝は、共和政の権力しか持たなかった。しかしそれは権力の束であった。

もちろん現実にはアウグストゥスが元老院とローマ市民、いやローマ帝国全体を支配する立場にあったことは明らかだった。そもそもここまで見てきた元老院と民会からの彼への権限、名誉の付与が果たしてほんとうに自発的な性格のものだったのか、きわめて疑わしい。仮にそれらがアウグストゥスの仕立てた演出でなかったとしても、前二九年にアウグストゥスは元老院議員の査定を行い、じつに二〇〇人近い議員を刷新している。元老院には彼の支持者が多くいたはずである。またそれ以上に、先に述べたとおり彼は帝国の半分近くを統治し、しかも軍の大半を保持していた。抵抗は不可能だということを、元老院は理解していたであろう。

追い打ちをかけるように、彼は帝国統治のために新しい公職をつぎつぎと創設し、そこに騎士成員の登用を進めた。共和政期に常に論争の的であった穀物供給を制度化して、新設の穀物供給長官職に騎士を就けた。また親衛隊を設立し、その長官にも騎士を就任させた。皇帝が担当する属州（皇帝属州）のうち、特に重要な属州エジプトの総督も騎士であった。アウグストゥスはこの帝国最大の穀物生産地に元老院議員が立ち入ること自体を禁止したのだ。彼は明らかに共和政の統治者である元老院と並立した新しい帝国統治機構をつくりあげ、その担い手に騎士を用いようとした。

彼は決して、共和政の元老院統治体制に立ち戻ろうとしてはいなかったのだ。しかしカエサルのような軍事独裁を想起させる権力者や、ましてやローマ人が心底憎んでいる王になることはできなかった。共和政の再建者として自らの権力を既存の枠内に収めつつ、現実には元老院を掣肘する、ないしはそれが無理ならば元老院と帝国統治を分け合うことが、アウグストゥスのギリギリの選択だったのである。

しかし唯一、彼が権力保持のために躊躇せずに推し進めた新方針があった。それは自身が獲得した権限の世襲化である。

アウグストゥスの一族の男子たちは一五歳から執政官予定者となり、元老院議員となった。あるいは若くして上級政務職を歴任した。アウグストゥスは明らかに権力の世襲をめざし、共和政の慣行を度外視したのだ。結局、唯一彼より長命だった妻の連れ子、ティベリウスが後継者として次代の元首となった。

アウグストゥスの一族からは五世代の元首が出た。これをユリウス゠クラウディウス朝と呼ぶ。インペラートルの呼称も、カエサルという家名も、アウグストゥスという添え名も、やがて元首に対してのみ用いられるようになった。

4　帝国と帝政

ローマ帝国がローマ皇帝をもたらした

本書で扱ってきたテーマ——ローマ帝国誕生の経緯とそれがもたらした作用——は、ここまででほぼ論じ尽くされた。最後に帝政とローマ帝国との関係を二つの局面から述べておくことにしよう。一つは、アウグストゥスが確立した権力とローマ帝国形成との関係である。そしてもう一つは、帝政期のローマ帝国の展開である。

アウグストゥスは市民の第一人者として、そして現実には支配者としての地位を固めるために、辛うじて共和政の原則内に留まる巧緻な政治手法を駆使した。しかし考えてみれば、彼の権力獲得の大半には先例がある。私たちはここまでの各章で、それらを見てきている。

政務官の一年任期という原則は、すでに前三世紀末以降、たびたび破られている。執政官や法務官に複数回就任することも然りである。政務官格という手法も、前二世紀以降ごく一般的なものとなっていた。これらはみな、その都度都度のやむにやまれぬ状況のなかで取り入れられたのであった。それは最初のうちは、対外戦争やできたばかりの属州統治のために優れた軍命令権保持者が必要となったというものであった。しかしやがて、属州統治や大きな戦功が声望と富につながることを学んだ政治家たちが、こぞってこうした例外を得ようとしはじめた。

つまりは、ローマ帝国形成過程が、このような権力者を生み出していったのである。大スキピオがそうだった。大カトも、アエミリウス・パウルスも小スキピオもそうだった。ついで、帝国形成期のローマ社会内部におけるさまざまな矛盾もまた、共和政の慣行を揺るがした。グラックス兄弟以降、くりかえし護民官に就任する者が生まれた。内乱のなかで長期にわたって複数の軍団を保持することが常態化した。マリウスやキンナ、そしてスッラが元老院議員を粛清して議席を自身の支持者に与えた。やがて数年にわたり属州をまたぐ異例の命令権が個人に付与されるようになった。属州の再編や諸外国の王権に関する決定を、元老院ではなく個人が行うようになった。元老院はこうした動向を、場合によっては民衆派の仕業と糾弾したが、多くの場合は黙認もしくは率先して推進した。

こうした歴史の先に、アウグストゥスの出現があったのだ。

ローマ帝国の誕生が元首の権力を生んだと言えるだろう。

ローマ皇帝の出現がローマ帝国を成立させたのではない。ローマ帝国がローマ皇帝をもたらしたということである。

帝国が生んだ統治者としての立場に関して言えば、元首の帝国統治は共和政期の元老院による統治と、一点において本質的に異なっているように私には思える。それは、帝国に生きる人びとの暮らしと利害に関する配慮が統治者の責務と認識され、そのための包括的で精緻な統治プランが推進されたという点である。

思えばそれは自明かもしれない。都市国家的な理念を前提としていた元老院にとって、市民とは自由と自律を原則とする存在であり、属州民や諸外国・諸共同体はローマの権威と信義に身を委ねた存在であった。つまり、理念的には元老院は帝国を支配したのではなく、その権威によって導いたに過ぎない。

皇帝は違った。皇帝は初期段階で市民の第一人者を装った時でさえ、やはり支配者であった。ある社会の支配者とは、その社会の成員の暮らしと利益を守らねばならない者である。そうでなければ、誰が支配を受け入れるだろうか。元首は帝国社会全体の安寧のために精力的に政策を推進した。帝国は帝政期にいたって新しい局面を迎えたのである。

都市ローマの改変

まず都市ローマである。共和政期にはほとんど住民生活に関する統治者からのコミットがなかったことはすでに見てきた。アウグストゥスは都市守備隊を設置して、これを都市域のすぐ外に駐留させた（この守備隊の宿舎跡は、今でもローマの鉄道駅からそれほど遠くない場所に残っている）。都市内を一四の行政管区に分け、各管区に担当行政官を置いた。また住民から役人を選ばせ、彼らに地区の治安と消防そして宗教行為を担当させた。都市市民のために穀物供給制度を確立したことに伴って、穀物備蓄庫も設置した。私たち現代人なら驚愕するかもしれないが、こういった都市の行政や治安に関する施政は、この時点までローマ市にはなかったのだ。

アウグストゥスは都市ローマそのものを大規模に改変した。従来の中央広場に隣接して新しい広場を建設した。劇場、神殿も造営した。都市の北西部には新しい時代を象徴する「平和の祭壇」を設置した（図37）。また、新しい水道を引き、それを利用してローマ最初の大規模公共浴場を導入した。ローマはその八〇〇年近い歴史のなかで初めて、ヘレニズムの大都市に比肩する偉容を備え、安全で快適な都市へと姿を変えた。スエトニウスによると、アウグストゥスは「ローマを煉瓦の街として引継ぎ、大理石の都として残す」と自慢したという。

彼はまたイタリアをも一一の管区に分け、行政官を設置した。各地とローマを結ぶ街道を整備した。港湾を拡張し、常設海軍を設置した。

図37　「平和の祭壇」
ローマ市内。アウグストゥスのヒスパニアおよびガリア平定の記念に、前9年に竣工した。約11m×12mの白い大理石の祭壇。側面にはアウグストゥスと彼の家族、友人たちが神々に犠牲を捧げる様子が浮き彫りされている。アウグストゥスは帝国の安定統治の一つの柱として人々の宗教的敬虔や道徳的家族観の確立を強く促そうとしていた（Rabax63, CC BY-SA 4.0〈https://creativecommons.org/licenses/by-sa/4.0〉, via Wikimedia Commons）

元首によるこうした方針は、次代以降に引き継がれた。元首たちはローマやイタリア諸都市に壮麗な広場や神殿を造営した。また食糧供給に腐心し、都市住民に快適な生活を提供しようとした。水道や街道が加えられ、設備の整った大浴場や市場が住民の暮らしを快適なものにした。

さまざまな娯楽施設が造られた。劇場、競馬場、体育場、円形闘技場など。ローマ人が好む剣闘士競技のための円形闘技場は、ユリウス＝クラウディウス朝までのローマ市には小規模なものしかなかった。ユリウス＝クラウディウス朝最後の元首ネロの死後、新たに興ったフラウィウス朝の元首たちは、ネロの宮殿跡に巨大な円形闘技場を建設した。かつてそこに立っていたネロの巨像（コロッスス）の名をとってコロッセウムと呼ばれるようになったこの新しい円形闘技場は、東京ドームとほぼ同じ人員を収容することができる。紀元一世紀から二世紀頃にかけて活躍した詩人ユウェナリスは、自分の生きた時代のローマ市民を「パンと娯楽にしか関心がない」と揶揄した。しかし、市民への元首の関心は、なにも彼らを懐柔することではなかったのだろう。元首は、都市住民の生活を支える責務を認識していたのだ。彼らはそれをなすだけの権力を持ち、また属州からの税と元首自身の財産からなる莫大な富を用いることができた。

属州とローマ市民権

属州では新しい植民市が多数建設された。属州の植民市はカエサルの時期からそれ以前に比べて飛躍的に増加していたが、アウグストゥス以降の元首もその方針を引き継いだ。多くのローマ市民がイタリアから属州に移住した。彼らには植民市周辺に農地が分配された。グラックス兄弟の改革以来、常に問題でありつづけた貧困市民の救済と、マリウスの軍政改革以来の有力政治家の課題であった退役兵への土地分配は、この方法で元首の時代に解決をめざされた。元首はまた自ら、あるいはローマや属州の有力者に働きかけて、植民市内外のインフラ整備に努めた。道路が敷かれ、水道が設置されて、港湾が整備された。

属州民の都市も地域によって帝政期に入って急速に改変された。ローマ風の都市景観が一般的となり、ローマ型公共建造物が建造された。ローマ市のような中央広場が、市場が、神殿が造営され、円形闘技場とそこでの剣闘士競技が一般的となった（図38）。ヒスパニアのように前一世紀から一部住民がローマ風の生活様式になじんでいた属州もあったが、多くは帝政期に入って変わっていった。

植民市も、属州民都市も、基本的には自治が認められた。都市住民はローマの政治組織を模倣して、都市役人や都市参事会を組織した。

一世紀の著作家プリニウスは、彼の時代のイベリア半島南部諸都市について、次のように述べている。

そこはガデス、コルドゥバ、アスティギそしてヒスパリスを中心に、四つの司法管区がある。町は全部で一七五ある。そのうち九つはコロニア、八つはムニキピウム、二九はラテン権都市となって久しい。六つが自由な町であり、（ローマと）同盟関係の町が三、そして一二〇の町が貢納を課せられている。（プリニウス『博物誌』第三巻第五章）

図38　イタリカの円形闘技場
（写真提供：DeA Picture Library／アフロ）

ここでプリニウスが挙げている各種の町の性格については不明な点が多く、今でも研究者の議論が続いている。しかし、議論は措くとして一世紀のイベリア半島南部にはいくつかの植民市（これはローマ市民権を備えている）と並んで、多くの都市的規模の居住地があり、それらがローマとの関係に応じてさまざまな地位と権利を備えていたということである。

フラウィウス朝最初の元首ウェスパシアヌスは、ついにヒスパニアの全居住地にラテン権を付与した。

ヒスパニアは属州のなかでも皇帝の恩恵に恵まれていたことは間違いない。しかし他の属州も、多かれ少なかれ皇帝による配慮を得ていたと考えてよい。

属州民のなかからは正規のローマ軍に準ずる

補助軍に入隊するものが多かった。二五年間勤続した後で除隊すると、彼らにはローマ市民権が与えられた。一方、属州都市の都市役人や都市参事会員を務める属州エリート成員からもローマ市民権を得る者が現れた。元首は時に、属州の一つの都市全体にローマ市民権を付与することもあった。

紀元二世紀初頭の皇帝トラヤヌスの祖先は、ヒスパニアのあのイタリカ出身だった。属州が皇帝を生む時代が到来したのである。

属州なくして帝国は成り立たない

こうして、帝国のなかでイタリアは支配者であるローマ人の居住する空間、属州は被支配者である属州民が住む空間、という前一世紀以来の構造はしだいに緩んでいった。紀元一世紀半ばには、属州出身者が元老院議員のなかに多く見られるようになっていた。

属州は帝国経済の重要な柱となった。

エジプトやシチリア、アフリカはイタリアに穀物を供給し、ヒスパニアは鉱物資源やオリーブ油、穀物、魚醬を輸出した。鉱物資源はガリア、黒海沿岸からも産出したし、ダキア、トラキア（現在のルーマニア、ブルガリア一帯）からは多くの奴隷が地中海に送られた。ガリア・ナルボネンシスやヒスパニア北部では陶器やアンフォラ（液体容器）、煉瓦などの製品も輸出された。イタリア産、ヒスパニア産、ガリア産などのワインが帝国各地の人びとの喉を潤した。商取引には属州民も携わった。帝政期の属州は、単なる被支配地、搾取の対象ではない。帝国経済のなかで生産と交易、消費を属州が支えたのだ。属州なくしては帝国は成り立たない時代となっていた。

それだけに、帝国は新しい属州を必要とした。新たに植民市を建設して、市民に土地を分配するためにも、また新たな資源や商品を開発するためにも、元首はつぎつぎに新しい土地を侵略した。

アウグストゥスは、イベリア半島の残っていた地域を征服して、属州ヒスパニアをキテリオル、バエティカ、ルシタニアの三つに再編した。またカエサルが征服したガリアの編成にも力を注いだ。さらにラエティア、ノリクム（現在のドイツ南部、オーストリア、スロヴェニア一帯）、イリュリクム、パンノニア（現在のクロアティア、セルヴィア、ハンガリーおよびスロヴェニアの一部）、ガラティア、ユダヤが属州に加わった。

この動きはその後も続いた。ローマは二世紀初頭の皇帝トラヤヌスの治世まで拡大を続けた。それはこの帝国の宿命と言うしかない。帝国は皇帝による統治を必要とした。皇帝たちは帝国に平和と繁栄をもたらした。彼らは帝国の民の利害のために配慮しつづけ、彼らの暮らしに安寧を保証したのだ。それが帝国の支配者の責務だったからである。そしてその背後には、くりかえされる対外戦争と、つぎつぎに帝国の支配下に組み込まれる人びとの群れがあった。

かつてローマは、イタリアの都市国家という原型に留まりながら、獲得したばかりの属州の扱いに困惑し、地中海東部の諸国家・諸共同体との関係構築を模索していた。しかし一度動き出した車輪が簡単に止まることができないように、ローマ帝国はその確立と、それに適合した統治機構の獲得以降、拡大を続けることになったのである（図39）。

しかし平和と繁栄がいつまでも続くことはできなかった。

帝国内に最初からあった諸問題は依然として残る。大半のローマ市民は貧しいままであったし、穀物不足もくりかえされた。属州民からの搾取も続いた。他方、各地の経済活動はイタリアの空洞化を招いた。新しい宗教が帝国内に広まり、人びとの価値観や生活様式を変えていった。

皇帝の血統は途絶え、各地の軍が将軍を新しい皇帝へと推挙した。三世紀にはそうしたローマ軍とローマ軍が帝国各地で戦った。帝国の支えであった支配の拡大自体、永遠に続けることはできない。より遠くなる敵地へ進軍するローマ軍はいくつもの強敵と出会うことになる。やがていくども対外的敗北を経験し、皇帝自身が戦死したり、敵の捕虜となることもあった。ローマはやがて統治体制の改編を試み、また権力闘争がくりかえされるよ

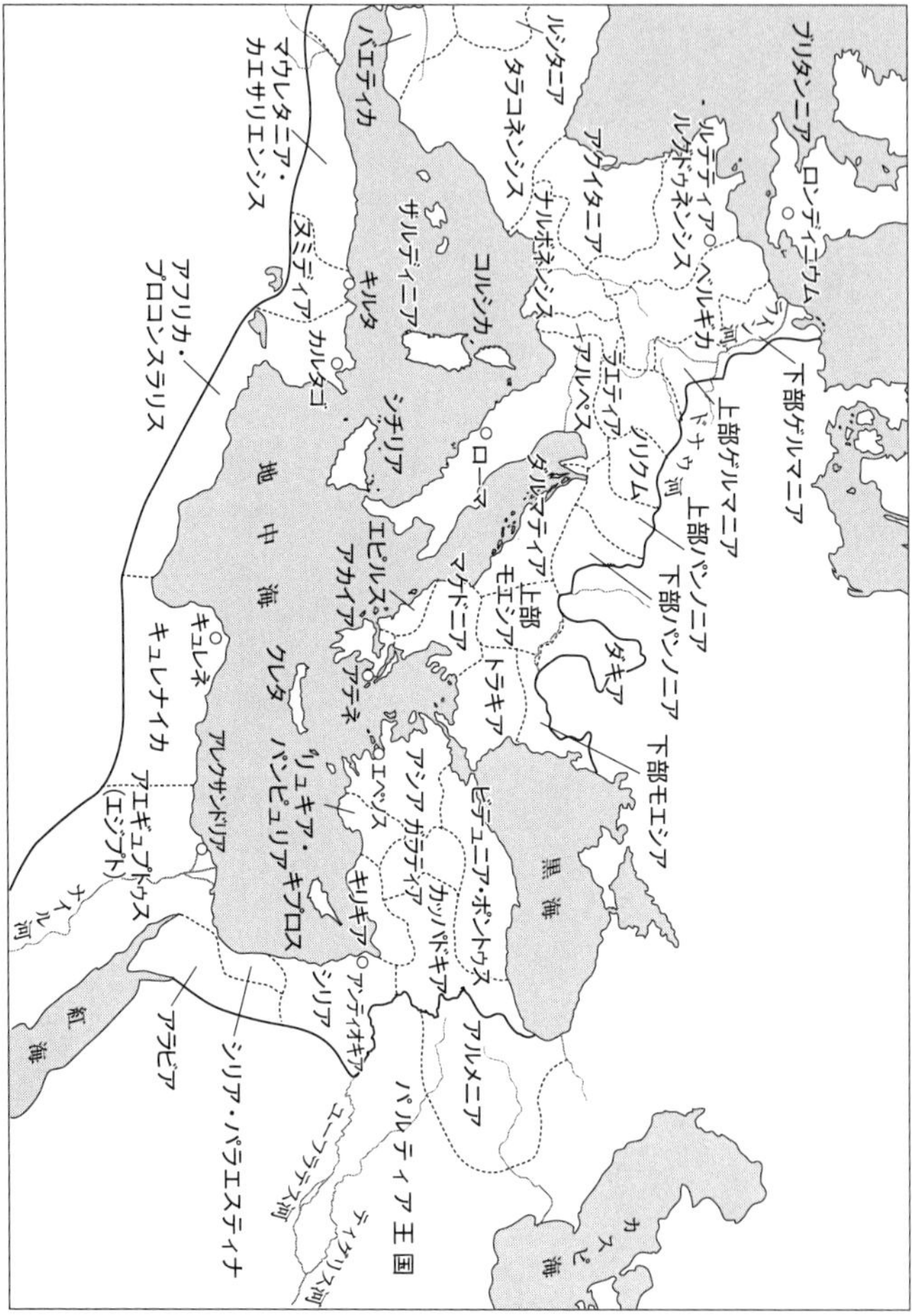

図39　紀元2世紀初頭のローマ帝国版図

（アエリウス・スパルティアヌス他、南川高志訳『ローマ皇帝群像』1、京都大学学術出版会、2004をもとに作成）

うになる。まるで共和政末期の時代のように。それらを経て、この帝国は最終的には衰退へと向かうことになるのであるが、それはもはや「ローマ帝国の誕生」をテーマとする本書の描きえるものではない。

終わりに

イベリア先住民たちにとっての「世界」

「ローマ帝国の誕生」をテーマとした本文は、ここまでで終わる。ここから先は、歴史学研究に許される域をやや逸脱して、私自身の想像をまじえながら、ローマ帝国形成期に生きた人びとが未知の時代に否応なく向き合っていく時、なにを思い、なにを行ったのか考えてみたい。

まず、ここまでの各章で伝えようとしてきたことを、あらためて強調しておきたい。二一世紀を生きる私たちは、古代ローマ帝国はいくつもの属州で成り立っていたということを、歴史的事実として知っている。しかし二二〇〇年ほど前の地中海に生きる人びとにとっては、属州などという存在は未知のものだった。ローマ人に支配されるにいたる各地の先住民にとってだけでなく、当のローマ人にとってさえ知られていなかったのだ。

ローマ人が持っていた人と人、国と国、社会と社会の関係は、理念的に成員が平等な市民社会内部のそれか、自由人と奴隷の関係か、イタリアにおける、あるいはようやく本格的にローマが進出しはじめていた海外における、自立した国家や共同体との関係であった。その彼らであるから、イタリアの外においてある特定の空間を戦争の勝者として敗者から獲得した時、さてこれをどう扱ったものかと、さぞかし困惑したであろう。

まして属州民とされた先住民からすれば、自分たちの土地が外来者の被支配地とされ、否応なく外の世界の一部とされてしまったことなど、青天の霹靂としか言いようがない。

先住民たちがみな自分たちの固有の生活圏のことしか知らず、外の世界と接触していなかったわけではない。本書で取り扱ったイベリア半島では、前一〇世紀頃からさまざまな人びとが半島外から到来し、半島各地で先住民と交易して、一部は定住すらしている。先住民は古くから、こうした外来の人びとと交渉し、文化的影響を受け、場合によっては戦い、また場合によっては外来者同士の戦いを傍観したり、どちらかに加勢したりしていた。それが彼らの従来の生き方だったと言ってよいだろう。

それでも、イベリア先住民たちにとっての「世界」とは、やはり自分たちの生活圏であった。イベリア半島は地勢によって内部がいくつかの先住民グループの生活圏に分かれていたので、一つ一つの部族にとってはそうした半島内の特定の空間が彼らの「世界」であったのだ。外来者はいわば彼らにとって「窓」であり、そこから半島外を覗いていたと考えられる。

立ち去らない外来者

ローマ人が第二次ポエニ戦争時にやってきて、カルタゴ人と戦った時にも、おそらく彼らは「また、外の世界から来た連中が我々の土地で戦っている」と思ったのではなかろうか。各部族は利益が得られそうならば、ないしはそうしないと不利益になりそうならばローマ軍かカルタゴ軍に加担した。しかしおそらく、自分たちがローマの支配下に数百年も置かれるなどとは思っていなかっただろう。ローマ人の方もそうだったかもしれない。大スキピオが前二〇六年にイタリカを建設した頃になってようやく、なんらかのかたちでローマの影響下にイベリア半島南部を置くヴィジョンを得たのかもしれない。

戦争が終わってもローマ人は去らなかった。それどころか毎年のように新しい将軍がローマ軍とともに駐留した。先住民はそのことに警戒心を抱いていたとみられる。しかしよもや自分たちの土地がローマの一部になるとまで予想しただろうか。リウィウスによると、前一九七年に半島にはイタリアに近い方と遠い方に二人の軍命令権保持者が派遣されたとなっており、これを私たちは二つの属州の設置と見なしている。しかし、そのことをイベリア先住民は知っていただろうか。

彼らも、それまでと違って、正規の政務官がやってきたことは、把握していたかもしれない。そこから雲行きが怪しいと判断した可能性もある。だからこそ、同じ年に南・東部住民が一斉に蜂起したのであろう。しかしそれを帝国支配への抵抗とか自由の熱望といった言葉で説明すると、どうも違う気がしてならない。彼らはただ、それまでやってきたとおりに、飛んできた火の粉を避けようとしただけなのではあるまいか。

しかし、しだいに先住民たちは今度の新しい外来者は自分たちの土地から立ち去らないということを悟らざるを得なくなった。フェニキア人やギリシア人のように、半島の各地に都市を建設して、自分たちと平和的に共存しようというのではない。ローマ人は驚くほど強力で、自分たちの方が打ち負かされて居住地を破壊され、さらにヒトやモノをまで奪われることが、この先も続きそうだと先住民たちは気づいた。彼らはうろたえ、怒り、絶望したことだろう。しかし、彼らはできるかぎり不利益を避け、安定した生活を維持しようとした。ローマ人の方でもおそらく、できるかぎり犠牲を払うことなく、なんとかこの新しい支配地の人々と安定した関係を構築しようとしたのではあるまいか。

両者の思惑の一致点が、まず南・東部における先住民の服属であり、ついで新たに属州に組み込まれた人びとから始まったグラックスの「条約」に基づく「ローマ人の友」という立場であった。「ローマ人の友」という立場は、やがて全属州に敷衍された。

属州民の「したたかさ」

だが、ヒスパニアではやがてローマによる支配が強化された。ルシタニア人の指導者ウィリアトゥスは暗殺されて、ルシタニア人は属州民となった。ケルトイベリア人の居住地ヌマンティアは徹底的にローマに打ち破られ、都市は焼かれ、住民は奴隷とされた。これ以降、属州ヒスパニアでは大きな蜂起はない。

属州先住民の側で、各々の共同体が伝統的な暮らしの維持のために蜂起するというレベルから、団結・共闘して確立されつつあった属州支配と戦ったということはあったのだろうか。イベリア人とフェニキア系都市、さらには一部ケルトイベリア人が早くも前一九〇年代前半の蜂起においてもその後も、情報を共有し合っていた可能性は述べた。前二世紀中葉にはケルトイベリア人のなかのいくつかの部族がともに蜂起した。同じ頃、ルシタニア人がケルトイベリア人に対して、ローマ軍から奪った軍標識を示して鼓舞したという伝えもある。とはいえ彼らの戦いは、一度もローマという国家による支配体制そのものへの抵抗や反乱にはならなかった。彼らの戦いは、あくまでも暮らしと命を守るためのものであり、理念や民族的な意識はそこにはない。

では、ヒスパニアの人びとは、デディティオを行う他ないところまで追いつめられた後は、あるいは一定の自由と文化的アイデンティティが認められた後は、ローマ人に従容と隷従するようになったのだろうか。「はじめに」冒頭で描いたように、ケルトイベリア人やルシタニア人のような惨めな蛮人が打ち破られたことで、地中海一円がローマ人によって支配され収奪されたのが帝国の実情だったのだろうか。

そう捉えることができる面もある。属州を厳しく搾取した総督は、なにも本書で紹介したウェッレースだけではない。ローマ人によって大々的に開発された鉱山の例も知られている。徴税請負人は、どこの属州でも憎まれた。

しかし、ローマは属州で圧政をしき、人びとを搾取しただけではなかった。属州民には基本的に自治が認められた。総督の搾取に対しては、早い時期から常設法廷が設置された(おそらく最初の三〇年ほどは、あまり機能しなかったが)。イタリア人・ローマ人商人や請負業者とならんで、属州民が属州での経済活動から疎外されたわけではない。

カエサルの政権から帝政期になると、属州の利害を配慮する政策は大きく進んだ。

こうした属州政策は、ローマ側からの一方的な恩恵ではないし、ましてや人道的配慮から推進されたわけではない。属州民の利害に配慮した政策が、属州統治を円滑にするという判断からなされたことである。あるいはむしろ、属州民に配慮しつつ円滑に平和的に属州経営を行わねば帝国統治が滞るという判断、と言うべきか。元老院は属州の重要性を認識していたし、属州民を隷従させ搾取するのみではむしろその重要性を活かしきれないと理解していた。帝国が生み出した権力者である皇帝はなおさらであった。

ローマ側にそう判断させうるだけ属州民がしたたかだったということだ。早い場所ではすでに前二世紀頃から始まったいわゆるローマ化は、おそらくローマ人の主導によるものではなく、属州先住民の共同体ごとの自律的な選択——端的に言えばローマ風の生活や文化を取り入れた方が得か損か、あるいはもしかしたら「イケている」か「ダサい」かどうか？　——であったろう（ローマ側としても、彼らがローマ風になってくれることを願ったことはたしかだろうが）。帝政期に入っていくつかの属州でローマ化が進行する様相は、ローマ的文化の受容が得策であることが、これら属州で認識されていたことを示唆している。特に属州エリート層は、積極的にローマ人有力者——特に元老院議員や、帝政期には皇帝——との誼《よしみ》を願った。それは彼らの社会的地位を帝国内で上昇させた。彼らは今や、普通のローマ市民よりもはるかに豊かで、学識があり、権力に近かった。内乱期には彼らは特定のローマ人有力者とともに戦い、帝政期には多くがローマ市民権を獲得して、元老院に進出する者もあった。

その一方で、属州が一元的にローマ文化に取り込まれたわけではなかった。フェニキア系都市で、伝統的な文化が残ったことは見てきた。帝国各地で発見されているローマ期の墓地からは、ローマ風の形式の墓石と並んでそれぞれの在地の様式の墓石や副葬品が出土している。また故人の名自体が、在地の部族の名を表す事例もある（図40）。

各地でローマの神々が信仰され、そのための神殿や祠が造られた一方で、それらの神々と在地の神々の習合の例も多い。あるいは在地の神の信仰がそのまま残っている場合もある。帝国内のある地域の信仰が他地域に広がったことも多く知られている。ローマ人もそうした外来の神々を信仰した。エジプト起源のイシス、西アジア起源のミトラ（図41）、あるいはユダヤ起源のキリスト教。

図40　ヒスパニア出土の墓石
アウグストゥスが建設したヒスパニア第3の属州ルシタニア。その州都であるエメリタ・アウグスタ（現メリダ）出土の紀元2世紀の墓石には、故人が「Pompeia Clouitana Turdula、60歳」と記されている。家名のTurdulaは彼女がトゥルドゥリ族の出自であることを表していると考えられる（著者撮影2018年10月25日）メリダ考古学博物館所蔵

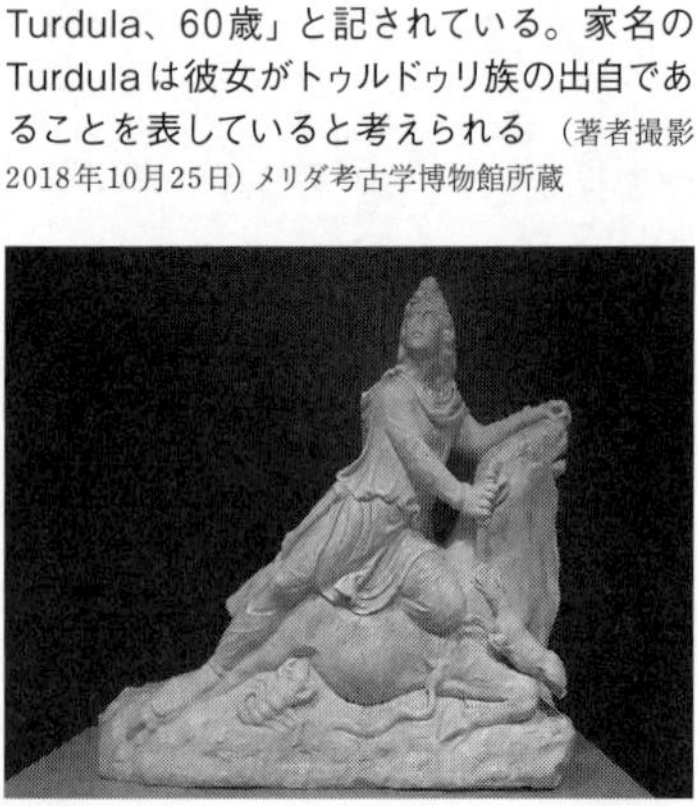

図41　ヒスパニア出土のミトラ神像
（著者撮影2018年10月20日）コルドバ考古学博物館所蔵

各属州が現地の特選品を生産し、輸出した。紀元一世紀頃、ローマでのオリーブ油、魚醬の市場はヒスパニア産が圧倒的なシェアを誇っていた。エジプト、シチリア、アフリカ、ガリアからは穀物がイタリアに運ばれた。商品はイタリアのみに輸出されたわけではない。帝国の北限、ブリテン島からはヒスパニア産のオリーブ油を運んだ容器やワイン、ガリア産の陶器が出土している。帝国の人びとの生活は、各属州産の生産品で支えられていたのである。しかしこの分野でも、すべてが「グローバル化」したわけではない。前二世紀にイタリアで生産が始まった赤色陶器テッラ・シギラータがガリアやヒスパニアで生産される一方で、これら属州では在地の形、文様の陶器も生産されつづけた。

ローマ帝国の民として生きる

暮らす環境が変わったからといって、人がそう簡単に変われるわけではないことを、私たちは見てきた。属州ヒスパニアの先住民も、そしてローマ人自身も。初期の属州ヒスパニアでは先住民の蜂起がくりかえされた。大カトや小スキピオから見れば、彼らは叩き潰すべき輩だったかもしれない。だがやがて、彼らの子孫は帝国を支える存在となり、さらに帝国を変えていった。ローマ帝国にとって属州は不可欠な存在となった。他方、各属州では先住民の長い伝統と価値観が消滅することはなかった。このように言えばよいだろうか。今やローマ（それは前一世紀以降、イタリア全土を意味する）と属州、その双方でローマ帝国なのだ、と。

一方、帝国形成後のローマ社会内部には、さまざまな問題と軋轢が起こり、多くの血が流れた。それは新しい国家形態に適合した新しい政治体制を生み出すためのやむをえない産みの苦しみだった、と言うのは簡単だが、グラックス兄弟やキケロ、それに多くの元老院議員たちでさえそれを聞いたらたぶん憤慨するだろう。その長い長い苦しみを経て、ローマは新しい体制へと移行した。

どちらの社会でも、こうした変化の過程のなかで、おそらく多くの人びとが命を落とした。あるいは自由の身分をなくした。あるいは安定した暮らしを、あるいは自分たち自身の社会を。

好むと好まざるとにかかわらず混迷と暴力に直面し、自分自身も変わらなくては生きのびることができない状況に置かれた時、属州の先住民のなかにもローマ人のなかにもその状況と戦い、打ち砕かれる者もいた。受忍した者もいた。積極的に活路を見出そうとする者もいた。自分たちのアイデンティティをしたたかに残す者もいた。どの生き方が賢明だったのか、あるいは正しかったのか、答えを出すことはとうてい私の力の及ばないところである。

ただ本書の終わりに代えて述べたいのは、ローマ帝国の誕生という事態は、そこに生きていた人びとにとってはあまりに既知の世界からかけ離れており、対処のしようすらわからないものであった、という点である。そしてまた、この事態は突発的に起こったことではない。ゆっくりと、約三〇〇年の時間のなかで、日常の背後で形作られていき、ある日現実のものとして眼前に現れたのであった。そのなかでもがきながら、彼らは――ローマ人も属州民も――ローマ帝国の民となっていったのである。

参考文献

本書のテーマについてより深く知りたい読者のために、日本語で読める主な史料と研究書を紹介します。

〈史料〉

カエサル『内乱記』國原吉之助訳、講談社、一九九六年
同『ガリア戦記』國原吉之助訳、講談社、一九九四年
『キケロー選集1　法廷・政治弁論1』竹中康雄・上村健二・宮城徳也・久保田忠利訳、岩波書店、二〇〇一年
『キケロー選集2　法廷・政治弁論2』谷栄一郎・小川正廣・宮城徳也・山沢孝至訳、岩波書店、二〇〇〇年
『キケロー選集3　法廷・政治弁論3』小川正廣・根本英世・城江良和訳、岩波書店、一九九九年
『キケロー選集4　法廷・政治弁論4』大西英文・谷栄一郎・西村重雄訳、岩波書店、二〇〇一年
『キケロー選集5　法廷・政治弁論5』大西英文・谷栄一郎・西村重雄訳、岩波書店、二〇〇一年
『キケロー選集8　哲学1』岡道男訳、岩波書店、一九九九年
『キケロー選集9　哲学2』中務哲郎・高橋宏幸訳、岩波書店、一九九九年
『キケロー選集13　書簡1』根本和子・川崎良和訳、岩波書店、二〇〇三年
『キケロー選集14　書簡2』高橋英海・大芝芳弘訳、岩波書店、二〇〇一年
『キケロー選集15　書簡3』高橋宏幸・五之路昌比呂・大西英文訳、岩波書店、二〇〇二年
『キケロー選集16　書簡4』大西英文・兼利琢也・根本和子訳、岩波書店、二〇〇二年
スエトニウス『ローマ皇帝伝』上、国原吉之助訳、岩波書店、一九八六年
プリニウス『プリニウスの博物誌』1〜3、中野定雄・中野里美・中野美代訳、雄山閣、一九八六年
プルタルコス『プルタルコス英雄伝』上・中・下、村川堅太郎編、筑摩書房、一九九六年
同『英雄伝』1、柳沼重剛訳、京都大学学術出版会、二〇〇七年

同『英雄伝』2、柳沼重剛訳、京都大学学術出版会、二〇〇七年
同『英雄伝』3、柳沼重剛訳、京都大学学術出版会、二〇一一年
同『英雄伝』4、城江良和訳、京都大学学術出版会、二〇一五年
同『英雄伝』5、城江良和訳、京都大学学術出版会、二〇一九年
同『英雄伝』6、城江良和訳、京都大学学術出版会、二〇二一年
ポリュビオス『歴史』1、城江良和訳、京都大学学術出版会、二〇〇四年
同『歴史』2、城江良和訳、京都大学学術出版会、二〇〇七年
同『歴史』3、城江良和訳、京都大学学術出版会、二〇一一年
同『歴史』4、城江良和訳、京都大学学術出版会、二〇一三年
リウィウス『ローマ建国以来の歴史』1、岩谷智訳、京都大学学術出版会、二〇〇八年
同『ローマ建国以来の歴史』2、岩谷智訳、京都大学学術出版会、二〇一六年
同『ローマ建国以来の歴史』3、毛利晶訳、京都大学学術出版会、二〇〇八年
同『ローマ建国以来の歴史』4、毛利晶訳、京都大学学術出版会、二〇一四年
同『ローマ建国以来の歴史』6、安井萠訳、京都大学学術出版会、二〇二〇年
同『ローマ建国以来の歴史』9、吉村忠典・小池和子訳、京都大学学術出版会、二〇一二年

〈研究書〉

青柳正規『皇帝たちの都ローマ——都市に刻まれた権力者像』中央公論社、一九九二年
アマダジ＝グッゾ、M・G『カルタゴの歴史——地中海の覇権をめぐる戦い』石川勝二訳、白水社、二〇〇九年
石川勝二『古代ローマのイタリア支配』渓水社、一九九一年
イナール、F『新版ローマ共和政』石川勝二訳、白水社、二〇一三年
井上文則『軍人皇帝時代の研究——ローマ帝国の変容』岩波書店、二〇〇八年

同『軍と兵士のローマ帝国』岩波書店、二〇二三年
岩井経男『ローマ時代イタリア都市の研究』ミネルヴァ書房、二〇〇〇年
ウォード＝パーキンズ、B『ローマ帝国の崩壊——文明が終わるということ』南雲泰輔訳、白水社、二〇二〇年
ウルス＝ミエダン、M『カルタゴ』高田邦彦訳、白水社、一九九六年
大戸千之『ヘレニズムとオリエント——歴史のなかの文化変容』ミネルヴァ書房、一九九三年
ガーンジィ、P『古代ギリシア・ローマの飢饉と食糧供給』松本宣郎・阪本浩訳、白水社、一九九八年
栗田伸子・佐藤育子『興亡の世界史　通商国家カルタゴ』講談社、二〇一六年（初出は『興亡の世界史3　通商国家カルタゴ』講談社、二〇〇九年）
グリーン、K『ローマ経済の考古学』本村凌二監修、池口守・井上秀太郎訳、平凡社、一九九九年
ケリー、Ch『ローマ帝国』藤井崇訳、岩波書店、二〇一〇年
コンベ＝ファルヌー、B『ポエニ戦争』石川勝二訳、白水社、一九九九年
サイドボトム、H『ギリシャ・ローマの戦争』吉村忠典・澤田典子訳、岩波書店、二〇〇六年
サイム、R『ローマ革命——共和政の崩壊とアウグストゥスの新体制』上・下、逸身喜一郎・小池和子・上野慎也・小林薫・兼利琢也・小池登訳、岩波書店、二〇一三年
坂口明・豊田浩志編『古代ローマの港町——オスティア・アンティカ研究の最前線』勉誠出版、二〇一七年
阪本浩「古代のイベリア半島」関哲行・立石博高・中塚次郎編『世界歴史大系　スペイン史1』山川出版社、二〇〇八年
周藤芳幸『ナイル世界のヘレニズム——エジプトとギリシアの遭遇』名古屋大学出版会、二〇一四年
砂田徹『共和政ローマの内乱とイタリア統合——退役兵植民への地方都市の対応』北海道大学出版会、二〇一八年
立石博高編著『スペイン・ポルトガル史』上、山川出版社、二〇二二年
長谷川岳男「ローマ帝国主義研究——回顧と展望」『軍事史学』三七―一、軍事史学会、二〇〇一年
長谷川博隆『カエサル』講談社、一九九四年（『シーザー——古代ローマの英雄』旺文社、一九六七年の改訂版）

同『古代ローマの自由と隷属』名古屋大学出版会、二〇〇一年
同『古代ローマの政治と社会』名古屋大学出版会、二〇〇一年
パランク、J＝R『末期ローマ帝国』久野浩訳、白水社、一九七七年
比佐篤『「帝国」としての中期共和政ローマ』晃洋書房、二〇〇六年
藤井崇「消滅するヘレニズム世界」南川高志編『B.C.220年――帝国と世界史の誕生』山川出版社、二〇一八年
ブライケン、J『ローマの共和政』村上淳一・石井紫郎訳、山川出版社、一九八四年
ブラウン、P『古代末期の形成』足立広明訳、慶應義塾大学出版会、二〇〇六年
マイヤー、E『ローマ人の国家と国家思想』鈴木一州訳、岩波書店、一九七八年
マコーレイ、D『都市――ローマ人はどのように都市をつくったか』西川幸治訳、岩波書店、一九八〇年
松本宣郎『ガリラヤからローマへ――地中海世界をかえたキリスト教徒』山川出版社、一九九四年
松本宣郎編『世界歴史大系　イタリア史1――古代・初期中世』山川出版社、二〇二一年
南川高志『ローマ皇帝とその時代――元首政期ローマ帝国政治史の研究』創文社、一九九五年
同『ローマ五賢帝――「輝ける世紀」の虚像と実像』講談社、一九九八年
同『新・ローマ帝国衰亡史』岩波書店、二〇一三年
同『海のかなたのローマ帝国――古代ローマとブリテン島』（増補新版）岩波書店、二〇一五年
同「帝国の民となる、帝国に生きる」南川高志編『B.C.220年――帝国と世界史の誕生』山川出版社、二〇一八年
同「ローマ的世界秩序の崩壊」南川高志編『B.C.378年――失われた古代帝国の秩序』山川出版会、二〇一八年
宮嵜麻子『ローマ帝国の食糧供給と政治――共和政から帝政へ』九州大学出版会、二〇一一年
同「変わりゆく地中海」南川高志編『B.C.220年――帝国と世界史の誕生』山川出版社、二〇一八年
毛利晶『一つの市民権と二つの祖国――ローマ共和政下イタリアの市民たち』京都大学学術出版会、二〇二二年
本村凌二『多神教と一神教――古代地中海世界の宗教ドラマ』岩波書店、二〇〇五年
同『興亡の世界史　地中海世界とローマ帝国』講談社、二〇一七年（初出は『興亡の世界史4　地中海世界とロー

マ帝国』講談社、二〇〇七年）
モムゼン、Th『ローマの歴史』1〜4、長谷川博隆訳、名古屋大学出版会、二〇〇五〜二〇〇七年
安井萠『共和政ローマの寡頭政治体制――ノビリタス支配の研究』ミネルヴァ書房、二〇〇五年
弓削達『ローマ帝国の国家と社会』岩波書店、一九六四年
同『ローマ帝国論』吉川弘文館、一九六六年
同『地中海世界とローマ帝国』岩波書店、一九七七年
同『ローマはなぜ滅んだか』講談社、一九八九年
同『永遠のローマ』講談社、一九九一年（初出は『世界の歴史3　永遠のローマ』講談社、一九七六年）
同『素顔のローマ人』河出書房新社、一九九一年
同『地中海世界――ギリシア・ローマの歴史』講談社、二〇二〇年（初出は『新書西洋史2　地中海世界――ギリシアとローマ』講談社、一九七三年）
吉村忠典『支配の天才ローマ人』三省堂、一九八一年
同『古代ローマ帝国――その支配の実像』岩波書店、一九九七年
同『古代ローマ帝国の研究』岩波書店、二〇〇三年
ランソン、B『古代末期――ローマ世界の変容』大清水裕・瀧本みわ訳、白水社、二〇一三年
ロストフツェフ、M『ローマ帝国社会経済史』上・下、坂口明訳、東洋経済新報社、二〇〇一年

ローマ史略年表

年	事　項
前753	伝承によると、イタリア中部に都市国家ローマが成立（王政）
前8世紀頃	ギリシア世界に都市国家（ポリス）が成立
前509	ローマ人がエトルリア人王を追放。共和政の成立
前367	リキニウス＝セクスティウス法の制定。 一定面積以上の公有地占有と市民の奴隷化を禁止。 また執政官の少なくとも1名は平民と定める
前340	ラテン同盟戦争（～前338）。勝利してラティウムの地方の大部分とカンパニアの一部を併合
前287	ホルテンシウス法の制定。平民のみで構成される平民会の決議が貴族も拘束する国法と認められる
前272	イタリア半島全域を支配下に入れる
前264	第一次ポエニ戦争勃発（～前241）。 勝利してシチリアに最初の属州を設置
前237	コルシカ・サルディニアに属州を設置する
前218	第二次ポエニ戦争勃発（～前201）
前215	第一次マケドニア戦争（～前205）
前200	第二次マケドニア戦争（～前197）
前197	イベリア半島に2つの属州を設置する。直後から先住民蜂起
前192	シリア戦争（～前188）
前171	第三次マケドニア戦争（～前168）
前155	ルシタニア戦争（～前138）
前153	ケルトイベリア戦争（～前133）
前149	第三次ポエニ戦争（～前146）
前148	第四次マケドニア戦争
前146	アカイア戦争に勝利して、都市コリントを破壊。 マケドニアに属州を設置する。 カルタゴを破壊して属州アフリカを設置する
前133	ティベリウス・グラックスの改革。都市ヌマンティアの破壊
前123	ガイウス・グラックスの改革（～前122）
前100頃	マリウスの軍制改革

前91	同盟市戦争（〜前87）
前88？	イタリアの全自由人にローマ市民権付与
前88	第一次ミトリダテス戦争（〜前84）。スッラのローマ進軍
前87	キンナ、マリウスのローマ進軍
前83	第二次ミトリダテス戦争（〜前81）
前82	スッラ、ローマに再進軍。独裁官として政治改革を行う
前75	第三次ミトリダテス戦争（〜前63）
前67	ポンペイウス、海賊掃討のために異例の命令権を獲得
前66	ポンペイウス、対ミトリダテスのために異例の命令権を獲得
前60	ポンペイウス、クラッスス、カエサルの第一次三頭政治開始
前58	カエサルのガリア征服戦争（〜前51）
前48	カエサルがポンペイウスに勝利し、単独政権を樹立
前44	カエサルが暗殺される
前43	アントニウス、レピドゥス、オクタウィアヌスの第二次三頭政治開始
前31	オクタウィアヌスがアントニウスに勝利
前30	エジプトの属州化
前27	オクタウィアヌスがアウグストゥスの尊称を得る（帝政の成立）
14	アウグストゥス死去。養子のティベリウスが元首となる（ユリウス＝クラウディウス朝）
33頃	イエスがエルサレムで十字架刑に処される
68	ユリウス＝クラウディウス朝最後の皇帝ネロが死去
69	ウェスパシアヌスが登位（フラウィウス朝）
96	フラウィウス朝最後の皇帝ドミティアヌスが死去。その後、元老院議員から選ばれた皇帝が五代続く（「五賢帝時代」）（〜180）
113	メソポタミアがローマの支配下に入り、帝国版図が最大に
212	帝国内の全自由人にローマ市民権を付与
235	帝国各地の将軍が帝位を求めて争う（「軍人皇帝時代」）（〜284）

284	ディオクレティアヌスが皇帝に登位
293	ディオクレティアヌス、四人の皇帝による帝国四分割統治を開始
313	コンスタンティヌス帝がキリスト教を公認（「ミラノ勅令」）
330	黒海沿岸の都市ビザンティウム（後のコンスタンティノポリス）に遷都
375	ゲルマン民族の大移動開始
380	キリスト教が国教になる
476	西ローマ帝国の皇帝が、ゲルマン人傭兵隊長により廃位される（西ローマ帝国の終焉）

あとがき

一九八〇年代初頭、大学生だった私が指導教官に「卒論は、ローマの属州支配に対する先住民の抵抗を、先住民側の視点から書きたい」と述べると、「それは無理だね」とあっさり言われた。当時は古代イベリア半島の考古学研究が未だ途半ばであり、先住民の手になる文字史料がない以上、そうしたアプローチは不可能だったのだ。結局、卒論のテーマはルシタニア戦争とケルトイベリア戦争におけるローマ側の動向となった。さらに修士論文でも同じ素材を扱いながら、ヌマンティアを破壊した小スキピオのローマ政界における立場を分析した。

博士後期課程で留学したミュンヘンの法制史研究所では、非常事態法をテーマとする研究会で、食糧供給のためにポンペイウスが獲得した異例の軍命令権の持つ政治的意義について報告することが求められた。恥ずかしながら聞いたことすらないトピックで、大汗をかきつつどうにかまとめた内容を報告した。その作業のなかで、共和政ローマの穀物供給事情に関心を持つようになり、帰国後はこのテーマに取り組んだ。併せて内乱期における異例の命令権の役割についても掘り下げてみた。穀物供給の変遷は、市民の自律性と政権の市民生活への不関与という表裏する特質を持つ共和政から、支配者による社会への配慮が不可欠な帝政への移行過程を反映しており、他方、帝政を生んだ皇帝権力の祖型が異例の命令権であったという仮説に基づくものだった。この一連の研究が、学位論文につながる。

穀物供給問題と異例の命令権の二つが交わる事例として、共和政末期の海賊問題にも関心を持った。

二〇一五年頃だっただろうか、『歴史の転換期』というシリーズの第一巻に、ローマ帝国の形成による地中海世界の変化に関して執筆しないかという、ありがたいオファーを頂戴した。「具体的に、どこか一つの地域を取りあげて詳述してほしい」と言われた時、ためらいなく「ヒスパニアを取りあげます」とお答えした。卒論、修論で扱って消化不良だったテーマについて、もう一度じっくりと取り組んでみたいと思ったからだった。四〇年ぶりに、改めてヒスパニア先住民の暮らしと属州設置によるその変化を通して、ローマ帝国によって地中海世界が否応なく変えられていく過程を、与えられた紙幅のなかでできる限り描こうとした。そのなかでしだいに、もっとこの問題を深く、広く究明したいという気持ちが膨らんでいった。

その頃まで、自分の研究課題はいつもいきあたりばったりだと思ってきた。というより、周囲からの提案やオファーしだいで課題をつぎつぎと変えるとは、研究者としての軸というものがないと、常に忸怩たるものを抱えていたのだ。しかし『歴史の転換期』あたりでようやく、私の研究はじつは最初から首尾一貫しているではないかと思い当たったのである。

学部学生の時期にヒスパニア先住民側の動向を解明したいと考えた頃から一貫して、私の研究はローマ帝国の形成という巨大な変化の時代に、そこに居合わせた人びとが――支配者側であれ被支配者側であれ――なにを考え、なにを求めて、どう行動したのかということを明らかにしようとするものであった。そのことに自分ではっきりと気づかないまま、多くの師や先達、同僚たちに導かれながらフラフラと、どうにかここまでやってこられたのである。まったく感謝の念に堪えない。

本書はこのような私の、ここまでの諸研究の道のりの先に生まれたものである。小スキピオも「父祖の諸慣習」もグラックス兄弟も食糧供給も海賊も異例の命令権もポンペイウスも、そしてヒスパニアにおけるローマと先住民の動向も（今では考古学のおかげで先住民の輪郭が四〇年前に比べて飛躍的に鮮明になった）、それぞれが本書のテーマの不可欠の要素である。

本書では、それらを地中海世界の全体像のなかにはめこみつつ、ローマ帝国の誕生が地中海世界に生きる人びとをどう変えていったのか描くことを試みた。

歴史学研究のどの領域も困難を伴うことは違いないであろうが、自分が携わってきただけに、どうも古代史研究はことさら道が険しいという気がしている。古代史は史料の制約が大きく、またやはり私たちが生きる世界とはあまりにかけ離れている部分があって、わかっているようでわからないことだらけである。追究すればするほど、さらに迷宮に迷い込んでいくような感すらある。遠い過去の、それも日本からは空間的にもかけ離れた世界のできごとについてわかったような、わからないようなことを述べて、それで今現在私たちが直面している変化についてなにか言えたことになるのかどうか、覚束ない気がしている。しかし、大きな変化の時代を生きねばならなかった人びとの恐れや悲しみ、希望、生きようとするもがき、あるいはなにかを失うまいとする戦いがそこにもあったということを、少しでもみなさんに感じとっていただくことができたならば、このうえない幸せである。

専門家ではない読者のために新書を書くことを、最初に私に勧めてくださった京都産業大学の玉木俊明先生には、この場を借りて深くお礼申し上げる。本書執筆中の至福の時間は、先生が与えてくださったものである。

また、コロナ禍での慣れない講義形態に振り回され、一時は執筆の時間をまったく捻出できずにいた結果、出版までに予定よりもはるかに長い時間を費やしてしまったにもかかわらず、変わることなく励ましと貴重な助言を与えつづけてくださった講談社の所澤淳氏に心より感謝申し上げる。氏の熱意と忍耐がなければ本書はとうてい完成しなかった。

最後に、ずっと新書を出版することを約束していた両親に本書を捧げたい。二人とも今はもう文字を理解する能力を失ってしまったが、私たちにとっては最愛の両親である。本書を手渡せば、きっとあの頃のような笑顔を見せてくれるものと信じている。

講談社現代新書　2737

ローマ帝国《ていこく》の誕生《たんじょう》

二〇二四年二月二〇日第一刷発行

著　者　宮嵜《みやざき》麻子《あさこ》　© Asako Miyazaki 2024

発行者　森田浩章

発行所　株式会社講談社
東京都文京区音羽二丁目一二―二一　郵便番号一一二―八〇〇一

電　話　〇三―五三九五―三五二一　編集（現代新書）
〇三―五三九五―四四一五　販売
〇三―五三九五―三六一五　業務

装幀者　中島英樹／中島デザイン

印刷所　株式会社ＫＰＳプロダクツ

製本所　株式会社国宝社

定価はカバーに表示してあります　Printed in Japan

N.D.C. 232　364p　18cm
ISBN978-4-06-535022-5

「講談社現代新書」の刊行にあたって

教養は万人が身をもって養い創造すべきものであって、一部の専門家の占有物として、ただ一方的に人々の手もとに配布され伝達されうるものではありません。

しかし、不幸にしてわが国の現状では、教養の重要な養いとなるべき書物は、ほとんど講壇からの天下りや単なる解説に終始し、知識技術を真剣に希求する青少年・学生・一般民衆の根本的な疑問や興味は、けっして十分に答えられ、解きほぐされ、手引きされることがありません。万人の内奥から発した真正の教養への芽ばえが、こうして放置され、むなしく滅びさる運命にゆだねられているのです。

このことは、中・高校だけで教育をおわる人々の成長をはばんでいるだけでなく、大学に進んだり、インテリと目されたりする人々の精神力の健康さえもむしばみ、わが国の文化の実質をまことに脆弱なものにしています。単なる博識以上の根強い思索力・判断力、および確かな技術にささえられた教養を必要とする日本の将来にとって、これは真剣に憂慮されなければならない事態であるといわなければなりません。

わたしたちの「講談社現代新書」は、この事態の克服を意図して計画されたものです。これによってわたしたちは、講壇からの天下りでもなく、単なる解説書でもない、もっぱら万人の魂に生ずる初発的かつ根本的な問題をとらえ、掘り起こし、手引きし、しかも最新の知識への展望を万人に確立させる書物を、新しく世の中に送り出したいと念願しています。

わたしたちは、創業以来民衆を対象とする啓蒙の仕事に専心してきた講談社にとって、これこそもっともふさわしい課題であり、伝統ある出版社としての義務でもあると考えているのです。

一九六四年四月　野間省一

世界史Ⅰ

834 ユダヤ人——上田和夫
930 フリーメイソン——吉村正和
934 大英帝国——長島伸一
968 ローマはなぜ滅んだか 弓削達
1017 ハプスブルク家——江村洋
1019 動物裁判——池上俊一
1076 デパートを発明した夫婦 鹿島茂
1080 ユダヤ人とドイツ——大澤武男
1088 ヨーロッパ「近代」の終焉——山本雅男
1097 オスマン帝国——鈴木董
1151 ハプスブルク家の女たち 江村洋
1249 ヒトラーとユダヤ人 大澤武男
1252 ロスチャイルド家 横山三四郎
1282 戦うハプスブルク家 菊池良生
1283 イギリス王室物語——小林章夫
1321 聖書vs.世界史——岡崎勝世
1442 メディチ家——森田義之
1470 中世シチリア王国——高山博
1486 エリザベスⅠ世——青木道彦
1572 ユダヤ人とローマ帝国 大澤武男
1587 傭兵の二千年史——菊池良生
1664 新書ヨーロッパ史 中世篇 堀越孝一 編
1673 神聖ローマ帝国——菊池良生
1687 世界史とヨーロッパ 岡崎勝世
1705 魔女とカルトのドイツ史——浜本隆志
1712 宗教改革の真実——永田諒一
2005 カペー朝——佐藤賢一
2070 イギリス近代史講義——川北稔
2096 モーツァルトを「造った」男——小宮正安
2281 ヴァロワ朝——佐藤賢一
2316 ナチスの財宝——篠田航一
2318 ヒトラーとナチ・ドイツ 石田勇治
2442 ハプスブルク帝国——岩﨑周一

世界史Ⅱ

959 東インド会社──浅田實
971 文化大革命──矢吹晋
1085 アラブとイスラエル　高橋和夫
1099 「民族」で読むアメリカ　野村達朗
1231 キング牧師とマルコムX　上坂昇
1306 モンゴル帝国の興亡〈上〉──杉山正明
1307 モンゴル帝国の興亡〈下〉──杉山正明
1366 新書アフリカ史──宮本正興 松田素二 編
1588 現代アラブの社会思想　池内恵
1746 中国の大盗賊・完全版──高島俊男
1761 中国文明の歴史──岡田英弘
1769 まんが パレスチナ問題　山井教雄
1811 歴史を学ぶということ　入江昭
1932 都市計画の世界史──日端康雄
1966 〈満洲〉の歴史──小林英夫
2018 古代中国の虚像と実像　落合淳思
2025 まんが 現代史──山井教雄
2053 〈中東〉の考え方──酒井啓子
2120 居酒屋の世界史──下田淳
2182 おどろきの中国　橋爪大三郎 大澤真幸 宮台真司
2189 世界史の中のパレスチナ問題　臼杵陽
2257 歴史家が見る現代世界　入江昭
2301 高層建築物の世界史　大澤昭彦
2331 続 まんが パレスチナ問題　山井教雄
2338 世界史を変えた薬　佐藤健太郎
2345 鄧小平──エズラ・F・ヴォーゲル 聞き手＝橋爪大三郎
2386 〈情報〉帝国の興亡──玉木俊明
2409 〈軍〉の中国史──澁谷由里
2410 入門 東南アジア近現代史　岩崎育夫
2445 珈琲の世界史──旦部幸博
2457 世界神話学入門──後藤明
2459 9・11後の現代史　酒井啓子